Gott ist rund

... hey – ho ...
let's go!

Dirk Schümer

GOTT IST RUND

Die Kultur des Fußballs

Berlin Verlag

Umschlaggestaltung: Nina Rothfos und Patrick Gabler, Hamburg
Gesetzt aus der Stempel Garamond und der Futura Book
Druck & Bindung: Druckerei Pustet, Regensburg
Printed in Germany 1995
ISBN 3-8270-0194-3

Gedruckt auf chlor- und säurefreiem Papier

Inhalt

Nebensache
Weshalb Fußball eigentlich unerträglich ist

Fußball ist Schwachsinn. Einzig dieser harte Begriff ist angemessen, um die ästhetischen, ideologischen, medizinischen und nicht zuletzt intellektuellen Unzulänglichkeiten des Fußballsports einigermaßen zu erfassen. Seit Werbewirtschaft, Boulevardpresse und Privatfernsehen den Fußball als mediales Schmiermittel entdeckt und für ihre Zwecke zugerichtet haben, kann ihm niemand mehr entgehen. Rund ums Jahr wird inzwischen nahezu täglich irgendwo gespielt. Wer nachts um drei ein Fernsehgerät anschaltet, wird garantiert noch ein Match aus Portugal oder Rumänien finden, ohne dessen Miterleben die Öffentlichkeit um eine wichtige Information ärmer geblieben wäre. Irgendwas ist immer los: Bundesliga, DFB-Pokal, UEFA-Pokal, Europapokal der Pokalsieger, Champions-League, Intertoto-Cup, Europameisterschaftsqualifikation, Freundschafts-Länderspiele. Zur Not gibt's die Zweite Bundesliga oder die halbprofessionellen Regionalligen. Man kann der Branche ganz gewiß nicht vorwerfen, daß sie den Bedürfnissen der Freizeitgesellschaft nicht entgegengekommen sei und sich nicht ausreichend differenziert hätte. Trotz der Aufspaltung und nahezu täglichen Präsenz haben Fußballspiele nichts von ihrer Allmacht über den öffentlichen Diskurs verloren; die Inflation hat das Produkt keineswegs entwertet. Wenn Haupt- und Staatsaktionen wie die Weltmeisterschaften oder Pokalendspiele auf die Tagesordnung kommen, dann reißen sich sämtliche Fernsehanstalten für Unsummen darum, diese Sternstunde übertragen zu dürfen, und nichts, nicht einmal die Sockengröße eines Linienrichters, bleibt bei einem solchen vermeintlichen Ereignis unkommentiert. Läuft darauf das »agonale Prinzip« hinaus, das Johan Huizinga als die Grundlage jeder Hochkultur ausgemacht hat? Angesichts dieser von kindischer Werbung überladenen, pubertären Scheinereignisse sollten wir eher vom Agonie-Prinzip sprechen. Die Medien haben den Terminplan des Fußballs wie einen Schmarotzerpilz über das öffentliche Leben verbreitet: Unseren täglichen Fußball gib uns heute. Haben wir eigentlich nichts Besseres zu tun?

So ist Fußball unmerklich, doch nachhaltig zur Essenz unserer gesellschaftlichen Kommunikation geworden. Wenn die Außenbänder an den O-Beinen eines x-beliebigen Innenverteidigers ausgeleiert sind, wenn ein talentierter Stürmer noch während der Pubertät für ein irrsinniges Gehalt seinen Arbeitsplatz von Kaiserslautern nach Mönchengladbach verlagert, dann wird das zu einer Information, die beinahe jede politische Intrige, jede Katastrophe des humanen Miteinanders aus den Nachrichten verdrängt. Wieso ist das wichtig? Wieso eint ein Finale der Weltmeisterschaft ein ganzes Volk – wie aufgeregte Kinder vor der Weihnachtsbescherung – an den Bildschirmen, wenn die Interessenvielfalt, die Zerstrittenheit und Vereinsmeierei der Gesamtheit sonst von keinem Geschehen mehr zu beeindrucken ist. Die einzige Weichenstellung, die alle Abgestumpften mitbekommen, ist der Elfmeterpfiff, der zum Siegtor der Nationalmannschaft führt. In einem hochkomplex organisierten Gemeinwesen liegt der kleinste gemeinsame Nenner in diesem seltsamen Gekicke, dessen Hege, Pflege und Vermittlung bei uns »Gesellschaft« eher definiert als irgend etwas sonst. Unsere Ideologie heißt Fußball. Ist es das Schicksal einer Zivilisation, die Raumkapseln bemannt, Computerchips produziert, medizinische Hochtechnologie für jedermann bereitstellt und eine Freizeitkultur mit Wahlmöglichkeiten ohnegleichen hervorgebracht hat, sich am Ende nurmehr in infantilen Fachsimpeleien und Jubelstürmen über dieses Jungmännerspiel wiedererkennen zu müssen? Werden uns Betzenberg und Bökelberg zum Circus Maximus, zum traurigen Schauplatz unserer Dekadenz?

Schauen wir genauer hin, was beim Fußball überhaupt geschieht. Gerade für Freunde formvollendeter Leibesübungen ist der Fußball ästhetisch unerträglich, nicht entfernt auch nur vergleichbar mit der überirdischen Eleganz einer Eiskunstläuferin beim dreifachen Rittberger, der konzentrierten Körperbeherrschung eines sich hochschraubenden Turmspringers oder der explosiven Muskelwucht eines Hundertmeterläufers. Statt Annäherungen des menschlichen Körpers an abstrakte Maximen der Schönheit bekommt der Zuschauer beim Fußball nichts als Grobmechanik geboten. Wollte man einen grätschenden Verteidiger mit O-Beinen und verschlammtem Trikot fragen, was der Goldene Schnitt sei, so würde der arme Kerl gewiß an sein Jahresgehalt denken – und nicht daran, daß aller Sport bei den alten Griechen einst als Götterdienst galt, als Feierstunde der Schönheit in einer häßlichen Welt.

Schon die Körper der Spieler sind gewöhnlich nicht geeignet, bei all denen erotische Schauer auszulösen, die sonst für Männerschönheit empfänglich sind. Die einzigen durchtrainierten Muskelpartien bilden nicht Brust, Gesäß oder Bauch, sondern Waden und Oberschenkel, die – überproportional und von der Schußbewegung gekrümmt – den Träger häufig zu einem Watschelgang verurteilen. Wer berühmte Fußballspieler in Straßenkleidung erlebt, kann diese entweder schmächtigen oder grobknochigen Kerle in nichts von gewöhnlichen Büroangestellten oder Automechanikern unterscheiden. Ein Basketballspieler setzt seine giraffenhafte Trägheit im Nu in Schnelligkeit und Sprungkraft um; Schwimmer und Läufer können mit einem perfekt durchtrainierten Körper Neid erwecken; Tennisspieler sind wenigstens hoch gewachsen; und noch der malträtierte Eishockeyspieler und der heldenhafte Boxer können erhobenen Hauptes ihre Narben und Beulen vorzeigen wie ein Krieger nach der Schlacht. Nur Fußballspieler haben nichts. Sie sind Männer ohne Eigenschaften.

Zu allem Unglück werden diese Durchschnittsgestalten dann auch noch in unvorteilhafte Uniformen gesteckt. Mit Leibchen, kurzer Hose und Kniestrümpfen erinnert selbst ein Modellathlet fatal an einen Untertertianer bei den Bundesjugendspielen. Hautenge Stretchhosen und individuell ausgesuchte Designershirts darf ein Kicker nicht einmal im Training anlegen; kein Helm, keine Schulterpolster geben seiner Figur einen martialischen Anstrich. Er ist fast nackt. In bunter, numerierter Unterwäsche stellt sich der Fußballer, nur schwer von seinen Kameraden unterscheidbar, mit ihnen in einer Reihe auf und singt mit kläglicher Stimme seine Hymne. Dann rennt er auf dem gefahrlos ebenen Rasen hin und her und auf und ab. Zuweilen bekommt er mal einen Ball, vor den er treten darf. Der Fußballer ist der Sportler von der traurigen Gestalt.

Abgesehen vom unästhetischen Erscheinungstyp des Sportlers, hat auch das Gesamtereignis eines Fußballspiels erstaunlich wenig zu bieten. Ein Fußballmatch ist langweilig. Jeder kann das bei den sogenannten Höhepunkten überprüfen, zu denen nach Spielschluß im Fernsehen ganze Partien zusammengefaßt werden. Dann darf man dabei zuschauen, wie sich die Akteure in Zeitlupentempo vor die Knochen treten und danach mit schmerzverzerrtem Gesicht auf dem Rasen wälzen oder vom Schiedsrichter für ihr schlechtes Benehmen abgestraft werden. Als würde man bei einem Konzert nur die Stellen wiederholen, an denen der Musiker sich verspielt hat. Wenn sogar die Fouls zu Höhepunkten werden können, dann kann sonst nicht viel los sein. Und tatsächlich macht die reine Spielzeit höchstens sechzig von neunzig Minuten aus. Der lange Rest plänkelt mit endlosen Verletzungsunterbrechungen, Ballholen, Freistoßmaueraufstellen, unverständlichen Diskussionen mit dem Schiedsrichter, den Vorbereitungen von Einwürfen, Abstößen, Schuhezubinden – also einer einzigen Warterei – vor sich hin. Ist der Ball dann doch einmal im Spiel, finden die meisten Aktionen im Mittelfeld statt, ohne Spannung und Gefahr. Hier werden die Zweikämpfe ausgetragen, die man von ferne gar nicht genau mitbekommt, hier rochieren die Mannschaften emsig hin und her, ohne daß etwas Entscheidendes passiert.

Tore fallen auch, aber nur sehr selten. Bei allen Weltmeisterschaften seit 1962 gab es pro Spiel nicht einmal drei Tore im Durchschnitt. In den beiden letzten Endspielen, die 1:0 und 0:0 endeten, fiel nicht ein einziger Treffer aus dem Spiel heraus. Der Zuschauer mußte sich also damit begnügen, etwa alle dreißig bis fünfundvierzig Minuten eine spielentscheidende Situation mitzuerleben. In einem Theater wären bei einem derart minimalistischen Geschehen schon alle Plätze leer. Andere Ball- und Mannschaftssportarten bringen es trotz erheblich kürzerer Spieldauer auf rund hundert (Basketball) oder auf durchschnittlich vierzig (Handball) erzielte Treffer. Selbst beim Eishockey kann man mit fünf bis zehn Toren rechnen. Fußball ist dagegen der Sport, bei dem nichts geschieht – die reine Ödnis.

Um so exaltierter fallen, wenn einmal etwas gelungen ist, die Rituale des Jubelns aus. In einer Gesellschaft, die Zärtlichkeit und Leidenschaft unter Männern sonst auf die Gemeinsamkeiten an der Biertheke zu beschränken sucht, ist plötzlich hemmungslose Körperlichkeit gestattet. Die Akteure stoßen orgiastische Schreie aus, fallen übereinander her, küssen sich ab, springen einander an, lassen sich umhertragen oder reißen sich begierig zu Boden. Beim Nachspiel ziehen sich manche Spieler ihr schweißtriefendes Leibchen aus und tauschen es mit dem des Gegners, oder sie werfen es zu den Fans über den Zaun, um so die dem Fußball eigene Art von Wäschefetischismus zu befriedigen. Auf Außenstehende – und letztlich sind alle Zuschauer Außenstehende – wirkte dieses Gehabe an jedem Ort außer auf dem Fußballplatz höchst befremdlich, wenn nicht gar peinlich.

Fußball ist ein Männersport. Das zeigt sich nicht ‚allein an den eher hilflosen Erscheinungsformen männlicher Erotik, die im Fußball eine *postkoitale* ist. Denn zum eigentlichen Höhepunkt kommt es naturgemäß nicht beim Jubeln, sondern vorher beim Torschuß, für den es ein mühseliges und kraftraubendes Vorspiel zu überwinden gilt. Diesen schon lange erkannten Zusammenhang hat der Meisterstürmer Jürgen Klinsmann auf den Begriff gebracht: »Der Druck entlädt sich beim Torschuß – ein Wahnsinns-Feeling. So ähnlich wie beim Sex.« Der Torwart, der den Ball hineingeschossen bekommt, würde den Vorgang hingegen niemals als beglückende Kopulation erleben. Fußball ist zwar wie Sex, aber nur für eine Seite. Die Erfüllung des Fußballs liegt in einer ballistischen Meisterleistung, die der Spielpartner als Vergewaltigung erlebt. Dieser Disparatheit verdankt sich die vielbeklagte männliche Hermetik des Fußballs, die sich folgerichtig auch in seiner Sprache zeigt.

»Plötzlich machte sich Emma frei auf diesem schlüpfrigen Boden, das war eine gute Gelegenheit, also fackelte Friedrich nicht lange und schob ihn gemächlich hinein. Emma bot sich noch einmal an, da war Paul nicht mehr zu halten. Emma wurde gelegt, und Paul bohrte unermüdlich.« Mit dergestalt genial zweideutiger Prosa entlarvt Ror Wolf den Fußball als verkappten brutalen Geschlechtsakt. Die Fußballsprache der Eingeweihten beseitigt jeden Zweifel: »Zweimal rutschte Bernard das glitschige nasse Ding aus den Händen, schon sprang Friedrich dazu und schob ihn lächelnd hinein in die untere Hälfte, als er das klaffende Loch sah, preßte er ihn mit unheimlicher Wucht hinein, stocktrocken, jetzt stand er richtig.« Müßig zu beschwichtigen, daß es hier nicht um Pornographie geht, daß mit »Emma« der bedeutende Stürmer Lothar Emmerich bei der Arbeit auf dem Fußballplatz beschrieben wird, daß Namen und Begrifflichkeit allesamt aus der seinerzeitigen Sportberichterstattung geschöpft sind. Zu eindeutig entstellt hier die Sprache das Fußballgeschehen zur Kenntlichkeit. Ein Sport, bei dem die stürmenden Kräfte gut gedeckt werden müssen, bei dem sich die Spieler andauernd anbieten und der Ball über die Latte gelenkt wird, kann niemals den ordinären Ruch des Kneipenhinterzimmers und der Männerwitze loswerden. Am Tresen ist der bevorzugte Ort, ein Fußballspiel in einer Männerrunde anzuschauen. Es sei denn, man geht gruppenweise ins Stadion, wo die Männer immer in großer Überzahl sind, wo die Bierstände und Bratwurstbuden die Grundversorgung gewährleisten und sich auf den Tribünen ein gigantischer Männergesangverein formiert. Und wenn sich Männer daheim ein Spiel anschauen, dann gehört Flaschenbier dazu. Wir haben es hier mit losen und dennoch sehr distinkten Ritualen zu tun, die geschlechtsspezifisch geprägt sind.

Fußball ist trotz seiner Allgegenwart immer ein Männerbund geblieben mit einer Geheimsprache und Ritualen, die Uneingeweihte nicht durchschauen sollen. Das fachkundige Reden über Fußball entscheidet in unserer Gesellschaft, wer vom Wesentlichen Ahnung hat und wer bei der Machtausübung dazugehört. Von Jugend auf erleben Männer einen langen Initiationsritus in Tabellen und Taktik, Fußballergebnissen und -erlebnissen. Die volkstümliche Verachtung, die aus dieser Grundunterscheidung unserer Gesellschaft erwächst, geht dabei so weit, Frauen aus quasi biologischen Gründen das Verständnis der Abseitsregel abzusprechen. In gewissem Sinne ist das sogar richtig, denn Fußball ist nur möglich aus einer ganz bestimmten Grunddisposition männlicher Sexualität, bei der Frauen zu dulden oder bestenfalls abseits zu stehen haben. Frauen, die trotzdem am Fußball teilhaben möchten – und sei es nur, um ihren Mann zu verstehen –, wird dies bloß dann gestattet, wenn sie den Männerjargon erlernen und eine Mimikry an die männliche Fußballerotik vollziehen. Diese wurde von einem Akteur, dem Stürmer Horst Hrubesch, in hinreichender Kürze zusammengefaßt: »Drin ist drin – egal, wie.«

Es ist kein Widerspruch, daß Fußball einerseits eine geschlechtsspezifische Weltanschauung und andererseits unsere überall gültige Leitwährung des Sozialen darstellt. Fußball ist ein Spiel für jedermann – sogar für Frauen, wenn sie sich die Männerperspektive zu eigen machen. In unserer vermeintlich toleranten und von eigensinnigen Individuen gestalteten Gesellschaft verrät der Fußball mehr über Geschlecht und die Teilhabe an der Macht als jeder feministische Traktat. Frauen äußern sich über den Fußball, seit es ihn gibt, mit angewiderter Hellsichtigkeit und können doch nur seine Allmacht konstatieren. Hilf- und fassungslos hat die Publizistin Uta-Maria Heim diese massenhafte Feier der Penetration während der heftigsten Brunstzeit kommentiert, nämlich während der Fußball-Weltmeisterschaft 1990: »Die Kultur des Mannes ist eine Schießkultur, die ihre private Seite hat und ihre öffentliche. Die private Seite findet nachts statt, und es ist die Frau, die dabei empfängt. Die öffentliche Seite findet am Samstagnachmittag statt.« Während Frauenbeauftragte und Gleichstellungsgesetze die Emanzipation der Geschlechter auf der Diskursebene formalisieren und durch Sprachbereinigungen symbolisch mit der Männerherrschaft aufräumen, hat Fußball als spielerisch verhüllte Ideologie des Patriarchats nicht nur überlebt, sondern sich in immer neue Lebensbereiche ausgedehnt. Fußball, das macht ihn so erfolgreich, ist die permanente Selbstbefriedigung und Selbstbestätigung der Männer. Und dabei sieht er so harmlos aus.

Ein weiterer höchst dubioser Aspekt des Fußballs ist hier bereits angeklungen: Er ist in schwer durchschaubarer Weise mit Gewalt und Krieg verbunden. Welche unseligen Zauberkräfte sind in diesem auf den ersten Blick harmlosen Ball verborgen, daß er nicht nur die Mitspielenden, sondern auch Tausende Fanatiker im Stadion und sogar ganze Bevölkerungen zu Haß und Gewaltausbrüchen aufhetzen kann? Wer je erlebt hat, wie eine ruhige Masse friedlicher Mitbürger sich im Nu in einen wütenden Pöbel verwandelt, wer die rumorenden Fans im Nacken spürt, wie sie mit Haßblick aufspringen und die Fäuste schütteln und sich sekundenschnell zum Chor »Hängt ihn auf, die schwarze Sau« formieren, für den wird Fußball niemals wieder eine harmlose Körperertüchtigung sein. Wer Pogromstimmung und fundamentalistischen Haß am eigenen Leibe miterleben möchte, braucht sich nur eine Stehplatzkarte zu kaufen, sich in den Fanblock der Heimmannschaft zu stellen und dann beim Torerfolg der Gegner loszujubeln. Der Kitzel der Gefahr, der man sich dann ausgesetzt sieht, wird weder mit Bungeespringen noch mit Extremklettern so mühelos zu haben sein. Selbst wenn es auf den Tribünen einigermaßen friedlich bleibt, kann es vor oder nach dem Spiel zu üblen Ausschreitungen kommen, die dann – als Routinefälle – nicht einmal in der Berichterstattung auftauchen. In den unscheinbaren Vorstadt-Wohnblocks rund um die Stadien oder an den Bahnhöfen organisieren die Hooligans regelrechte Schlachten, bei denen sie prügelnd versuchen, den okkupierten Raum zu behaupten. Halbwüchsige Jugendliche, die in der Schule in einer Klasse sitzen könnten, hauen dann ungeschützt mit den Fäusten aufeinander ein oder zweckentfremden jeden passenden Gegenstand zur empfindlichen Schlagwaffe. Man muß dort einmal zwischen die Fronten geraten sein, um behaupten zu können: Auch am Bauzaun von Gorleben oder der Startbahn West kann es nicht viel schlimmer gewesen sein.

Selten, aber regelmäßig kommen bei Zusammenstößen von Hooligans sogar Menschen um. Sie werden totgeprügelt, erstochen oder mit Feuerwerkskörpern abgeknallt. Stadionkatastrophen durch ungezügelte Aggression Tausender Enthemmter, die im Brüsseler Heyselstadion zu neununddreißig Toten führten, und gnadenlose Drängeleien, welche im Stadion von Sheffield fünfundneunzig Fans zerquetschten, machen dabei nur die schlagzeilenträchtigen Ausnahmezustände aus. Beinahe wöchentlich wird anläßlich von Fußballspielen geprügelt, vandaliert und geplündert. Die deutsche Polizei muß für die unvollkommene Sicherung dieser Ausnahmezustände jährlich viele Millionen Mark aufwenden, allein in Nordrhein-Westfalen binden Fußballspiele rund 200 000 polizeiliche Mannstunden pro Jahr. Eine Kostenrechnung des zerstörten Gutes und der Gesundheitsschäden gibt es nicht. Fußball stellt die letzte öffentliche Meinungsäußerung dar, bei der verbale und körperliche Gewalt gegen Sachen und Menschen nicht nur geduldet wird, sondern untrennbar dazugehört. Auch hier verrät die Sprache wieder Wesentliches: Ein durchschlagskräftiger Angreifer wird gerne auch »Bomber« genannt und erhält am Ende der Saison die »Torjägerkanone«. Hinten hingegen steht die Verteidigung und hat die Schüsse abzuwehren. Allerorten toben Zweikämpfe, überraschende Attacken. Flügelstürmer und Reservespieler sind Ausdrücke aus der Clausewitzschen Strategie. Aus der »Tiefe des Raumes« eilt der Vollstrecker heran, um draufzuballern und der unterlegenen Mannschaft den Gnadenstoß zu versetzen. Der argentinische Coach Cesar Luis Menotti hat nicht ohne Grund Napoleon zum besten Trainer erklärt, weil der ein überraschendes Konzept gehabt habe und seine Truppen am besten anfeuern konnte. Fußball, so scheint es, ist die Fortsetzung des Krieges mit anderen Mitteln.

Vor der Gewalt, dem Übel unseres Zusammenlebens, das überall sonst – ob in der Kindertagesstätte oder bei der Bundeswehr – geächtet und drakonisch sanktioniert wird, haben wir beim Fußball längst kapituliert. Ein Brandsatz auf eine leerstehende Synagoge versetzt die Nation zu Recht in Empörung; eine Brandrakete in eine vollbesetzte Tribüne bringt allerhöchstens den Stadionsprecher dazu, die »lieben Fußballfreunde« um etwas mehr Disziplin zu bitten.

Trotzdem sitzen bei allen wichtigen Spielen die Repräsentanten des öffentlichen Lebens auf der Tribüne, als wäre ein Fußballspiel eine staatstragende Angelegenheit. In Minutenschnelle hat der Bundeskanzler per Telegramm dem Sieger zur Deutschen Meisterschaft gratuliert, und der Bundespräsident überreicht traditionsgemäß nach dem Berliner Endspiel den Pokal. Man könnte zynisch behaupten, einzig der Fußball lege noch von der Grundwahrheit Zeugnis ab, daß alle menschliche Konfliktlösung einst von Gewalt geprägt war und daß ein solches Spiel der natürlichen Aggression wenigstens ein vergleichsweise harmloses Ventil bietet. Doch warum konnte die Gewalt aus den innergesellschaftlichen Interessenkonflikten unserer Zeit – aus der Verteilung von Machtpositionen, von Geld, von Lebensraum, aus dem Schutz der Umwelt, aus dem Familienleben – bei uns einigermaßen erfolgreich verdrängt werden, aber nicht aus dem völlig zweckfreien und künstlichen Fußballspiel, das jederzeit abgesagt werden könnte, ohne daß existentielle Nöte die Folge wären? Für den unvoreingenommenen Betrachter gleicht der Fußball einem Geschwür, in dem eine Gefahr schlummert, die jederzeit auf den ganzen Körper übergreifen könnte.

Bis zu welcher Virulenz sich die atavistischen Gefühle aufschaukeln können, zeigte sich 1969, als zwischen El Salvador und Honduras wegen eines Qualifikationsspiels zur Weltmeisterschaft 1970 in Mexiko ein Krieg ausbrach. Das stellt zwar einen bislang einzigartigen Auswuchs des fußballerischen Chauvinismus dar, doch kommt es bei nahezu jedem Länderspiel zu nationalistischen Ausschreitungen. Wenn die Niederlande gegen Deutschland spielen, wird der Grenzschutz, der sonst nichts mehr zu tun hat, in Alarmbereitschaft versetzt. Geht es – wie 1994 in den fernen USA – gegen Marokko, dann sind im friedlichen Belgien Straßenschlachten zwischen Alteingesessenen und Immigranten die Folge. Die Nation des Gegners ist an einem solchen Tag zum Hassen und Schmähen freigegeben. Nach der Niederlage der Engländer gegen die Deutschen bei der Fußballweltmeisterschaft 1990 war die britische Presse nicht imstande, das Geschehen anders denn mit Reminiszenzen an die schlachtenreiche Vergangenheit beider Völker zu beschreiben. Bis heute ist in England die Erinnerung an diese Partie wach, wenn sie stolz mit dem Zweiten Weltkrieg verglichen wird: »Einen Krieg gewinnt man eben nicht im Elfmeterschießen.« Ein »Freundschaftsspiel« der Engländer gegen die Iren (sie werden von einem berühmten englischen Fußballhelden trainiert), mußte vor nicht allzu langer Zeit in Dublin nach gehässigen und gewalttätigen Ausschreitungen der Briten abgebrochen werden, was die ohnehin heiklen Beziehungen der beiden Länder auf eine harte Belastungsprobe stellte. Sind solche Verirrungen in überwunden geglaubte Zeiten des kriegslüsternen Nationalismus nicht völlig unangebracht in einer Epoche, da die europäischen Regierungen sich befleißigen, die geographischen, juristischen, ökonomischen, politischen Grenzen zwischen den Nationen durchlässig zu machen? Nur im Fußball darf gewaltbereiter Chauvinismus überleben.

Neben den binnengesellschaftlichen und den zwischenstaatlichen Ausschreitungen sollte aber auch die Gewalt auf dem Rasen nicht unterschätzt werden. Anders als beim American Football, wo im Schnitt ein Spieler jährlich mit Genickbruch vom Platz getragen wird, sind hier zwar keine Toten zu beklagen. Aber die Versicherungsmathematiker der Krankenkassen wissen um die Gefahren auf dem grünen Rasen. Man könnte meinen, die volkswirtschaftlichen Schäden durch die Volksseuche Skifahren oder durch das riskante Bergsteigen seien sehr viel bedeutender als die kleinen Blessuren, die der Fußball bei den Spielern hinterläßt. Beim neuerdings so beliebten Boxen sterben die Athleten gleich reihenweise. In der Leichtathletik, beim Gewichtheben wird Fürchterliches über die Spätfolgen von Doping gemunkelt. Leistungsturner und Eiskunstläuferinnen, so heißt es, leiden ein Leben lang an Rückgratschäden und können nicht mehr unbandagiert vor die Tür.

Doch das sind alles nur Kleinigkeiten gegen die gefährlichste Sportart. In Wahrheit führt unser größter und vermeintlich harmloser Volkssport die Statistik an, wenn es um Behandlungskosten, Arbeitsausfall, Kuraufenthalte und Invalidität geht. Manche große Firmen fragen inzwischen routinemäßig nach, ob ein Bewerber Fußball spielt, damit sie dann einen weniger anfälligen Kandidaten einstellen können. In den Ambulanzen unserer Krankenhäuser herrscht samstags und sonntags Hochbetrieb, wenn es auf Tausenden von Äckern in Knien und Schienbeinen kracht, wenn die Torhüter mit dem Kopf gegen die Pfosten segeln, wenn munter mit voller Wucht in Weichteile getreten wird, wenn nach hartem Zweikampf die Knöchel knicken und die Bänder reißen, wenn die Köpfe bis zur Gehirnerschütterung aufeinanderprallen und im Luftkampf die Arme ausgekugelt werden. Fußball ist eben ein Sport für den ganzen Körper.

Wofür werden nun diese finsteren Kräfte aus dem Stammhirn aktiviert? Die Überlieferung will uns glauben machen, beim Fußball würden die Menschen an die Tugenden ihrer Herkunft erinnert. Fußball – so geht die Legende – steht für den ehrlichen Schweiß der Arbeiterklasse. Gespielt wird er von Jungen aus dem Volke, die ihre harte Schulzeit damit verbracht haben, im Schatten von Fördertürmen selbstgefertigte Filzbälle durch Teppichstangen zu zirkeln. Und die Fans – so heißt es ungeprüft – bangen um die Ehre ihrer Region, wenn sie mit ihrem Verein zittern und schreien.

Kein Wort davon ist wahr. Es gibt in unserer auf Mehrwert und Konsum ausgerichteten Zivilisation keine andere Branche, die sich derart rückhaltlos verkauft hat wie das Fußballgeschäft. Selbst das schlichteste Arbeitsrecht hat seine Gültigkeit verloren, wenn Spieler für Millionensummen wie Vieh von einem Club an den anderen verschachert werden. Inzwischen beginnen solche Sklavenverträge gar schon bei Kindern, die noch gar nicht rechtsmündig sind und aus Afrika oder Osteuropa über dubiose Menschenhändler, die man verharmlosend »Spielervermittler« nennt, an die Vereine verpfändet werden. Umgekehrt ist hier mit Handgeldern, Abwerbeprämien und fabulösen Ablösesummen jeder Kontrakt zu brechen. Es herrscht die pure Geldgier auf allen Seiten.

Deshalb ist der Überlebenskampf der kassierenden Akteure nirgendwo so hart wie im Fußball, wo die Kollegen sich um des Stammplatzes willen im Training die

Knochen zertreten, wo tief zerstrittene Profis vor der Öffentlichkeit miteinander für ihren Verein jubeln, während sie schon den besser dotierten Vertrag mit der Konkurrenz in der Tasche haben, wo der Präsident öffentlich dem Trainer die Treue schwört, den er heimlich schon gefeuert hat.

Auch die oft beschworene regionale Identität ist ein Kunstprodukt. Die Profis werden aus Brasilien, Bulgarien, Frankreich, Baden und Westfalen auf dem Spielermarkt zusammengekauft, um dann für »Bayern« München zu spielen, dessen Hauptsponsor eine amerikanische Autofirma mit Sitz in Hessen ist. Der Fußball rollt ausschließlich noch für Geld, und zwar bis in die Dorfvereine hinunter, wo treue Spieler wenigstens mit Sportartikeln und Vergünstigungen am Arbeitsplatz des örtlichen Fabrikbesitzers belohnt werden.

Für Geld wirbt ein Fußballverein für alles – vom Katzenklo bis zum Magenbitter, den die Spieler aus Gründen der Fitneß niemals anrühren dürften. Ein Stadion ist noch lückenloser von Werbung übersät als ein Formel-Eins-Pilot. In jeder freien Sekunde hallen die Reklamebotschaften durchs Rund. Außerhalb ihrer Trainingszeit müssen die Spieler für ihre Sponsoren zu Werbeveranstaltungen und Autogrammstunden umherreisen, wenn sie nicht freiwillig für irgendwelche obskuren Nebengeschäfte durch die Lande kurven. Und sie sind noch glücklich dabei, lassen sich von ihren Beratern Steuertricks und Bauherrenmodelle zurechtschustern, verkaufen ihre kümmerlichen Memoiren gegen Höchstgebot an die Boulevardpresse.

Jeder weiß, was das Fernsehen dem Fußball antut,

wenn es die Spiele in gigantische Verkaufsveranstaltungen umfunktioniert, gegen die eine Butterfahrt ahnungsloser Rentner eine Wohltätigkeitsveranstaltung ist. Sogar die Hemdkragen der Assistenztrainer sind dann noch gut genug, irgendein Produkt ins Blickfeld zu rücken. Bis unter die Dusche laufen die Reporter den Teams hinterher, um das Interesse der Zuschauer an harten Nachrichten zu befriedigen. Und solche künstlichen Veranstaltungen in irgendeiner ortlosen Betonschüssel sollen die Menschen mit den Traditionen und Werten ihrer Herkunft verbinden? Es würde doch auch niemandem einfallen, die Seifenoper »Schwarzwaldklinik« zum Hoffnungsträger für die Region zwischen Karlsruhe und Freiburg umzulügen. Wie kann das bei Borussia Dortmund gelingen, dessen Millionenverdiener angeblich die Ehre der Ruhrgebiets-Arbeiterschaft hochhalten? »Auch ich fühle mich als Arbeiter«, verkündete der biedere Abwehrspieler Jürgen Kohler dreist, nachdem er für eine geschätzte Jahresgage von 1,2 Millionen Mark bei Borussia Dortmund unterzeichnet hatte. Sein sehr handwerklich geprägtes Können auf dem Platz läßt einen solchen Vergleich gewiß zu, doch nicht seine Gehaltsabrechnung, mit der jeder türkische Malocher am Hochofen von Hoesch auch noch die zahlreiche Verwandtschaft bis ins vierte Glied miternähren könnte. Der Börsenbetrieb in Frankfurt oder an der Wallstreet verhehlt wenigstens nicht, daß es hier einzig um die Rendite um jeden Preis geht. Im Fußball jedoch wird die nackte Geldgier, die hinter allem steckt, von vorgeblichen Loyalitäten und Traditionen ummäntelt, denen es nichts anhaben kann, daß sie andauernd gebrochen werden. Fußball ist eine der verlogensten Erscheinungsformen des Kapitalismus.

Fußball ist auch deshalb ein Ärgernis, weil das Spiel und sein ganzes Drumherum so unsäglich dumm und nichtig sind. Eine Anekdote soll das verdeutlichen: Sie berichtet, wie Kaiser Wilhelm um die Jahrhundertwende seinen Staatsgast, den Schah von Persien, zum Galopprennen im Berliner Hoppegarten einlud. Er habe kein Interesse, ließ der Schah wissen: »Daß ein Pferd schneller läuft als das andere, weiß ich. Mich interessiert nicht zu wissen, welches.«

Ebendiese zwingende Logik läßt sich auch auf das Fußballspiel übertragen. Warum schert es einen denkenden Menschen, wie Bayer Leverkusen gegen den Hamburger SV gespielt hat? Ist es von irgendeinem Interesse, ob Mario Basler in dieser Saison öfter ins Tor getroffen hat als Heiko Herrlich? Es kann doch nicht angehen, daß Menschen, die von der eigenen Großmutter nichts mehr wissen wollen, vom desaströsen Zustand des Kreuzbandes von Lothar Matthäus bis ins Tiefste ergriffen werden. Ist es nicht unwürdig, daß so viele von uns bei der morgendlichen Zeitungslektüre die Botschaft von den Weltereignissen verschmähen und gierig nach dem Sportteil greifen, wo sie dann erfahren, daß ein treffsicherer Stürmer sich »mentalmäßig überirdisch« fühlt und der Berti den Bodo und den Stefan aus dem Kader genommen hat, was ihm der Kalli nicht verzeiht?

Ja sind wir vor lauter Fußball denn alle infantil geworden und nicht mehr zu retten?

Bei dieser verheerenden Bilanz bleibt eigentlich nur die Frage: Warum ist der gesamte Fußball nicht schon längst in untere Regionen unserer Gesellschaft abgestiegen? Warum überlebte dieses finstere, für Leib und Seele so gefährliche Treiben nicht allenfalls auf irgendwelchen geheimen Versammlungsplätzen wie der Hahnen- und Hundekampf oder das illegale Glücksspiel? Warum gibt es überhaupt noch genügend Anlässe, sich derart über die Nichtigkeit und Abträglichkeit des Fußballs zu ereifern? Es muß an der Popularität des Fußballs liegen. Alle Mahnungen und Einwände haben bis heute nichts an dieser Beliebtheit ändern können, obwohl ein jeder tief drinnen weiß, daß Fußball Schwachsinn ist.

Und doch.

Jeder von uns hat schon ähnliche Gedanken über den Fußball gehegt. Doch dann kommt ein milder Frühlingsabend, den man zu vielerlei Erbaulichem nützen könnte, und doch findet man sich vor dem Fernseher wieder und verfolgt gespannt ein Europapokalspiel zwischen zwei Mannschaften, die einen eigentlich gar nicht interessieren. Oder es kommt das Samstagabendfieber; es äußert sich darin, daß man dringend die Ergebnisse der Bundesliga erfahren muß und dafür kurzfristig die kostbare Geselligkeit mit den Nächsten abbricht, um sich ausgiebigen Spekulationen über Tabellen und Torverhältnisse hinzugeben, um lächerlich nichtssagende Spielberichte mit lächerlich nichtssagenden Interviews anzuschauen – und das mehrmals hintereinander auf unterschiedlichen Sendern. Unter der Woche vergeht dann kein Tag, an dem das sportliche Geschehen nicht in der Zeitung ventiliert würde: der letzte Gegner, das nächste Spiel, die aktuellen Verletzungen, Sperren, Animositäten, Intrigen, Aussichten. Es ist Quatsch, aber wir sind ihm verfallen.

Das aufgeklärteste Bewußtsein kommt gegen den Fußball, dieses primitive Vergnügen, nicht an. Fußball ist eine Sucht, die den Süchtigen bis zum Grab begleitet.

Wir geben uns geschlagen. Wir sind an einem Punkt angelangt, an dem uns nur noch der Scharfsinn der christlichen Theologie weiterhelfen kann. Schon im fünfzehnten Jahrhundert befand sich der weise Kardinal Nikolaus Cusanus in einer ähnlich ausweglosen Lage – er stammte aus Kues in der Pfalz, unfern von dem Ort, an dem später der Betzenberg entstehen sollte. Nikolaus war daran verzweifelt, den innersten Zusammenhang der Welt mit den Werkzeugen der christlichen Lehrmeinung logisch und widerspruchsfrei zu begründen. Den weisen Kardinal befiel dabei der Verdacht, den auch wir angesichts des Fußballs hegen müssen: Sollte all das, was uns mitreißt, woran wir glauben, worauf wir bauen, was uns durchs Leben begleitet, tatsächlich unsinnig und falsch sein? Nikolaus Cusanus besann sich ernsthaft und tat zweierlei. Er schrieb erst einmal einen Traktat über das Ballspiel: »De ludo globi«. Diese bemerkenswerte Schrift entstand bei erzieherischen Gesprächen des Kardinals mit den ballverliebten Söhnen des Herzogs von Bayern und kann als erste intellektuelle Auseinandersetzung mit dem Fußball gelten, der damals etwa gleichzeitig in Italien, im Florenz der Medici, erfunden wurde.

Der Ball bedeutet für Nikolaus das Symbol der göttlichen und der mathematischen Vollkommenheit. Aber er rollt auch nach dem Prinzip des Zufalls und bringt das Neue in diese verwirrende, unvollkommene Welt, die rund geformt ist wie der Ball. Er besitzt keinen Punkt auf der Außenfläche, der einem anderen Punkt überlegen wäre; er verkörpert die Ordnung des Raumes und bringt mit seinem Rollen dennoch die völlige Unordnung hervor. Im Ball fallen die Prinzipien zusammen: Chaos und Ordnung, Vernunft und Irrsinn, Schönheit und Mißgestalt, Ruhe und Bewegung. Wir können anhand des Balles nicht unterscheiden, wo rechts und links ist, oben und unten. Er ist uns ungelenken Wesen um eine Dimension voraus.

Das philosophische Spiel mit dem Ball versetzte Nikolaus in einen derart ausgeglichenen Seelenzustand, daß ihm seine berühmte Beschreibung des höchsten Prinzips der Welt einfiel: die »Coincidentia oppositorum« – die Übereinstimmung der Gegensätze. Wenn wir die Wahrheit beschreiben können, dann hat sie die Form eines Balles.

Aus dieser Perspektive erscheint es uns nicht mehr als paradox, daß wir einerseits um die verderbliche, korrupte Ablenkung wissen, die der Fußball bedeutet, und ihm andererseits so hemmungslos ausgeliefert sind. Denn im Fußball fallen unsere besten und unsere niedrigsten Instinkte zusammen. Fußball eint das Erhabene und das Banale, das Dumme und das Philosophische, das Normale und das Verrückte. Mit dem Lehrsatz des ballverliebten Nikolaus Cusanus können auch wir rechtfertigen, warum wir dem Fußball verfallen sind.

Vor dem Fußballverstand des Cusanus werden alle fußballfeindlichen Argumente zur unwichtigsten Nebensache der Welt. Sie vernachlässigen die andere Seite des Balles. Sie sind zwar treffend, doch beschreiben sie nicht die ganze Wahrheit der Gegensätze, die im Fußball zusammenfallen. Wir müssen den Unsinn dieses Spiels immer im Hinterkopf behalten, wenn wir im folgenden auf das Ganze des runden Systems eingehen. Fußball steht für alle Erscheinungsformen der menschlichen Existenz. Er ist weltumspannend. Man könnte sogar sagen: totalitär. Fußball lohnt die höchste begriffliche Anstrengung. Wenn wir alle seine Aspekte verstanden haben, dann haben wir auch das Leben verstanden.

Stadion
La ola im kollektiven Freizeitpark

Warum gehen die Leute ins Stadion? Um ein Fußballspiel anzuschauen. So scheint es jedenfalls, denn zu jedem Spiel der ersten Bundesliga finden sich rund dreißigtausend Menschen ein – mehr als je zuvor. Das Fußballstadion ist der beliebteste Versammlungsplatz unserer Zivilisation. Bei Spitzenspielen sind die Eintrittskarten hart umkämpft und werden zu hohen Preisen auf dem Schwarzmarkt gehandelt. In einer Zeit, in der Fernsehübertragungen die Spiele für jedermann zugänglich machen, bedeutet die körperliche Anwesenheit auf dem Fußballplatz etwas Besonderes. Während die Fernsehsendung »live«, also echt und lebendig zu sein vorgibt, wird die Masse der Anwesenden zu einem Heer von Statisten, die an der erforderlichen künstlichen Atmosphäre mitarbeiten. Weil die Millionen oder Milliarden an den Bildschirmen nichts voneinander erfahren und einander nicht erleben können, werden sie von vierzig- bis achtzigtausend Auserwählten vertreten. Wer ins Stadion geht, bezahlt also für das Mitwirken an der letzten globalen Theatervorstellung. Die Zuschauer auf der Tribüne sind nicht nur einverstanden, das Volk zu symbolisieren. Sie spielen es gern, putzen sich heraus, lenken die Aufmerksamkeit der Kameras auf sich und winken selig, wenn sie ins Bild kommen. Seht her, scheinen sie zu sagen, es gibt uns, wir alle sind wirklich da.

Sich mit dem Nimbus schmücken zu dürfen, wirklich dabeizusein, kann bei sogenannten Spitzenspielen weit über tausend Mark kosten. Für die Stadionbesucher hat sich bei diesem Ereignis die Priorität umgekehrt: Das Dabeisein über die Medien ist einfach, risikolos, kostenlos und allgemein – entspricht also völlig den Wertvorstellungen der befriedeten, von Freizeitvergnügen dominierten Massengesellschaft. Sich über weite Entfernungen zu einem Fußballspiel zu begeben, sich bei Wind und Wetter auf eine ungeheizte Tribüne zu setzen, aus der Ferne ohne Nahaufnahmen, fachmännische Kommentare, Interviews und vor allem ohne Zeitlupenwiederholungen das Spiel anzuschauen, erscheint dagegen auf den ersten Blick als ein ziemlich törichtes Unterfangen.

Dennoch machen sich immer mehr Menschen ins Fußballstadion auf. Gerade zu Zeiten der Allpräsenz des Fußballs in den Medien kommt dem Besuch im Stadion große Bedeutung zu, so etwa, wie für den Kunstfreund die Originalität des Werks gerade im Zeitalter der technischen Reproduzierbarkeit wichtiger wird. Ein Fußballspiel auf dem Bildschirm, an dem jeder teilhaben kann, ist für den echten Liebhaber eine schale Kopie. Nur der Tribünenplatz garantiert die Teilhabe am Eigentlichen und läßt sich hinterher im Bekanntenkreis effektvoll verbreiten: Ich war dabei. Diese Teilhabe wird gerade durch die Mühen und Widrigkeiten des Besuchs geadelt. Wenn man von dem Panoramablick über die Spielzüge absieht, kann der Stadiongast vom Spiel unbestreitbar viel weniger Details auffassen als der Fernsehzuschauer. Doch das leibhaftige Dabeisein verstärkt das soziale Prestige.

Das Stadion ist also nicht mehr in erster Linie der Ort, wo man ein Fußballspiel sieht; das kann man daheim sehr viel bequemer und intensiver. Das Stadion ist zum privilegierten gesellschaftlichen Ort geworden. Mit dem Ritual ihrer Anwesenheit bezeugen die Fans, daß sie dem Fußball durch die Tat, durch existentiellen Einsatz huldigen, daß sie hier nicht so sehr ein Spiel betrachten wie ein Lebensprinzip feiern. Sie sind längst nicht mehr die passiven Betrachter, sondern unabdingbarer Teil der Vorstellung. Im Fußballstadion feiern die Fans sich selbst. Man muß nur bei einem langweiligen Spiel miterleben, wie das Publikum die Initiative übernimmt: Die Vereinzelten beginnen, miteinander zu singen oder zu agieren. Die Menschenwelle »La ola« kommt aus dem Nichts auf und schwappt über die Ränge. Vor einem Freistoß oder Eckball greifen Tausende in die Tasche und schütteln ihre Schlüsselbunde. Es wird bald im Kasten klingeln, bedeutet diese genial einfache Symbolsprache, auf die sich Menschen einigen, die in anderen Lebenszusammenhängen großen Wert darauf legen, als Individualisten zu gelten. Das Stadion amalgamiert eine Ansammlung von Monaden zur Masse.

Je ubiquitärer alle Ereignisse werden, weil sie an jedem Ort und zu jeder Zeit abrufbar sind, desto größere Bedeutung kommt der letzten Selbstinszenierung von Gesellschaft zu, die uns verblieben ist: dem Stadionspektakel des Fußballspiels. Wenn wir dieses Gesamtereignis in allen Details der Inszenierung »lesen«, dann erfahren wir Essentielles über die Gesellschaft, in der wir leben. Und wir begreifen, warum der Fußball – scheinbar ein harmloses Vergnügungsspiel – so wichtig geworden ist.

Fußball ist der Leitstern unserer Kultur, wenn Kultur bedeutet: worüber die meisten reden, worauf die meisten fiebern, was die meisten wichtig finden, in welcher sprachlichen Währung die meisten miteinander verkehren können. In Musterprozessen mußte vor Gericht geklärt werden, ob für das öffentlich-rechtliche Fernsehen nicht sogar eine »Informationspflicht« besteht, ob nicht jedermann ein Anrecht auf das Miterleben von Fußballspielen hätte – ähnlich wie bei einem Krieg oder einer Bundestagsdebatte. Weil es aber noch kein Recht auf Fußball gibt, dürfen die Veranstalter, der Deutsche Fußball-Bund (DFB) und die ihm angeschlossenen Vereine, weiterhin Eintrittspreise und Übertragungsgebühren verlangen.

Dennoch ist klar: Ein Fußballspiel ist längst mehr als ein Ereignis zur Ermittlung eines sportlichen Ergebnisses. Das Stadion ist der Raum einer öffentlichen Kundgebung und des privaten Genusses zugleich. Hier fällt das Interesse des einzelnen noch mit dem der Allgemeinheit zusammen. Das Stadion ist der letzte Ort, der alle Klassen versammelt: die Spitzen der Politik, die Medienexistenzen des sonstigen Showgeschäftes, die über ihre Produkte omnipräsente Wirtschaft, die Masse der Angestellten und Arbeitenden mit Kind und Kegel, aber auch Leute, die in keinem öffentlichen Diskurs mehr vorkommen und um die sich keiner kümmert, Arbeitslose, verwahrloste Jugendliche, Ausländer, Alkoholsüchtige. Alle

haben Zutritt. Nachdem Religionen, Weltanschauungen, Sitten in der Erlebnisgesellschaft ihre Verbindlichkeit verloren haben und die Menschen der unterschiedlichen Milieus und Gehaltsklassen in streng voneinander getrennten Lebensbereichen zu Hause sind, eint sie alle – vom Kanzler bis zum Penner – nurmehr der Fußball.
Und alle, die sonst die unübersichtliche Welt von Experten erklärt bekommen, dürfen mitreden. Fußball ist ein soziales System, ein komplexes Ineinander von Verhaltensweisen, deren jede im Zusammenhang ihre genau bemessene Bedeutung hat.

Insofern ist das Erscheinen im Stadion ein genuin demokratischer Akt, nicht weniger als das Wählen oder das Steuernzahlen. Mehr noch, weil Fußball selbstreferentiell und politisch völlig sinnlos ist, erweist sich der Fußballfan als größerer Idealist denn der Demokrat. Der Fan beteiligt sich aus keinen pragmatischen Erwägungen, er will nichts durchsetzen, sondern einzig demonstrieren, daß er dazugehört, daß er gern dazugehört, daß er mit unserer Ordnung, die sich so sehr in den Regeln des Fußballspiels manifestiert, einverstanden ist.

Aus diesen staatstragenden Gründen werden schon seit der Antike Stadien gebaut. Alle Einwohner einer griechischen Polis sollten hier Platz finden können. Man weiß sogar von Stadionbauten, die weit mehr Menschen faßten, als die Kommune Einwohner hatte. Die Politik – Wahlen, Entscheidungen, Verbannungen – wurde auf dem Marktplatz und höchstens ausnahmsweise im Theater gemacht. Aber die gemeinschaftlichen Spiele, die jedem Bürger das Gefühl der Dazugehörigkeit geben sollten, fanden immer im Stadion statt. Anfangs waren hier das kultische Theater und der sportliche Wettkampf noch nicht voneinander geschieden. Spätestens im römischen Kaiserreich hatte sich die allgemeinverständliche Schau- und Wettkampfdarbietung von der Hochkultur getrennt und diese überflügelt. Um das Jahr 100 gab es in Italien 64 große amphitheatralische Stadien, von denen jedes viele tausend Besucher faßte. Das dürfte etwa dem Stand von heute entsprechen. Auch das Fassungsvermögen ist über die Zeiten in etwa gleich geblieben. Bei fünf- bis zehntausend Zuschauern wird es interessant; bei niedrigeren Zahlen könnte man sich auch in einer Halle oder auf einem Platz begegnen. Und bei hunderttausend ist Schluß, wenn man von den Pferderennbahnen – heute zu Autorennbahnen weiterentwickelt – absieht, die allein schon wegen der Streckenlänge und der Fläche viel mehr Leute fassen können, von denen aber niemand das gesamte Spektakel überblicken kann. Sowohl das römische Kolosseum als auch das größte Stadion der Neuzeit, das Maracana-Fußballstadion in Rio, sind für gut hunderttausend Zuschauer angelegt.

Im Kolosseum gab es Gladiatorenkämpfe sowie allerhand phantastische Spektakel, Seeschlachten und dergleichen. Nur vom Fußball schweigen die Quellen. Die Erfindung des Fußballs, die für ihre Kultur vielleicht mehr Spaß, mehr Geselligkeit und damit längeres Überleben bedeutet hätte, ließen sich die findigen Römer entgehen und schickten damit die europäische Zivilisation auf einen zeitraubenden Umweg. Das christliche Mittelalter, das Rom beerbte, duldete neben dem kultischen Theater des Gottesdienstes keine Konkurrenz. In dieser Übergangszeit wurden die Stadien zu Steinbrüchen und schließlich von den Kathedralen verdrängt. Für den Sport als Massenspektakel war dies generell eine karge Zeit; vom Fußball war auch im Mittelalter anfangs keine Rede. Seit indessen das christliche Theatermonopol wankt, seit der italienischen Renaissance nämlich, wird in städtischen Stadien vor Publikum Fußball gespielt.

Aber die Geschichte des Fußballs und des Stadions verlief – wie jedes gute Fußballspiel auch – nicht geradlinig. Zum ersten großangelegten Stadionbau der Neuzeit kam es erst 1790, als die junge Volksherrschaft das Pariser Marsfeld als Aufmarschplatz für die Wettspiele und die öffentlichen Eide der Revolutionäre benötigte. Wir könnten nun voreilig schließen, das Stadion sei seit 1790 der genuine Bau der Demokratie, der Ort, an dem das Volk sich selbst huldigt. Leider haben aber gerade die Diktaturen jeder Spielart eine besondere Vorliebe für den Stadionbau und ihre Benutzung entwickelt. Schon in der römischen Kaiserzeit nannte man die Stadiontore verächtlich »Vomitorien«, weil dort nach den Spielen die städtischen Massen ausgekotzt wurden. Wie im alten Rom wurde das Stadion auch für die Diktaturen dieses Jahrhunderts zum bevorzugten Ort, wo die Führer die Massen beieinander hatten, um sie zu beeindrucken, zu beeinflussen, zu verführen. Nachdem das Stadion als Ort demokratischer Selbstfeier begonnen hatte, zeugten seine grauen Steinfronten und Aufmarschtreppen und überdimensionalen Tribünen nun von der »Verameisung« des Menschen. Unter Mussolini und Hitler gehörte zu jedem ordentlichen Stadion eine Krieger- und Gefallenengedenkstätte. Nicht der demokratische Charakter stand hier im Vordergrund, sondern der der Masse. Ein solches

Stadion war der Ort, an dem der Diktator Heerschau hielt. Hier wird die bevorzugte Erscheinungsform der Diktatur symbolisiert: der Krieg.

Das Berliner Olympiastadion steht bis heute für diesen Aspekt, der jedem großen Stadion virtuell innewohnt. Massenaufläufe schaffen immer auch eine Atmosphäre der Gefahr und der Unberechenbarkeit, und es liegt an den Darbietungen, ob diese menschlichen Triebe domestiziert oder weiter angeheizt werden. Weil außer hier und da einem Popkonzert oder einem sporadischen Kirchentag nurmehr Fußballspiele unsere zahlreichen Stadien füllen, kommt dem Fußball die verantwortungsvolle Aufgabe der friedlichen Selbstvergewisserung einer ganzen Kultur zu.

Daß Fußball im Stadion stattfindet, daß er ohne die Volksmasse im Stadion gar nicht möglich wäre und nicht – wie alle anderen Darbietungen in unserer Kultur – zu einem reinen Medienphänomen degradiert wurde, muß daher jeden Fußballfan mißtrauisch machen. Wieso braucht der Fußball das Stadion überhaupt? Wohnt die Dialektik von Volksherrschaft und Massenverführung, die sich in der Historie des Stadions zeigt, etwa jedem harmlosen Bundesligaspiel inne?

Die Geschichte zeigt, daß unter allen dubiosen Massenspektakeln einzig der Fußball die gefährlichen Risiken und Nebenwirkungen des Stadions einzugrenzen und letztlich auszuschalten vermochte. Gerade der Fußball aber hat bei den Diktatoren nie besonderen Gefallen gefunden. Das liegt daran, daß der Ball rund und unberechenbar ist und das Spiel auf Kreativität und Kommunikation beruht. Diese Tugenden stören den reibungslosen

Ablauf der disziplinierten, auf Befehlen beruhenden Kriegsführung und Bürokratie. Fußball läßt sich nicht planen, und im Fußball kann der einzelne, der ja das Spiel in jeder Sekunde neu zu gestalten hat, nie als Befehlsempfänger funktionieren. Darum fehlen einem echten Fußballstadion gerade die Fazilitäten, die das Stadion für die Diktatur so nutzbar machten. Denn jeder diktatorische Stadionbau ist mit den Erfordernissen für die Sekundärtugenden des Sports ausgestattet: Springen, Laufen, Wuchten, Werfen. Diese Bahnen und Gruben und Käfige rund um das Spielfeld stellen bei einem Fußballspiel nichts als lästige Barrieren dar, die die Sicht behindern und eine unerfreuliche Distanz zwischen dem Volk und seinen Vertretern, den Spielern, schaffen. In Stadien mit Laufbahnen kann bei Fußballspielen deshalb nie Stimmung aufkommen: Sie erinnern an die abgelaufene Zeit der Körperertüchtigung durch Sport.

Fußball fußt zwar auf einer der maßgeblichen Traditionen der abendländischen Kultur – dem Volksvergnügen im Stadion. Dennoch ist er von der unseligen Instrumentalisierung dieser Massenveranstaltung weitgehend verschont geblieben. Das Fußballspiel lebt von kommunikativen Qualitäten. Fußball wurde deshalb folgerichtig zur idealen Selbstdarstellung der Kommunikationsgesellschaft. Wir müssen uns in einem Stadion nur ein Tischtennisspiel vorstellen, um das zu begreifen. Tischtennis ist fraglos eine rasante, athletische und spannende Sportart. Aber niemand würde von der Tribüne aus auch nur irgend etwas erkennen. Tischtennis läßt sich nicht als Massenspektakel inszenieren, weil es den Stadionraum nicht füllt, weil das Geschehen keine genügend große

Spielfläche beherrscht und die Spielgeräte für ein Stadion den falschen Maßstab haben. Dasselbe gilt in geringerem, doch immer noch entscheidendem Maße für Sportarten wie Handball, Volleyball, Basketball, die immerhin Mannschaftsspiele sind – und nur in einer Mannschaft kann sich der Mensch als soziales Wesen widerspiegeln.

Wäre Sport inzwischen ein reines Medienphänomen und nicht an das Stadion gebunden, ließen sich die unzureichende Sichtbarkeit und die mangelnde Flächennutzung der meisten Sportarten mühelos beheben. Zeitlupen, Vergrößerungen und wechselnde Perspektiven können, wie sich im Sportfernsehen überprüfen läßt, das Geschehen jeder Sportart wunderbar erschließen. Sogar Segeln oder Golf können am Bildschirm ein Vergnügen sein. Aber selbst Tennis und Basketball füllen kein Fußballstadion. Jede Untergliederung der industriellen Zivilisation hat ihre adäquate Ballspielart im Stadion ausgebildet. In den meisten Fällen war das der Fußball. Wo nicht, setzten sich dimensional verwandte Formen wie Football oder Rugby durch. Dem Stadion, dem Versammlungs- und Spielplatz unserer industriellen Massenzivilisation, verdankt der Fußball seine Weltgeltung. Zwar kann man Fußball auf jeder Wiese und in jedem Hinterhof spielen – aber nur im Stadion wird er zum gesellschaftlichen Ereignis.

Als Johann Wolfgang von Goethe zum erstenmal in seinem Leben ein Stadion betrat, wurden dort leider noch keine Fußballspiele veranstaltet. Der Dichter mußte seine Vorstellungskraft an leeren Tribünen aus dem Altertum schulen: »Die Simplizität des Oval ist jedem Auge auf die angenehmste Weise fühlbar, und jeder Kopf dient zum Maße, wie ungeheuer das Ganze sei.« Im Jahr 1786 in der leeren Arena von Verona begriff Goethe intuitiv die zivilisierende Kraft, die von einem Stadion ausgehen kann: »Denn eigentlich ist so ein Amphitheater recht gemacht, dem Volk mit sich selbst zu imponieren, das Volk mit sich zum besten zu haben.« Nicht nur als Kenner des Altertums, sondern vor allem als ausgeglichener, optimistischer Geist, der die heitere Geselligkeit als Zweck des Daseins erkannte, war Goethe von den kommunikativen Möglichkeiten des Stadions begeistert. Und das in einer Zeit, in der das Volk noch ohne Massenspektakel auskommen mußte und keine sinnliche Erfahrung der Gemeinsamkeit vieler Tausender machen konnte. Erst im Stadion, findet Goethe, kann das Volk zu sich selbst kommen: »Gewohnt, sich durch einander laufen zu sehen, sich in einem Gewühle ohne sonderliche Zucht zu finden, so sieht das vielköpfige, vielsinnige, schwankende Tier sich zu einem edlen Körper vereinigt, zu einer Einheit bestimmt, in eine Masse verbunden und befestigt, als Eine Gestalt, von Einem Geiste belebt.« Dieser »Eine Geist«, der unserer Gesellschaft erst die Gestalt gibt, ist heute der Fußball. Würde Goethe heute noch leben, er wäre ein Fußballfan.

Was würde Goethe im Stadion erleben? Die Menschen, soviel ist klar, sitzen ja nicht einfach dort und freuen sich in klassischem Gewande, »zu einem edlen Körper vereinigt«, an der Eintracht oder an der Fortuna. Die unterschiedlichsten Menschen kommen hier aus den unterschiedlichsten Gründen in denselben Raum. Ausgeklügelte Rituale und spontane Emotionsausbrüche haben im Stadion ihren Ort. Wenn wir begreifen wollen, wie Fußball funktioniert, welche sozialen und individuellen Bedürfnisse er erfüllt und warum die Leute immer wieder hingehen, müssen wir das soziale Theater im Stadion etwas genauer betrachten.

Bei unseren Betrachtungen dürfen wir uns keineswegs auf den Ball konzentrieren. Ob er ins Tor geschossen wird, ist Nebensache – wenn man so will, die schönste Nebensache der Welt. Hauptsache ist das Drumherum, das wir im folgenden am Beispiel einer beliebigen Partie des FC Bayern München auf uns wirken lassen.

Schon lange bevor das Spiel losgeht, ist auf der Ehrentribüne des Münchner Olympiastadions eine Reihe voll besetzt. Hier sitzen die Veteranen von Bayern München. Das sind Spieler, die zu Zeiten vor der Rundum-Vermarktung ihre Knochen für den Verein hingehalten haben und deren Gesichter deswegen kaum ein Fan mehr kennt. Die älteren Herrschaften, die auch als junge Leute nicht so frisch geföhnt und gestylt ausgesehen haben wie die jetzigen Spieler, sitzen aufmerksam in Reih und Glied, einige haben eine Decke über den Knien, andere eine Thermoskanne dabei. Nicht jeden Tag haben sie soviel zu sehen wie hier.

Die Besetzung der Ehrentribüne des FC Bayern München ist eine schwer durchschaubare Wissenschaft. Nach und nach trudeln die bekannten und weniger bekannten Prominenten ein. Die Ehrenplätze erkennt man in kälteren Jahreszeiten an der roten Decke, die für jeden Ehrengast zusammengefaltet auf dem Platz bereitliegt. Daß Boris Becker und seine Gemahlin hier ihren Platz sicher haben, ist selbstverständlich. Fußball als Teilsystem im Gesamtsport wertet sich durch die Präsenz von weiterer Sportprominenz nur auf. Aber es gibt feine Unterschiede: Niki Pilic hingegen, der Trainer von Boris Becker und Chef des deutschen Daviscup-Teams, muß sich ein paar Meter weiter mit einem gewöhnlichen Sitzplatz für zahlende Zuschauer begnügen.

Zur Rechten von »Kaiser« und Vereinspräsident Franz Beckenbauer sitzt auf der Ehrentribüne Edmund Stoiber, der bayerische Ministerpräsident und Beiratsmitglied des FC Bayern. Politische Funktionsträger vom Oberbürgermeister aufwärts sind im Stadion gern gesehen, das war schon zu Zeiten der römischen Cäsaren so, die per Daumen sogar Einfluß auf den Spielausgang nehmen durften. Ein Politiker von heute, der vorzugsweise Akten bearbeitet, auf Sitzungen Tischvorlagen herunterbetet und Pressekonferenzen abhält, hat nur noch auf der Fußballtribüne die Möglichkeit, sich seinem Volk zu zeigen, sich als volkstümlich darzustellen, ohne langweilige Wahlkampfreden halten oder irgend etwas einweihen zu müssen. Man merkt Edmund Stoiber an, wie zufrieden er ist: Die Ehrentribüne ist für ihn ein Bad in der Menge, bei dem er sich nicht naß zu machen braucht. Hier benötigt er keine Sicherheitsbeamten, keine persönlichen Referenten, und trotzdem sehen ihn alle.

Gewiß setzt der Fußball Prioritäten. Wenn in der Pause eine Schar von Reportern zum Präsidenten stürmt, um ihm Nachrichten aus dem Umkreis der Macht zu entlocken, dann ist Edmund Stoiber froh, wenn ihm wenigstens ein Redakteur eines Provinzblattes Beachtung schenkt, während sich die anderen alle um Franz Beckenbauer, den Vereinspräsidenten, drängen. Gegen den Kaiser, das weiß der Ministerpräsident, kommt er nicht an. Schließlich schwenken die Zuschauer auch keine blauweißen bayrischen Landesrauten, sondern die rotweißen Flaggen des FC Bayern. Doch letztlich verschmelzen im Stadion bei Volksgesängen und Trachtentänzen, die andernorts überall im Aussterben sind, Vereinspolitik und Parteienpolitik. Während in der Kungelei der Staatsverwaltung die Positionen und Personen im Grau in Grau der Bürokratie nahezu ununterscheidbar geworden sind, sind beim Fußball allgemeinverständliche Fronten gezogen. Elf spielen gegen elf, die einen sind rot und die anderen blau. So einfach ist das.

Neben den Anführern der Ranglisten von Sport und Politik findet sich auf der Ehrentribüne des Stadions eine schwer durchschaubare Mischung aus Lokalprominenz und Vereinshonoratioren ein. Das Management des Vereins und die Sportagenturen, die gemeinsam die Ehrengästeliste komponieren, müssen feines Gespür haben. Der Sportvermarkter Manfred Birkholz, der die VIP-Lounge des Hauptsponsors der Bayern zusammenstellt, ist mit der Münchner Mischung aus Sport, Wirtschaft und Politik hoch zufrieden. In Frankfurt beispielsweise, so erzählt er, habe man für Geld nahezu jeden, auch jeden nicht unbedingt respektablen Ehrengast zum engeren Kreis zugelassen. Prompt sei der Verein in ein übles Fahrwasser geraten, und die Mannschaft brach auseinander. In der feineren Atmosphäre des FC Bayern München fühlt sich der Ministerpräsident hingegen pudelwohl: »Er will gar nicht mehr von seinem Amt lassen.« Denn hier ist er bei seinem Volk.

Viele tausend Zuschauer drängen in der Stunde vor dem Spiel ins Stadion. Volle Ränge sind für das Vereinsunternehmen nicht mehr wegen der Eintrittspreise wichtig, die in der Kalkulation nur noch eine bescheidene Größe ausmachen. Zuschauer bilden vielmehr die notwendige Kulisse für gute Stimmung und für die gut honorierten Werbebotschaften im Stadion.

Diese vielen tausend Besucher müssen sich ihrer Bedeutung selbst und einander versichern. Das ist der Sinn eines jeden sozialen Ereignisses. Sie wissen genau, weshalb sie gekommen sind. Und sie sind nicht nur wegen des Fußballspiels gekommen. Bei manchen Spieltagen kauft ein Sponsor der Einfachheit halber gleich blockweise Eintrittskarten auf und verschenkt sie an Kunden, so, wie Karten der VIP-Lounge und der Ehrentribüne an ausgewählte Geschäftspartner oder zur Belohnung verdienter Mitarbeiter der Sponsorenfirmen ausgegeben werden. An solchen Tagen herrscht im Stadion Volksfeststimmung: Überall sitzen zufriedene Kunden, die bei einem Preisausschreiben einer Sparkasse oder einer Brauerei ein Wochenende in der Großstadt gewonnen haben, Stadionbesuch inklusive. Fußball hat in einer solchen Menschenansammlung nichts mehr mit dem gewalttätigen Kitzel eines Fanblocks voller skandierender, maskierter Hooligans gemein. Ein Nachmittag im Stadion ist ein Nachmittag für die ganze Familie. Hier kann sie – freilich nur von weitem – all die Stars aus dem Fernsehen einmal in Wirklichkeit sehen. Die Stimmung bei alkoholfreiem Bier und Bratwurst ist gemäßigt und aufgeräumt: Fanatisches Anfeuerungsgebrüll und Sirenengeheul, Schlägereien gar, wären hier völlig fehl am Platze. Der konsumorientierte Sitzplatzbesucher, wie er den Verantwortlichen des Deutschen Fußballbundes vorschwebt, reißt allenfalls bei einem Tor die Arme hoch, kauft in der Pause seinen Kindern Eis und Vereinsmaskottchen und fällt sonst nicht weiter auf. Für ihn bedeutet ein Stadionbesuch Fernsehen live. Also muß ein Stadion genau das bieten, was der Besucher jeden Abend daheim

genießt. Warm und überdacht muß es sein. Es muß genügend zu essen und zu trinken geben. Es muß Bildschirme geben, die die Aufmerksamkeit fesseln, und eine stimmungsvolle Kulisse aus Musik und Geräusch. Die Darbietungen müssen spannend sein, für jeden verständlich, aber dennoch jugendfrei. Wie im Fernsehen gehört ein Potpourri von Werbung zum Ereignis dazu. Wie im Fernsehen gibt es wiedererkennbare Helden; die profane Wirklichkeit läßt sich mit der höheren Wirklichkeit auf dem Bildschirm abgleichen. Und es muß alles in friedlicher Feierabendstimmung ablaufen. Ein Stadionbesuch dauert mit Anreise etwa vier, fünf Stunden. Er ist die etwas teurere, exklusivere Form des immer Gleichen. Man muß sich ja auch einmal etwas Besonderes gönnen.

Das feinere Theater aber, die Hochkultur sozusagen, wird unter der Tribüne zelebriert – in den sogenannten VIP-Lounges.

Bei Bayern München gibt es drei VIP-Lounges, die von strengen Wärtern in Livree säuberlich voneinander abgeteilt werden, damit es zu keinen unerlaubten Vermischungen kommt. Denn der Sinn einer VIP-Lounge liegt darin, daß sie Trennungen und Schichten-Unterschiede vorspiegelt, die es in der Angestelltenkultur so offensichtlich sonst nicht mehr gibt.

In der untersten Klasse können mittelständische Unternehmen – etwa Generalvertreter von Aluminiumfenstern oder Kosmetikprodukten – ganze Tischgruppen mieten und dort ihre Geschäftsfreunde bewirten. Aber auch finanzstarke Einzelfans können ihren ganz persönlichen Stammtisch buchen. Einige haben stolz ihre Namenswimpel aufgestellt. So tun sie sich bei Verwandten und Nachbarn als besondere Sportsfreunde, als Beinahe-Prominente hervor und demonstrieren die räumliche Nähe zu den Berühmten. Dennoch ist die Atmosphäre alles andere als fein. In der gemischten VIP-Lounge geht es laut und zünftig zu – ein bißchen wie auf einer Autobahnraststätte am ersten Ferientag. Vom Fußball ist ohnehin nicht viel zu spüren.

Der einzige Unterschied zur VIP-Lounge des zweiten Groß-Sponsors, einer landesweit verbreiteten Sparkasse, besteht darin, daß hier die Sparkassen-Entourage unter sich bleibt. Alles ist etwas gesetzter und ruhiger, nur selten läßt sich ein prominenter Spieler, ein Vereinsveteran oder ein hoher Funktionär blicken. Immerhin sind hier Speisen und Getränke frei. Doch erst wer in der Lounge des Hauptsponsors zugelassen ist, hat den engeren Kreis der Macht erreicht.

An der echten VIP-Lounge überrascht vor allem die Einfachheit. Alles ist in gelbem Plastik ausgeschlagen; Gelb ist die Signalfarbe des Autokonzerns. An einer langen Biertheke bieten hübsche Studentinnen frisch Gezapftes an; ein ordentliches Büffet steht bereit. Die Atmosphäre erinnert an eine Sektbar in einem Schützenfestzelt. Größerer Luxus würde sich an diesem Ort gar nicht lohnen. Denn diese Schankstube steht fast immer leer; sie wird ja nur an gut fünfundzwanzig Tagen im Jahr benutzt. Außerdem fühlen sich die Besucher – Autohändler, Automanager, gute Autokunden sowie eine Auswahl von Prominenten aller Art – hier ersichtlich wohl.

Am Tisch der Spielerfrauen sitzen hagere junge Damen, manche mit kleineren Kindern, und tauschen Erfahrungen aus. Nach und nach kommen verletzte oder momentan ausgemusterte Spieler dazu. Ein Vorstandsmitglied gibt sich mit Vereinsschal zu Maßanzug und Trachtenhut volkstümlich. Auch der umstrittene Präsident des Gastvereins findet sich ein; auswärts muß er wenigstens keine Angst haben, ausgepfiffen und angegriffen zu werden. Der Chefredakteur eines Münchner Nachrichtenmagazins hockt einsam an der Biertheke und hofft, etwas für seine wöchentliche Kolumne aufschnappen zu können. Und für die ganz besonders Prominenten, die *very, very important persons*, gibt es noch ein abgegrenztes VIP-Kämmerlein mit allen Fazilitäten der Nachrichtentechnik. Eigentlich dürfen dort nur Beckenbauer, Becker und Stoiber hinein.

Selbst wenn nach der Pause das Spiel wieder angefangen hat, sitzen viele noch beim Essen und plaudern leise. Das Fußballspiel ist eben nicht das Entscheidende, sondern die Börse des Sozialen, die hier für ein paar kostbare Stunden ihren Handel eröffnet. Auf zwischen zwanzig und fünfunddreißig Heimspiele bringt es eine international mitmischende Mannschaft pro Jahr. Bälle oder Opernpremieren, wo sich ehemals die feine Gesellschaft traf, finden erheblich seltener statt. Auch können viel weniger Leute das Spektakel miterleben. Beim Fußball gilt niemand als elitär, weil der Form halber alle im selben Bau dasselbe sehen – während beispielsweise in Bayreuth das Volk draußen bleibt. Bayern München hat trotz mittelmäßiger Spiele deshalb den höchsten Zuschauerschnitt in Deutschland, weil hier das gesellschaftliche Ereignis das sportliche Ergebnis überstrahlt. Wichtig ist – wie der kanadische Soziologe McLuhan für alle Kommunikation unterm Gebot der Ökonomie festgehalten hat – nicht so sehr, daß gewonnen, sondern daß überhaupt gespielt wird. Und gespielt wird Woche für Woche.

Am gemütlichsten ist es in der Lounge nach dem Spiel und der rituellen Pressekonferenz, wenn Funktionäre und Reporter entspannt beim Büffet stehen und nach und nach frisch geduschte Spieler eintrudeln. Alle stehen sie nüchtern, geschäftsmäßig im vertrauten Kreis von Kollegen herum; alle essen vom schmackhaften VIP-Lounge-Büffet; alle trinken entweder Bier (Sponsoren, Journalisten und Prominente) oder Mineralwasser (Spieler und Spielerfrauen). Man kennt sich, man duzt sich, man gehört zu einem großen Clan. Und alle sehen sich mäßig interessiert die Sportschau auf den überall angebrachten Fernsehbildschirmen an, wo in verdichteter Form die Inszenierung gezeigt wird, an der alle zuvor mitgearbeitet haben. Dieser und jener reden kollegial miteinander, bevor die Spieler dann in ihre Limousinen steigen und nach Hause fahren. Die Kinder müssen ins Bett. Ein Arbeitstag klingt aus.

Doch gerade hier ist noch viel zu tun. Die Vereinsmanager haben bemerkt, daß vor und nach dem Spiel jede Menge Zeit für Konsum bleibt, die während der neunzig Minuten Starren aufs Grün nicht genutzt wird. Die »Verweildauer« im Stadion wird in Zukunft durch ein modernisiertes Bewirtschaftungswesen rund um das Stadion beträchtlich erhöht werden. Dann müssen auch die Spieler Überstunden machen und bis in die Nacht bei ihren Kunden bleiben. »Die volle Bandbreite der Gastronomie« – also von Bratwurst und Dosenbier bis hinauf zu Austern und Champagner – möchte Willi Lemke, Manager von Werder Bremen, seinen zahlenden Gästen bieten. Die Besucher sollen nicht aus Angst vor dem Stau kurz vor dem Spiel das Stadion fluchtartig verlassen, sondern sich auf den Après-Fußball freuen. In den momentan noch elitären VIP-Lounges hockt jetzt schon die bessere Bremer Gesellschaft beieinander, macht Geschäfte und verständigt sich über das gemeinsame Interesse, das hier vor allem »Werder« heißt: »Sie essen gemeinsam, bekommen die Trainerkonferenzen live übertragen, sehen anschließend fern. Jetzt gilt es, weitere Lokalitäten zu schaffen, in denen auch den übrigen Zuschauern dieses Erlebnis geboten wird.« Schließlich wird dann auch das Fernsehen seine Studios ins Stadion verlegen (was bei großen Spielen auch bereits geschieht) und die Engführung von Ereignis und Berichterstattung vollenden. Auch das Fernsehen ist eine Attraktion, die die Menschen ins Stadion lockt. Die Zuschauer im Studio – selbst wieder eine Auswahl aus den Stadionbesuchern – bilden dann fürs Fernsehpublikum eine Stimmungskulisse und dürfen dafür selbst an der Medien-Inszenierung teilnehmen. Nur wer bei künstlichen Ereignissen zugelassen ist, hat noch das Gefühl, die wirkliche Welt beim Rockzipfel zu fassen zu kriegen. Die Widerspiegelung ist größer als die Realität – *bigger than life*.

Das Fußballspiel selbst muß angesichts solcher Attraktionen nicht mehr unbedingt grandios sein, obgleich ein Sieg oder ein Traumspiel natürlich die Stimmung verbessert und den Konsum hebt. Aber wer echte Stars aus der Nähe sehen darf, muß nicht unbedingt vier Tore sehen. Der Pressesprecher von Bayern München weiß genau: »Ein Stadionbesuch muß ein Erlebnis- und Ereignistag für die ganze Familie sein. Das Spiel ab 15.30 Uhr ist nur der Höhepunkt.«

Und so wird das Ereignis im Stadion derart umgestaltet, daß auch die Zeit vor dem Spiel ausgedehnt werden kann. Eine Verschmelzung mit Showblöcken, Tombolas, Musik und anderen Sportereignissen zu einem Unterhaltungsblock hat zwar schon begonnen, wird aber mit allen technischen Mitteln ausgebaut werden. Bunte Videowände mit Aufzeichnungen vergangener Spiele und Großaufnahmen prominenter Stadionbesucher, Interviews, Beschallung in Stereo, Bühnen, Lichtregie, Laser, Fallschirmabsprünge ermöglichen nach einigen Umbauten eine fetzige Show auch im Stadion. Auf dem Betzenberg in Kaiserslautern beginnt seit der Bundesliga-Rückrunde 1995 die professionelle »Infotainment«-Show zweieinhalb Stunden vor dem Spiel mit einer Mischung aus Sportschau, Spielfilm-Sequenzen, beliebten Musikvideos und natürlich Werbung. Auf den neuesten Videotafeln in Frankfurt oder Stuttgart mit rund hundertfünfzig Quadratmeter Größe kann jeder Zuschauer bequem alles mitbekommen. Auch die Torszenen werden mittlerweile als Service eingespielt. Das kann nur zu Problemen führen, wenn es sich um strittige Szenen handelt und der Schiedsrichter mit den Bildern widerlegt wird. Hier ist das Fingerspitzengefühl der Regisseure gefragt.

Die großen Popkonzerte von Michael Jackson und den Rolling Stones haben also auch die Fußball-Veranstalter auf brachliegende Möglichkeiten aufmerksam gemacht. In Amerika hat sich das Anfeuern durch schöne Mädchen beim Football zur eigenen Disziplin entwikkelt. Es müßte mit dem Teufel zugehen, wenn sich bei uns nicht Ähnliches – Aerobic-Mädel, Funkenmariechen, Samba-Ballett – etablieren und das Männerspiel mit etwas weiblicher Erotik anreichern ließe. Noch sträubt sich ein Fernsehstar wie Rudi Carrell, für Werder Bremen den Stadionsprecher zu machen, weil er nicht mit Krawallen assoziiert werden möchte. Aber das wird sich ändern. Und wieso sollen die daheimgebliebenen Fans nicht, wie bisher nur bei ganz besonderen Spielen, die Auswärtspartien auf Großbildleinwänden im Stadion mitverfolgen können? Auch Fußballkino ist ein Markt.

Eine Frage bleibt allerdings weiter offen: Warum gehen die Leute überhaupt ins Stadion, wenn es das Spiel nicht ist, was sie dorthin treibt? Wenn rund ums Spiel nur Normalität und Konformität organisiert werden? Wenn der Stadionbesuch nur eine Kopie der sonstigen Freizeitgestaltung darstellt? Es muß irgend etwas geben, das über den geschlossenen sozialen Kreislauf hinausweist. Dieses Etwas erlebt man freilich nicht in den VIP-Lounges, sondern nur im dichten Gedränge der Stehplatztribüne, die in Zukunft – vorgeblich aus Gründen der Sicherheit – völlig abgeschafft werden soll. Den emotionalen Überschuß, den ein Fußballspiel in kostbaren Augenblicken dann doch erzeugen kann, erlebt man eher in Kaiserslautern auf dem Betzenberg, am Millerntor beim beim FC St. Pauli oder im Westfalenstadion von Borussia Dortmund.

Das Stadion einer solchen Stadt oder eines solchen

Stadtteils ist der einzige nennenswerte Ort in einer amorphen Architektur. Wo der Fußball mit Hingabe und Leidenschaft zu tun hat, stellt er nicht nur einen Bestandteil der allgemeinen Erlebniskultur dar, sondern ist das einzige Angebot – meist schon seit Generationen.

Die Stadien in den britischen Arbeiterstädten sind solche Orte. In Liverpool liegt das Stadion an der Anfield Road – allein schon dieser Name evoziert für Wissende einen Beiklang, wie ihn Troja oder Mykene bei Altphilologen freisetzen. Alles ist hier – in einer der Metropolen der Industriegesellschaft – einfach und ärmlich gewesen, als hätten sich hier Bauern versammelt und nicht Stahl- und Werftarbeiter. Steil und düster erheben sich die Tribünen mitten aus einer Wohnsiedlung, die nun vom sozialen Wohnungsbau in eine Art thatcheristischen Slum verwandelt wird. Erst jetzt werden Holztribünen für Stehplätze durch Stahl- und Eisenkonstruktionen mit Plastiksitzen ersetzt. Auf dem »Spionkop«, der nach einem Hügel aus dem Burenkrieg benannten Stehplatztribüne der wahren Liverpooler Fans, stehen Großväter mit ihren Söhnen und Enkeln. Seine phantasievollen Gesänge hat dieses Kollektiv seit Jahrzehnten eingeübt; und Neues entsteht zwanglos in den Kneipen, in denen es sowieso nur ein Thema gibt. Der FC Liverpool, und sonst nichts, ist hier die Lebensweise. In den Pubs rund ums Stadion werden schon eine halbe Stunde nach dem Spiel von ärmlichen Kindern die druckfrischen Fußballblätter ausgerufen.

Das Stadion steht hier noch nicht draußen vor der Stadt, sondern da, wo die Menschen zu Hause sind. Ein Spieltag belebt das ganze Viertel, alles ist in die Vereinsfarben gehüllt, in den Kneipen herrscht Ausnahmezustand, und die Polizei, die auch dazugehört, patrouilliert unablässig.

An der Anfield Road und in manchem anderen englischen Arbeiterstadion kann man erleben, was der Fußball bis in die sechziger Jahre war: eine Massenunterhaltung fürs Proletariat. Inzwischen hat der jüngste Modernisierungsschub im Stadion schon wieder die Arenen abgelöst, die die alte Arbeiterkampfbahn ersetzen sollten. Solche Stadien finden sich noch überall im Lande, in Gelsenkirchen, Stuttgart, Köln und Hamburg. Sie wurden in der Goldenen Zeit der Sozialdemokratie, den siebziger Jahren, rund um die Fußballweltmeisterschaft von 1974 hochgezogen und ausgebaut. In solchen sterilen Sport- und Erholungsparks sollte sich die Großstadtbevölkerung beim Fußball von der Arbeit erholen. Riesige Parkplätze zeigen an, daß man hierher nicht zu Fuß anreist, sondern mit dem neuen Statussymbol des einfachen Mannes, dem Auto. Diese Betonensembles im selben Grüngürtel wie die Hochhaussiedlungen und Autobahnen wurden von Landschaftsarchitekten mit kahlen Seen und Rasenflächen arrondiert. Hier sollten sich die Wähler, diese neuen Helden der Mitbestimmung, selbst feiern bei den ihnen angemessenen Massenveranstaltungen von Fußball und Leichtathletik. Und doch blieben die Betonkessel dieser Jahre bloße proletarische Massenbühnen, wo keine Stimmung wie in der alten schmucklosen Kampfbahn aufkommen wollte, und wo die Bedürfnisse des Volkes, wie auf der Kirmes mit Bier und Bratwurst, abgespeist werden sollten.

Es ist ein Wunder und zeugt von seiner Zähigkeit, daß

der Fußball diese Bauten überlebt hat und weiterhin überlebt. Denn Fußball verträgt keine Konkurrenz. Die störenden Laufbahnen, die das Publikum – wohl ein erwünschter Nebeneffekt – auf zig Meter Distanz zu seinen Idolen halten, stellen für die heutige Erlebnisgesellschaft eine lästige Barriere dar. Ein grauer, regnerischer Bundesliganachmittag im Hamburger Volkspark oder in Köln-Müngersdorf, wo elf Niemande in Fernglasdistanz lustlos herumkicken, ist das ideale Zeugnis für die Entfremdung und die Alternativlosigkeit der Lebenswelt, der diese Zuschauer entstammen. Offenbar gibt es hier wirklich nichts Besseres zu tun, als sich dies anzutun. Alle wollen ja eigentlich Fußball sehen, wenn auch nicht diesen und unter diesen Umständen. Aber sie haben keine Wahl.

Seit der Fußball vollständig vermarktet wird, Emotionen inklusive, wird solchen Stimmungsruinen der siebziger Jahre entgegengearbeitet. Die Ansprüche sind gestiegen, und die Bedürfnisse haben sich verfeinert. Nah am Geschehen und zugleich rundum versorgt will das Publikum sein, das dann auch gerne hohe Preise für sein Spektakel zahlt. Also bauen finanzkräftige Vereine wie Ajax Amsterdam eine völlig neue Art von Stadion. Bundesligavereine versuchen wenigstens, die ihren für die neuen Bedürfnisse zu renovieren.

Der Sport- und Freizeitpark unserer Zeit ist mit Tiefgaragen und Nahverkehrsanschluß schnell erreichbar. Man muß hier nur auf den billigsten Plätzen auf Plastikstühlen hocken. Stehen ist wegen der größeren Beweglichkeit und darum Gefährlichkeit sowieso verboten und brächte geringere Einnahmen. Es gibt, je nach Preis, viele Varianten witterungsresistenter Lounges, die zum Teil von der Gastronomie bewirtschaftet werden. Alles in allem sollen hier – der Zugkraft des Vereins entsprechend – nicht viel mehr als fünfzigtausend Zuschauer Platz finden, sonst würde es wieder zu weitläufig und die Stimmung zu dünn. Der ideale Besucher kommt mit Frau und Kind aus mittelständischem Umfeld mit dem Auto angereist und muß nicht auf den Pfennig sehen. Das neue Stadion ist ein großes Kaufhaus mit allen Konsumartikeln, die der Verein vermarktet. Stände mit Krimskrams in den Vereinsfarben allerorten. Im Idealfall wird das Stadion von einer Vielzahl von unterirdischen oder unter den Tribünen liegenden Geschäften ergänzt: Friseur, Fitneß-Studio, Lottoannahmestelle, Bank und so weiter. Die Fans können so rund um das Spiel ihre Besorgungen erledigen. Die Frau kann mit den Kindern im benachbarten Spaßbad oder im Kinocenter geparkt werden, die Oma bei der Krankengymnastik; der Schwager, der etwas abnehmen will, geht zum Eislaufen. Die VIPs dürfen im Hause in die abgetrennten Saunen, die Tennis- oder Squash-Hallen. Wie jetzt schon in den VIP-Lounges lassen sich hier die Menschen nach ihren finanziellen Möglichkeiten auf die unterschiedlichen Spielarten ihrer Freizeitbelustigung differenzieren. Das Stadion ist die Heimat für die aktive Familie, die Freizeit und Dienstleistung optimal durchorganisiert.

Unter der Tribüne wäre übrigens auch der ideale Ort für die Geschäftsstellen unserer Volksparteien, weil hier wenigstens ab und zu jemand vorbeikommt, der sich vielleicht für sie interessiert – jedenfalls wenn die Partei dem Fußballclub Wohlverhalten in Form von günstigen

Kommunalkrediten, Bürgschaften oder Grundstücken verspricht. Denn wer gegen den Club ist, schadet dem Allgemeinwohl.

In einer Stadt, in der es sonst nichts Sehenswertes gibt – und das sind die idealen Fußballstädte –, würden sich die aufwendigen Bauten des Freizeitstadions wunderbar rentieren, weil die Fans auch in der Woche an diesem weihevollen Ort der großen Matches vorbeischauen und die Freizeitbedürfnisse befriedigen können. Im Idealfall, wie in Eindhoven (Philips) oder Leverkusen (Bayer) bereits geschehen, entsteht ein solches schmuckes Stadion unter Federführung des Konzerns, dem auch der Verein angehört. Die öde Industriebrache einer solchen künstlichen Stadt wird endlich wieder bebaut, weil es die Fußballbranche gibt. So bekommt ein langweiliger Ort nicht nur eine Identität verpaßt, sondern auch noch das Stadtzentrum gestaltet.

Dann endlich wird auch der unwirtschaftliche Leerstand des Stadionobjektes entscheidend reduziert sein. Denn Fußball ist viel zu wichtig, um nur neunzig Minuten zu dauern. Die Autogrammstunden und Werbeshows mit den Stars halten den Betrieb die ganze Woche und auch in der Winterpause aufrecht. Die Kleinen dürfen auf dem heiligen Rasen spielen, die nicht mehr ganz Kleinen können im Vereinsgasthaus heiraten. An den Wochenenden mit Auswärtsspielen finden Popkonzerte statt. Endlich schöpft das Fußballstadion als Medium seine Aura und seine ökonomischen Kapazitäten, die in der herkömmlichen Betonkampfbahn brachlagen, voll aus. Und alle Rendite fließt direkt oder über Merchandising und Verpachtung in die Vereinskassen. Damit können dann wieder bessere Spieler gekauft und höhere Spielergehälter gezahlt werden. Ein Verein an der Börse könnte mit einem solchen Stadion – man bedenke nur den Wert der Immobilie – gute, regelmäßige, vom Spielbetrieb unabhängige Renditen versprechen und seinen Funktionären traumhafte Gagen ausschütten. So wird es kommen. Und wieder wird das Stadion, diesmal als kollektiver Freizeitpark, der Ort sein, an dem unsere Kultur sich selbst verwirklicht.

Ob es dieser Kreislauf von Geld und Dienstleistungen ist, den Goethe mit der »Simplizität des Oval« meinte, als er erstmals ins Stadion trat? Anders als Leinwände, Bildschirme oder Bühnen gibt der Fußball dem Blick des Zuschauers keine Richtung vor. Aug' in Aug' mit der Gegentribüne sind wir beim Fußball mit uns selbst konfrontiert. Der Fußball, der unten diesen Raum bespielt, dient einer gesellschaftlichen Utopie: dem ovalen System. Hier kreist, wie der Mond um die Erde, das Sinnbild unserer besinnungslos fröhlichen Zeit, die La-ola-Welle, endlos um sich selbst.

Noch ist es nicht ganz so weit. Noch können wir erleben, wie der emotionale Überschuß von Fußballspielen ohne Sinn und Rendite verrauscht. Sogar bei reichen Vereinen, wie auf der Südtribüne bei Borussia Dortmund, stehen Spieltag für Spieltag schon lange vor dem Anpfiff Tausende von Fans und schreien und singen und bewegen sich rhythmisch. Kein Meter Boden bleibt frei. Sie kommen immer. Und auch sie inszenieren hier – genau wie die Gäste in der VIP-Lounge – kollektiv ein Ereignis, das ihren persönlichen Bedürfnissen gerecht wird. Nirgendwo sonst in der triebreduzierten Gesellschaft kann man Menschen derart jubeln und lachen, weinen und gestikulieren sehen. Für diese Fans ist nicht allein wichtig, daß im Stadion irgend etwas geschieht, sondern daß »ihr« Verein gewinnt. Sie sind mit Leib und Seele dabei.

Denn jenseits aller Vermarktung, die in Dortmund und andernorts natürlich längst ebenso dazugehört wie in München, kann das Stadion mit seinem Menschengedränge, seinem Getöse und Torjubel ein Ort der Metaphysik sein. Die Rituale des Fußballs dienen dann nicht mehr sich selbst, sondern verweisen auf etwas anderes. Zuweilen geht der Fußball eben doch nicht in seiner lückenlosen Inszenierung zu Zwecken der Vermarktung auf, sondern wird zum Spiel, das als Einsatz nicht nur Geld, sondern auch Gefühle benötigt.

Durch die Parteinahme für »seinen Verein« ist der Fan auf Gedeih und Verderb an den unberechenbaren, oft zufälligen Flug des Balles gebunden. Er entäußert sich. Keiner weiß, was geschehen wird. Aber was geschieht, löst auf wundersame Weise Glück oder Leid aus – Gefühle, die man kollektiv sonst nicht mehr zu zeigen wagt und die man im Stadion – vom Sozialhilfeempfänger bis zum Kanzler – ausleben darf.

Solchen Gefühlen, die man nirgendwo sonst erleben kann, reist eine Gruppe blinder Fußballfans Woche für Woche hinterher. Sie, die keinen Spielzug und kein Tor sehen können, suchen sich die Partien nach der Atmosphäre aus. Von Helfern über den ungefähren Spielverlauf unterrichtet, erleben sie das Spiel mit dem ganzen Körper. Sie spüren die Aufregung der Masse, sie hören die Sprechchöre und die einzelnen Rufe. Wenn sich in einem dramatischen Spiel die entscheidenden Momente überschlagen, wenn das Jubeln in Raunen übergeht, von Stöhnen und Pfeifen abgelöst wird, dann verleiben sich die Zuschauer die Emotion ein.

In solchen Momenten ergreift die Aura des Stadions vom ganzen Körper Besitz. Dem einzelnen in der Menge rieseln Schauer den Rücken herunter, es zieht im Magen, und alle Aufmerksamkeit ist auf einen kleinen Punkt konzentriert. In solchen Momenten sind alle Mitwirkenden – sogar die gewerbsmäßigen Spieler – vom Ball gebannt und in diesem Bann vereint. Jenseits aller gesellschaftlichen Wirklichkeit gibt es keine Vereinzelten mehr. Alle werden von dem Erlebnis mitgerissen, daß die Zukunft offen ist, daß jederzeit etwas Überraschendes geschehen kann. Sepp Herberger, der Philosoph, hat um diese nicht korrumpierbare Botschaft des Fußballspiels gewußt: »Warum gehen die Leute ins Stadion? Weil sie nicht wissen, wie's ausgeht.«

Personal
Angestellte zum Vorzeigen

Der deutsche Fußball ist erfolgreich wie kaum ein anderer und hat sich seit dem letzten Weltkrieg im Gleichschritt mit der restlichen Volkswirtschaft zur Weltspitze emporgearbeitet. Seit 1945 hat die bis vor kurzem auch sportlich geteilte Nation drei Weltmeistertitel, drei Finalteilnahmen, dazu einen dritten Platz vorzuweisen, die Plazierungen bei Europameisterschaften nicht mitgerechnet – eine Bilanz, mit der nur die chaotisch begnadeten Brasilianer, nicht aber Italiener, Argentinier, Briten noch Holländer im entferntesten mithalten können. Als 1990 nach dem Gewinn der Weltmeisterschaft der staatstragende Deutsche Fußball-Bund (DFB) auch noch die Fußballer der neuen Bundesländer einzugemeinden hatte, zeichnete sich eine dauerhafte Überlegenheit ab. Wer, so hatte Franz Beckenbauer als Teamchef damals gefragt, soll uns denn überhaupt noch schlagen?

Bei der nächsten Europameisterschaft waren es die Dänen. Dann bei der Titelverteidigung in den Vereinigten Staaten waren es die Bulgaren. Zwei völlig namenlose Fußballnationen zeigten den überfütterten Deutschen, wohin Größenwahn auch im Sport führt. Offenbar verschieben sich auch im Fußball die Kräfteverhältnisse ständig, und die immer drastischere Anpassung an die Bedürfnisse des Marktes läßt die satten Sieger in Windeseile veralten. Die Halbwertzeit einer großen Fußballmannschaft währt derzeit weniger als zwei Jahre.

Mit den alten Sekundärtugenden – Bescheidenheit, Bienenfleiß und Effizienz – und ohne Pathos und Großspurigkeit hatten sich die Deutschen jahrzehntelang an die Weltspitze vorgearbeitet. Nun drängen die Billiglohnländer auf den Markt. In der Bundesliga dominieren Spieler aus dem Ausland. Im Europapokal stellten die deutschen Teams seit 1985 gegenüber Briten, Spaniern, Niederländern und später vor allem den Italienern bestenfalls Mittelmaß dar. Und bei den Nationalmannschaften kann jeder jeden schlagen, nicht einmal die Qualifikation zu den Europameisterschaften ist einer einst übermächtigen Fußballnation wie Deutschland mehr sicher. Dasselbe gilt für die nationalen Verhältnisse: Zum Jubeln über einen Meistertitel bleibt höchstens zwei Tage Zeit. Dann beginnt die Hetzjagd der anderen. Die Helden fordern höhere Gehälter, drohen, ins Ausland abzuwandern; der Spielerkader muß für die neuen Herausforderungen erweitert werden; Verdrängungsprozesse fordern Opfer, schaffen Querelen. Daß ein Meister seinen Titel verteidigen kann, wird unter solchen Verhältnissen äußerst unwahrscheinlich. Wer eben noch den Gipfel stürmte, ist schon morgen der Häme ausgesetzt. Wer stehenbleibt, ist schon zurückgefallen.

Dieser permanente Überlebenskampf – dem Dauerwahlkampf unserer Politiker vergleichbar – führt zu einer vom Mißtrauen dominierten Gefühlslage in der gesamten Fußballnation: Wir müssen auf der Hut sein, uns auf alles gefaßt machen. Unsere Spitzenstellung ist in Gefahr. Anspruchsvoll und träge sind die Deutschen geworden. Wer oben ist, kann sich nur verschlechtern. Und kritisieren, anstacheln, munter machen, quälen können sich die Besten nur selbst. So ist der Fußball zum besten Katalysator der nationalen Gefühlslage geworden, die sich durch die permanente Angst auszeichnet, das Erreichte wieder zu verlieren. Aber unausgesprochen geht jedermann davon aus, daß der erste Rang doch uns gebührt. Wofür sonst die ganze freudlose Plackerei?

Darum gehört es mit zur beispiellosen Erfolgsgeschichte des deutschen Fußballs, zugleich seinen Niedergang zu beklagen. Selbst Finalteilnahmen bei den Weltmeisterschaften 1982 und 1986, die woanders als Triumphe gefeiert würden, buchte man hierzulande als verkorkste Leistungen und versuchte, sie schnell zu vergessen. Es geht uns miserabel – aber auf höchstem Niveau. Jubeln sollen die feurigen Südländer, die Außenseiter, die Underdogs, die kleinen Nationen, während die Deutschen am liebsten verkrampft die Titel abkassieren. Freuen dürfen wir uns nicht, schon gar nicht über Fußball.

In Wirklichkeit war der deutsche Fußball – selbst wenn er mehr um seine Weltgeltung zu kämpfen hat denn je – niemals besser als heute. Die Beschwörung vergangener Größe gehört zum Ritual der Selbstquälerei. Die Zeiten, da ein Beckenbauer sich per Doppelpaß zum Erfolg müllerte, da ein Netzer mit raumgreifenden Pässen das Spiel öffnete, werden von nostalgischen Intellektuellen mit der wagemutigen Demokratie Willy Brandts und mit der Studentenrevolution gleichgesetzt, mit der es übrigens auch nicht so weit her war, wie die Akteure heute gerne behaupten. Von 1974 an ging's bergab, so klagen die Nostalgiker. Kaum jemand macht sich klar, was sich seither im Fußball alles geändert hat. Das Feld, auf dem einst die Spielmacher brillierten, ist heute dicht besetzt mit athletischen Defensivspielern, die jeden Steilpaß erlaufen, jedes Dribbling über die Flügel mit einer tausendmal geübten Grätsche entschieden beenden, um sich sofort in den tödlichen Konter einzuschalten. Man schaue sich einmal die Aufzeichnung eines Spiels der Weltmeistermannschaft von 1974 an. Die gemächliche Truppe von Technikern der vorherigen Generation hätte keine Chance gegen ein ausgefuchstes Athletenteam, wie es heute im unteren Tabellendrittel der Bundesliga mitkämpft. Der Fußball hat sich ebenso radikal modernisiert und beschleunigt wie die gesamte Industriegesellschaft.

Der Publizist Helmut Böttiger hat am entschiedensten mit dem Erscheinungsbild der neuen Generation deutscher Fußballspieler abgerechnet: »Wer mag solchen Milchbubis wie Andi Möller oder Thomas Helmer innovative Kraft zutrauen? Guterzogene Mittelschichttypen, ohne Furchen im Gesicht oder Spuren subjektiver Erfahrung. Anpassung bis zur Selbstauslöschung.« Das ist die ewige Klage des Alternden über die Jugend: Sie verdient zuviel und bringt keine Leistung mehr. So läßt sich trefflich die Sozialromantik beschwören, die in den Kickern am liebsten ausgehungerte Proletarierkinder sähe, die zur Lehre in den Pütt fahren, nachmittags in grauen Zechensiedlungen den Ball durch Teppichstangen zirkeln und abends die Erbsensuppe aus Mutters Topf löffeln: »Straßenfußballer«, Genies aus dem Volke.

Der moderne Fußball sei – das schrieb verbittert einst Karl-Heinz Bohrer – zum berechenbaren Rasenschach der Dienstleistungsgesellschaft geworden: »Wo Emotionslosigkeit vorherrscht, da können Spielerstars wie Fertigteile behandelt werden, aus denen ein Trainer-Ingenieur eine effektvolle Maschine bauen kann.« Die Wortwahl zeugt von der Klage, daß hier ein zweckfreies Spiel der Passion der kalten Logik des Arbeitslebens ausgeliefert worden sei. Das ist gewiß keine falsche Beobachtung, denn mit dem größeren Markt für Fußball haben Trainingswissenschaft, Taktik und Verbesserung der körperlichen Leistungsfähigkeit die Fehlerquellen minimiert. Für spektakuläre Einzelleistungen, für riskante Geniestreiche ist die Luft tatsächlich dünn geworden.

Das zeigt sich schon an der beständigen Attacke auf den Ball, zu der die lauffaulen Spieler früher die Luft gar nicht gehabt hätten. Dieses sogenannte »Forechecking« oder »Pressing« wird zu Recht mit der Ausschöpfung von Produktivitätsreserven in der Wirtschaft verglichen: keine Verschnaufpausen, das Menschenmaterial wird jederzeit voll auf Trab gehalten, dem Gegner wird die Luft abgepreßt, indem man die eigenen Ressourcen bis zum letzten ausbeutet. Pressing mag zu öden Spielen führen, weil keine Mannschaft mehr den Raum findet, sich zwischen Abseitsfalle und massierter Abwehr im überfüllten Mittelfeld gestalterisch zu entfalten. Doch welche lendenlahmen Zitterpartien haben uns die Fußballheroen der sechziger und siebziger Jahre beschert. Es ist beim Fußball auch nicht anders als bei jedem biographischen

Rückblick: Wir haben die sauren Partien gegen Albanien oder Marokko nur vergessen und die seltenen Glanzpunkte in unseren Herzen bewahrt. Früher war alles schöner und dazu noch gemütlich. Gibt es ein Zurück?

Die Normalität – auch hierin gleicht der Fußball dem Alltagsleben – besteht in harter, effektiver Arbeit: Deshalb entwickelt sich heute gerade beim Aufeinandertreffen überdurchschnittlicher, taktisch gut eingestellter Teams die Dauerbelagerung des Balles häufig zu einer reizlosen Kurzpaßversammlung im Mittelfeld. Die Ballstafetten fächern sich zügig um den Mittelkreis, bis die Abseitsfalle zuschnappt, die die Viererer-Abwehrkette – ohne Netz und doppelten Boden auf einer Linie stehend – automatenhaft verinnerlicht hat. Meist aber begeht eine Mannschaft unter dem hohen Druck dann doch irgendwann Fehler, was dem Gegner Chancen eröffnet, die sofort eiskalt verwertet werden. Danach allerdings wird die erfolgreiche Mannschaft ihre Kräfte nicht dadurch spektakulär verpulvern, daß sie den Schwächeren auseinandernimmt und ein Tor nach dem anderen schießt. Kontrolle ist alles. Auf dem Weg dorthin kann es allerdings immer noch zu Kombinationen und wunderschönen Toren kommen.

Die Mannschaft, die den Fußball der letzten Jahre geprägt hat wie keine andere, der AC Mailand, verkörpert diese Art von Fußball idealtypisch. Der Vorteil der berechenbaren Effizienz liegt darin, daß die eingespielte Mannschaft aus ihrem massierten Mittelfeld auch an einem schlechten Tag meist mindestens ein Unentschieden herausholt. Wenn aber die Quadratur des Kreises gelingt und der abgedeckte Raum sich plötzlich doch noch öffnen läßt, dann bieten die begnadeten Einzelkönner den Zuschauern Tempospiel, hohe Chancenauswertung, Flankenwechsel, riskante Rettungstaten – kurz: alles, was den Fußball immer schon auszeichnete, nur schneller, perfekter, intensiver. Der moderne Fußball führt die optimale Bewirtschaftung von Raum und Zeit vor.

In dieser Hinsicht läßt er sich übrigens gut mit der Entwicklung im Tennis vergleichen. Auch hier haben Trainingswissenschaft und Spielerselektion den Sport immer schneller und makelloser gemacht, so daß ein einziger Fehler beim Aufschlag gemeinhin reicht, um einen ganzen Satz zu entscheiden. So kam es mit der Zeit zu reinen Aufschlagduellen. Die Spieler wurden immer jünger, athletischer, nervenstärker, die Geräte immer ausgefeilter. Dergestalt perfektionierter Spitzensport ist naturgemäß weniger attraktiv, weil weniger Notsituationen unkonventionell zu bewältigen sind und weil Risiken von vornherein vermieden werden. Die Sportler spulen ihr erlerntes Programm ab. Deshalb verstummen Forderungen im Tennis und im Fußball nicht, das erfolgsorientierte Spiel durch größere Zufallsgeneratoren wieder attraktiver zu machen. Bälle und Böden sollen im Tennis langsamer werden. Im Fußball sollen die Tore und die Spielfläche vergrößert werden. Solche Modernisierungs-Rückschritte sind vergleichbar mit den Rufen nach Geschwindigkeitsbegrenzungen auf der Autobahn, Pollern in breit ausgebauten Wohnstraßen oder mehr kreativer Gruppenarbeit am Fließband. Die Optimierungsleistungen der Industriegesellschaft zeitigen derart unheimliche und keimfreie Ergebnisse, daß der antiquierte Mensch dagegen zuweilen rebelliert.

Das System, das auch von der Akzeptanz der Masse lebt, reagiert auf solche Forderungen mit einem Input von dosierter Humanität: Weil viele Spiele gewerblich und kühl professionell durchgezogen werden, muß das Drumherum verniedlicht und aufgewertet werden. Die entrückten Sportstars lassen sich in Interviews duzen und in Personality-Porträts wieder ein bißchen vermenschlichen. Im übrigen wird der mangelnden Attraktivität des Spiels dadurch begegnet, daß es noch weiter optimiert wird: Beim Fußball müssen die Schiedsrichter die Verschnaufpausen gnadenlos zusammenpfeifen, damit der Ball dauernd rollt. Einwürfe sollen zu Schüssen werden, der geruhsame Rückpaß zum Torhüter wird verboten. Es gibt keine Sekunde Ruhe. Immer muß etwas los sein. Kein Zurück zur Gemütlichkeit.

Wie hat nun diese Modernisierung des Fußballs die Spieler verändert? Was sind das für Menschen, die solchem Hochdruck gewachsen sind? Allgemach über die Angepaßtheit und Eigenschaftslosigkeit desjenigen Menschentyps zu jammern, der unter den Profibedingungen gedeiht, ist unangemessen. Wir können eine Menge über unsere eigenen Formationen und Deformationen lernen, wenn wir die Profis als das nehmen, was sie sind: vorbildliche Erscheinungsformen des rundum disziplinierten Individuums.

Jeder einzelne, der heute in der Nationalmannschaft steht, hat eine gnadenlose Selektion seit den Schüler- und Jugendmannschaften hinter sich. Wo schon bei den Zehnjährigen professionelle Späher die Talente sichten, wo die Stars der Jugendteams schon auf regionaler Ebene unerbittlich von den Verteidigern zusammengetreten werden, wo Pubertierende von Familie und Schule isoliert und in Vereinsinternate überwiesen werden, wo fremdländische Halbwüchsige aus ihrer Kultur gerissen und ins permanente Trainingslager gesteckt, wo für Abiturienten Managergehälter gezahlt werden, da behaupten sich nur die Zähesten.

Schon die Jungstars müssen ihr Leben abseits des Fußballplatzes auf eine Weise organisieren, die an ausdifferenziertes Unternehmertum erinnert: Karriereplanung, Gehalts- und Prämienpoker, Werbeverträge, Geldanlage, Medienarbeit, Image-Kontrolle. Das alles läßt sich nur in geordneten Verhältnissen, oft mit Hilfe der Eltern oder von väterlichen, am Profit beteiligten »Beratern« bewältigen. Den Vereinen liegt viel an einer maßvollen und geregelten Lebensführung ihrer Talente, an einer optimalen Lebensorganisation mit früher Ehe und Kindern. Gute Clubs betreuen ihren Nachwuchs auch außerhalb des Fußballplatzes, sorgen für Wohnung, Ausbildung, Medienbetreuung, soziales Umfeld. Das allgegenwärtige Vereinsmanagement weiß, daß das Leben eines künftigen Profis auch so schon hart genug ist.

Es wird allgemein angenommen, Profifußballspieler – mit Millionen bezahlt, von Millionen vergöttert – zählten zu den Helden unserer Zeit, weil sie besser als andere verstünden, einen Lederball mit dem Fuß durch ein Tor zu schießen oder ihre Gegner daran zu hindern. Diese außergewöhnliche Fähigkeit entscheidet jedoch nicht über eine Karriere als Fußballer, jedenfalls nicht allein. Fußballspieler werden für die Masse zu mythischen Objekten der Verehrung nicht, weil sie Fußball spielen, sondern weil sie das Individuum im Spätkapitalismus in

seiner radikalsten Ausprägung verkörpern. Sie sind
Hochleistungsangestellte. Der kecke Jungprofi Mehmet
Scholl bringt die Sonnenseite dieser prekären Individua-
tion auf den Punkt, wenn er fröhlich erzählt, er habe alles,
was er sich wünsche: Geld, Gesundheit, ein intaktes El-
70 ternhaus, eine schöne Freundin. »Ich habe keinen Grund,
unzufrieden zu sein.« Tatsächlich gibt es wohl keine Be-
rufssparte, in der ein junger Mann mit einem Grundge-
halt von mindestens zwanzigtausend Mark im Monat be-
ginnt und schnell zu jährlichen Millioneneinnahmen und
Ruhm gelangen kann.

Auf der anderen Seite finden sich gewiß nicht einmal
an der Börse junge Menschen mit einem derart darwini-
stischen Leistungsbewußtsein wie im Profifußball. Nir-
gendwo sonst scharrt hinter jedem Beschäftigten derart
offensichtlich schon der nächste mit den Hufen und ver-
sucht, ihn mit allen Mitteln zu verdrängen. Dieses Er-
satzspielerprinzip gehört zum Grundinventar unserer
Wirtschaftsordnung, und wahrscheinlich jubeln deswe-
gen die Massen dem einzelnen zu, der sich für Sekunden
im Rausch seines Erfolges befindet; alle wissen aus ihrem
eigenen Leben, daß der Erfolg nur eine vergängliche Stu-
fe im ewigen Verdrängungswettbewerb ist. Ein junger,
starker, selbstbewußter Fußballspieler hält diesen Kraft-
akt eine Zeitlang aus und trotzt damit scheinbar der
Konkurrenz wie ein Fotomodell dem Altern.

Die jungen Spieler leiden deshalb auch erheblich
mehr unter dem Gerangel um die Stammplätze als im
Kampf um die Meisterschaft: Im Training foult man den
Gegenspieler aggressiv, um sich »Respekt zu verschaf-
fen«. Und auf der Bank freut man sich, wenn der Rivale

ein schlechtes Spiel macht: Lieber als Stammspieler Dritter werden denn als Ersatzmann Deutscher Meister. Dies institutionalisierte Machtgerangel so zu moderieren und dergestalt unter Kontrolle zu halten, daß es nicht zu Mord und Totschlag kommt, sondern daß hier sogar kollektive Höchstleistungen gedeihen – das ist das Wunder, das eine Fußballmannschaft zum faszinierenden Destillat unserer Konkurrenzkultur macht.

Hinter diesem Konkurrenzkampf steht eine perfekte Sozialdisziplinierung, wie sie Michel Foucault nicht raffinierter hätte entwerfen können. Der Trainer kann seiner Truppe mit deutlichen Worten das abendliche Ausgehen verbieten, schreibt Essen und Trinken vor, reglementiert die Zeiteinteilung auch nach Feierabend. Jeder Muskel der Stars steht unter Dauerkontrolle und wird, wenn er versagt, zum Thema für die ganze Nation. Damit es so weit nicht kommt, unterwirft sich der ehrgeizige Spieler dem System des Überwachens und Strafens lieber gleich mit Haut und Haar. »Ein vollkommen geordnetes Leben« müsse ein Profi führen, meint der schicksalergebene Jungprofi Ziege, um »mental hundert Prozent auf Fußball konzentriert« zu sein. Diese aus dem Klosterleben bekannte Unterwerfung des Lebensrhythmus unter ein abstraktes Ziel belohnen die Fans nicht zuletzt, wenn sie ihre eigenen Hemmungen vergessen dürfen und ihre Gladiatoren bejubeln. Der einzelne Sportler hat zwar glaubwürdig die Emotionen anzuheizen und, je nach Lage der Dinge, hemmungslos zu jubeln oder Betrübnis darzustellen. Doch beutet er mit diesem Ritual nur seine außerordentlichen Talente auf dem Spielermarkt optimal aus. Wenn er mehr bezahlt bekäme, würde er dasselbe morgen für den Gegner tun. Und jeder Fan weiß das. Der Fußballspieler jubelt öffentlich über seine Beförderungen und Gehaltserhöhungen. Silvio Berlusconi, Besitzer des Fußballvereins AC Mailand, sagt: »Ein guter Spieler ist ein vorbildlicher Angestellter.« Vielleicht wird er von der Angestelltengesellschaft gerade darum so innig verehrt.

Denselben Karrieristen, die sich auf dem Platz als gefestigte, ideenreiche Persönlichkeiten und ekstatische Sonnyboys bewähren sollen, werden zuvor Zumutungen abverlangt, die sich ein Beamter der höheren Laufbahn, ein vielversprechender Trainee einer Großbank nie und nimmer gefallen ließe. Im täglichen Training müssen sich selbst internationale Altstars schinden, wenn es ihrem strapazierten Körper auch schwerfällt. Eine nächtliche Eskapade in Bars oder Diskotheken aber, wie sie für jeden Altersgenossen zum Wochenrhythmus gehört, wird in der Presse, im Fernsehen und im Verein sowieso zum Thema und kann üble Folgen für die Karriere haben. Sogar das Intimleben wird überwacht: Beim Nationaltorwart Illgner wurde noch bei der Weltmeisterschaft 1994 geltend gemacht, er habe im Trainingslager vor der WM allzuviel Besuch von seiner Ehefrau bekommen. Gegen solche Sitten wirkt der offene Strafvollzug lax. Welcher andere Besserverdienende als ein Fußballprofi – in der Bundesliga werden im Jahr durchschnittlich 300 000 Mark brutto bezahlt, und die Spitzengehälter steigen immer noch stark an – würde sich dergleichen Einmischungen ins Privatleben gefallen lassen?

Hinzu kommt die unsichere Lebensperspektive. Ob die Mannschaft absteigt oder den lukrativen Platz im

UEFA-Pokal erreicht, kann der einzelne, sei er auch noch so begabt und einsatzbereit, kaum beeinflussen. In jedem Fall ist die Laufbahn spätestens Mitte Dreißig zu Ende. Das ist die Zeit, da – nach einer langen, laxen Studienzeit – die Ehrgeizigen in der Wirtschaft gerade zu den Spitzenplätzen durchstarten und ihr jahrelang erworbenes Können langfristig einzusetzen beginnen. Kein Wunder, daß selbst ein Jürgen Klinsmann am Ende seiner Traumkarriere bedauert, daß er nicht wie seine Freunde studieren und unbeachtet herumreisen konnte.

Dieser frühe Sprung in das Erwachsensein ohne die langwierigen Rituale der Adoleszenz hat Gerd Niebaum, langjähriger Präsident von Borussia Dortmund, im Sinn, wenn er seiner anfänglichen Verwunderung über die ernste Arbeitsatmosphäre der Mannschaft Ausdruck verleiht: »Ich dachte an gute Stimmung, an gemeinsames Singen oder dergleichen und war erstaunt, weil um mich herum nur Konzentration, Anspannung und Stille herrschten.« Niebaum meint, daß ordentliche Fußballprofis in ihrer Persönlichkeitsentwicklung so weit sind, »daß sie an jeder Universität mit Auszeichnung zurechtkämen«.

Und wirklich wird man wohl nur wenige Studenten finden, die es mit einem Jungprofi aufnehmen können, wenn es um Selbstdisziplin, Durchsetzungsvermögen und Lernfähigkeit geht. Dazu kommt noch, daß ein normaler Profi mit knapp dreißig Jahren mindestens drei, oft aber auch sechs, sieben Arbeitsplätze kennengelernt hat. Wer sich nicht in wenigen Wochen anpassen kann, wer nicht die richtige Mischung aus Bescheidenheit und Zielstrebigkeit findet, wer nicht jederzeit bereit ist, in neue

Städte und andere Länder aufzubrechen, ist bald aus dem Geschäft.

Für einen Fußballprofi kehrt sich die Lebensplanung um: Auf eine kurze, harte Ausbildungsphase und ein verschleißendes Berufsleben von ein paar Jahren folgt eine endlose Pensionszeit, die – selbst wenn sie einigermaßen finanziell abgesichert sein sollte – für einen durchtrainierten, unternehmungslustigen Mittdreißiger zweifellos gewaltige psychische Probleme birgt. Wenn die anderen noch viel vor sich haben, hat der Fußballprofi schon alles hinter sich.

Doch lauern die Gefahren schon lange vorher. Welcher Jungmanager muß damit rechnen, von seiner Konkurrenz vor Knie und Knöchel getreten, mit lädierten Gliedmaßen aus dem Büro getragen zu werden, um vom Arzt zu erfahren, daß er seine Karriere vergessen kann? Jeder Spieler agiert unter dem Damoklesschwert der Sportinvalidität, und zwar nicht nur im Wettkampf. Der harte Kampf um den Stammplatz führt zu immer mehr und immer schwereren Verletzungen im Training oder in sogenannten Freundschaftsspielen – zugefügt von den eigenen Kollegen, von ehrgeizigen Nobodies oder verursacht durch den eigenen Übereifer im Kampf ums Dasein. Die Kranken- und Rentenversicherung des Fußballgeschäfts droht, zwischen immer größeren Abfindungssummen und immer langwierigeren Verletzungen aufgerieben zu werden. Die den hohen Gehältern angemessenen Abfindungen können nur von Prämien aufgebracht werden, die die Etats der Vereine mit Millionenbeträgen belasten. So wertvoll die Arbeit eines Fußballspielers inzwischen ist, so achtlos geht das System, das von jeder seiner Sehnen abhängt, letztlich mit seiner Gesundheit um. Fußball bedeutet Gesundheitsrisiko. Spitzenstars, die allein schon über Werbeverträge ein lebenslanges Auskommen haben, sind von solchen Risiken ökonomisch weniger betroffen. Doch wer spricht von den Abwehrspielern Fortuna Düsseldorfs, dem Ersatztorwart von 1860 München, den zahlreichen Zweitligaprofis, die von ein paar hunderttausend gesparten Mark samt Familie und ohne Ausbildung kaum den langen Rest ihres Lebens bestreiten können.

Die Entscheidung für diesen Beruf ist von Risiken umstellt, die sich jeder Post- und Finanzbeamtenanwärter verbitten würde. Kein Fußballprofi kann sich diesen Gefahren entziehen. Seine bedingungslose Loyalität steht täglich vor dem Trainer und wöchentlich vor der ganzen Nation auf dem Prüfstand. Schont er sich, fliegt er raus. Wie soll ein junger Mann in Sekundenbruchteilen des Spielgeschehens die verwickelte Gemengelage von Loyalitäten und Gefahren abschätzen? Wenn er sich betriebswirtschaftlich vernünftig verhält und seine Knochen – sein einziges Kapital – schont, wenn er das Bein zurückzieht oder den waghalsigen Flugkopfball scheut, dann wechselt ihn der Trainer aus und ersetzt ihn durch einen ehrgeizigen Nachrücker, der nur auf diesen Moment gewartet hat. Mehr noch: Wer so denkt und nicht immer bedingungslos auf Risiko spielt, wird es in diesem Geschäft gar nicht bis ins Profilager bringen.

Im Hochdruckkessel eines modernen Fußballclubs wird die Ersatzbank zum entscheidenden Spielort. Sie personifiziert das Leistungsprinzip unserer hochtourigen Ökonomie: Jeder ist nicht nur ersetzbar, der Ersatz sitzt sogar schon auf heißen Kohlen und wartet nur auf den kleinsten Fehler, die geringste Schwäche. Spieler der erfolgreichen Dortmunder Borussia, die ihrem Verein vor Jahren mit Erfolgen im UEFA-Pokal erstmals viel Geld einbrachten, sahen sich im folgenden Jahr dadurch belohnt, daß das Management neue, besser bezahlte Spieler einkaufte und die alten Helden in die Reserve verbannte oder an schlechtere Clubs verkaufte. Wer mit bedingungslosem Einsatz Erfolg hat, sägt selbst an dem Ast, auf dem er sitzt. Als Dortmund später mit einer umsichtig zusammengekauften Truppe Deutscher Meister wurde, spielten gerade einmal zwei, drei Kämpen des alten Teams mit. Meist werden die Spieler mit einigen tausend, wenn es hochkommt zigtausend Mark nur unmaßgeblich an den immer üppigeren Einnahmen durch Vermarktung und Fernsehgelder beteiligt – Einnahmen, die die Arbeitsplätze der Spieler direkt bedrohen.

Der Überlebenskampf tobt sich inzwischen mehr im Training aus als im Spiel, und mancher Coach hat Mühe, sein ehrgeiziges Personal vor Übungs-Attacken auf die Mitspieler zurückzuhalten. Denn das entscheidende Ziel ist nicht mehr der Sieg, sondern die Stammelf, wo die Antrittsprämien vergeben werden.

Schon beim Vergleich mit einem Tennisprofi, der das Vielfache eines Mannschaftsfußballers verdienen kann, ist der Fußballer im Nachteil. Der Tennisspieler sucht sich seinen Trainer selbst aus, entlohnt und entläßt ihn nach Belieben. Der Fußballspieler muß darum kämpfen, vom Trainer an- und aufgestellt zu werden. Der Tennisspieler bestimmt wie jeder andere Jungunternehmer seinen Trainings- und Arbeitsplan selbst, macht Pausen, sagt ein Turnier ab, wenn es ihm nicht paßt, und reist munter mit Frau und Kind in der Welt umher und braucht sich um keine Eitelkeiten und Dummheiten von neidischen Mitspielern zu kümmern. Der Fußballspieler hingegen wird nach Belieben kollektiv ins Trainingslager gesteckt. Er hat zum Training wie zum Werbetermin gleichermaßen adrett und einsatzbereit anzutreten und muß jede Schikane klaglos hinnehmen, sonst wird er – wie sogar der Star Anthony Yeboah bei Eintracht Frankfurt – abgemahnt oder wegen Befehlsverweigerung fristlos gekündigt. Ist er hingegen allzu fügsam, wird der Trainer seinen mangelnden Ehrgeiz beklagen. Für seine raffinierten taktischen Konzepte benötigt er »unbequeme« Typen, die den Mund aufmachen und Verantwortung übernehmen. Für die Tricks und Handstreiche braucht er verrückte Genies. Nur alles in Maßen, damit das Kollektiv bei der Stange bleibt und die Arbeitsbienen nicht eigensinnig werden. Die Loyalitäten des jungen Fußballprofis sind durchweg paradox. Wir müssen uns nur das Stammeln solcher Vorzeigespieler wie Lothar Matthäus oder Andy Möller, die manisch auf jedes Fettnäpfchen zusteuern, anhören. Ihr ganzes Auftreten zeigt, wie einsam und überfordert diese Menschen in ihrer Rolle sind – kleine Vertreter, die einen Weltkonzern repräsentieren müssen.

Der Fußballer bleibt ewig ein Angestellter. Wenn er Glück hat, bringt er es zum Mannschaftskapitän. Sein Arbeitgeber, der Verein, verlangt totale Hingabe, wie sie selbst japanische Großkonzerne ihren Buchhaltern nicht mehr zumuten. Denn die Unterwerfung unters Kollektiv betrifft beim Fußball nicht nur die Arbeitsleistung, sondern auch das Gefühlsleben. Gleich, wie es in ihm aussieht – der Fußballer muß frenetisch jubeln, muß der Öffentlichkeit Rede und Antwort stehen. Kein Interview darf er verweigern; er darf aber auch keines geben, wenn man es ihm untersagt. Keine Autogrammstunde, keine

Betreuung kreischender Fans darf er auslassen. Ohne rhetorische Ausbildung muß er sich zu Vereinsintrigen, Konkurrenten, Zusammenhängen äußern, von denen er wenig versteht. Wenn er dann genau das sagt, was alle von ihm hören möchten, nämlich etwas Freches und Unbedachtes, drohen ihm Geldstrafe und Maulkorb.

Was das Leben des Fußballspielers als eines radikal modernen Prototyps perfekt macht, ist seine Kontrolle durch die Medien. Alle Auftritte der Stars werden wenigstens von der örtlichen Presse oder dem Regionalfunk arrangiert, fotografiert, gefilmt, belauscht, kommentiert. Ob in Lederhosen beim Oktoberfest oder bei einem Werbetermin mit blauen Plüschhasen, ob bei Liegestützen auf dem Trainingsplatz oder beim Promoten von Videospielen im Kaufhaus – ein Megastar wie Lothar Matthäus verdankt seinen Erfolg mindestens ebensosehr wie seinem sportlichen Talent der staunenswerten Fähigkeit, im Panoptikum seines Lebens nicht zu erlahmen, jeden Blödsinn mit einem Lächeln zu beantworten, sich jederzeit zum Pressesprecher und Poseur zu machen – kurzum, die eigene Existenz als öffentliches Geschäft zu betreiben.

Diese heute noch nebenamtlichen Funktionen werden im Zeichen der Generalvermarktung des Fußballs noch wachsen. Dann wird es nicht mehr angehen, daß Vorbilder und Werbeträger sich nach dem Training in

ihrem Sportwagen nach Hause begeben und mit Frau und Kind vor die Glotze setzen. Dann wird – wie ein Bundesliga-Manager unlängst gefordert hat – der Arbeitstag eines Fußballprofis acht bis zehn Stunden dauern. Und auch die Ersatzspieler müssen lernen, daß von ihnen nicht nur Fitneß und Ballgefühl gefordert werden.
Das Berufsbild eines Fußballstars umfaßt schon jetzt die Aufgaben eines Fotomodells, eines Vertreters, eines Sozialarbeiters und eines Showmasters gleichermaßen.

Ohnehin macht sich kein von seinem Chef gepiesackter Angestellter eine Vorstellung davon, was es heißt, mit der jederzeitigen Verhöhnung durch Medien und jeden selbsternannten Fußballexperten zu leben. Ein Fußballer lebt unter Dauerbeobachtung – wie ein Versuchstier der Verhaltensforschung. Noch schlechter behandelt und dabei viel mieser bezahlt werden heutzutage nur die Politiker: auch sie überlastete kleine Angestellte, die unter Dauerbeschimpfung stehen und von denen die Masse gleichwohl Glanz und Größe einfordert. Neben dem Politiker ist der Fußballer zum Entertainer und zugleich zum Watschenmann unserer Gesellschaft geworden. Am bündigsten hat der erfolglose Stürmer Jürgen »Cobra« Wegmann diese Zwickmühle beschrieben: »Erst hatten wir kein Glück. Und dann kam auch noch Pech dazu.«

Kann man solchen Menschen, die stellvertretend das Joch unserer Dienstleistungskultur tragen, mangelnde Risikobereitschaft, Ideenlosigkeit oder gar Austauschbarkeit vorwerfen? Welche Eigenschaft fordert sein Beruf denn von einem Fußballspieler, wenn nicht Austauschbarkeit? »Im Mittelfeld sind wir optimal besetzt«, hat der deutsche Nationaltrainer Hans Hubert Vogts einmal selbstbewußt verlautbart und damit mehr über die Lage der Nation ausgesagt, als er ahnte. Vorbei sind die Zeiten harter körperlicher Arbeit, der alten Abwehrproleten, zu denen Vogts selbst als »Terrier« zusammen mit Typen wie »Eisenfuß« Höttges oder »Katsche« Schwarzenbeck gehörte. Vorbei auch die Zeiten der reinen Abstauber, der Originale im Sturm, die wie Gerd Müller als Vollstrecker vorne lungerten oder die wie der extravagante »Ente« Lippens an der Außenlinie zum schieren Vergnügen herumdribbelten. Vorbei auch die Zeiten der Wasserträger, die wie »Hacki« Wimmer unauffällig die Drecksarbeit erledigten. Heute kämen solche Nischenexistenzen gar nicht mehr in den Kader und würden in die Verbandsliga aussortiert. Heute strebt jeder der jungen Athleten – wenn er denn kein Torwart wird – ins Mittelfeld. Damit verhält er sich zur Dienstleistungsgesellschaft konform, in der es keine Arbeiter und keine Aristokraten mehr gibt, sondern nur noch ein einziges Milieu: den Mittelstand.

So trat die strukturgewandelte deutsche Mannschaft bei den Weltmeisterschaften 1994 mit Mittelfeldspielern wie Strunz oder Matthäus in der Abwehr an, mit den Mittelfeldspielern Möller oder Basler im Sturm, mit den Abwehrspielern Brehme und Buchwald im Mittelfeld, wo sich schon all die anderen Mittelfeldspieler ballten, die notfalls jede Position spielen konnten und in ihren Vereinen auch gegebenfalls spielten: Häßler, Effenberg, Sammer. Solche Generalisten sind die Hoffnungsträger jeder Mannschaft, die Stütze jedes Trainers. Die ganze Beweglichkeit und Schnellebigkeit des modernen Spiels offenbart sich in den tragischen Szenen, wenn ein Abwehr-Grätscher, ein Fossil aus alten Holzertagen, im Strafraum zum Schuß kommt, wo ihn die verwirrenden Rochaden und Stellungswechsel seiner flinken Kollegen zwangsläufig freigespielt haben: Der überforderte Kämpe weiß mit dem Ball nichts anzufangen und drischt die Kugel regelmäßig Richtung Eckfahne. In der modernen Mannschaft ist ein destruktiver Ausputzer so anachronistisch wie ein Bergmann auf dem Arbeitsmarkt.

Die genialen Mittelfeldstrategen, nach denen sich heute so viele sehnen – der füllige Haller, der nervöse Overath –, sind ebenfalls ausgestorben. Für ihre Ideen und die zentrale Ballverteilung bliebe heute gar keine Zeit mehr. Wenn der Raum von punktgenauen Sprintern und Grätschern abgedeckt ist, bleibt keine Lücke für den tödlichen Paß, der einem Spiel eine überraschende Wende geben, der ein windstilles Ballgeschiebe wie eine frische Brise beleben kann. Außerdem ist ein Spiel, das nur über einen Akteur läuft, viel zu vorhersehbar und leicht zu zerstören. Heute müssen alle Angestellten kleine Chefs sein, sich jedenfalls für ausgesuchte Momente als solche benehmen, um sich dann in anderen Momenten wieder demütig ins Kollektiv zurückfallen zu lassen. Gespielt wird der beschleunigte, kampfbetonte, das Risiko minimierende Fußball von selbstverantwortlichen, doch austauschbaren leitenden Angestellten. Sie füllen athletisch die Tiefe des freien Raumes, aus dem einst Netzer kam.

Die Deutschen, das leidet keinen Zweifel, werden würdig von ihren Fußballprofis repräsentiert. Doch ist es Sitte geworden, die Fußballer zu schmähen, eben weil sie so typisch sind. Die deutschen Zuschauer sind getreu ihrem Ressentiment gegen Spitzenleistungen und gesellschaftliche Aufsteiger stets darauf aus, jeden Schritt und jeden Tritt ihrer Spieler zu belauern, um sich anschließend darüber aufzuregen. Ein Spieler, der sich dem entzöge, gälte schnell als arrogant und volksfern. Er muß sich die Nivellierung durch die Volksmeinung gefallen lassen, um dann aber am Samstag das zu tun, was nur er kann und keiner sonst.

In anderen Ländern werden die Spieler für ihren Lebensspagat wenigstens belohnt. In Irland geht ein Drittel der Gesamtbevölkerung – eine Million enthusiastischer Fans – auf die Straße und feiert ein Nationalteam, das regelmäßig mit viel Pech auf halber Strecke unterliegt und dazu noch großteils aus landesfremden Briten besteht, die sich aufgrund irgendeiner irischen Großmutter haben einbürgern lassen. In Brasilien weint und jubelt ein ganzes Volk mit seinen göttergleich verehrten Kickern. In Italien scheut sich die Tagespresse nicht, die Stars mit der Sprache zu verherrlichen, die einst den Rittern und Heroen des Mittelalters galt; dort sind sie moderne Märchenprinzen. Hierzulande dagegen wird selbst ein zweiter Rang, sogar mancher Sieg, zu ärgerlichem Versagen zerredet und bekrittelt. Zufriedenheit liefe dem Geschäft zuwider.

Das ist freilich kein Zufall, sondern Notwendigkeit. Ein Vereinstrainer, der das höchste Ziel, die Deutsche Meisterschaft, erreicht, wird danach von Sorgen gezeichnet sein. Wie soll er bei den satten Athleten die nagende Unzufriedenheit, die Sehnsucht nach Perfektion, kurz, den »Hunger« aufrechterhalten, wenn alle satt sind? Auch hier ist der Fußballspieler stellvertretend für uns alle als paradoxer Mensch der Moderne gefordert: Er muß ein jubelnder Masochist sein, so wie er in anderen Augenblicken als domestiziertes Genie, als abhängiger Selbständiger, als pubertierender Frührentner gefordert ist.

Am Ende kommt bei dieser Selektion von Unvereinbarkeiten zwangsläufig das Mittelmaß heraus: der effektive, zähe, nicht allzu auffällige Charakter von bescheidenen Hochbegabten, wie ihn die Mehrzahl der Jungstars von Helmer bis Scholl, von Sammer bis Freund darstellt. Genau so, wie sie sind, mußten die deutschen Fußballstars werden. Das zeichnet ihre Siegermentalität aus: daß sie, so erfolgreich sie auch sind, gar nichts richtig machen, daß sie eigentlich immer nur verlieren können. Franz Beckenbauer hat diese unangenehme Gefühlslage auf den Punkt gebracht: »Es gibt nur eine Mannschaft, die uns schlagen kann: wir selber.«

Mit diesem maßlosen Anspruch muß der deutsche Fußball leben. Die große Chance, die jedes Spiel und jedes Leben überhaupt bietet, wird dabei freilich verpaßt: ein paar winzige Momente lang daran teilzuhaben, wie sich Kontingenz in Schönheit verwandelt – gemäß dem Adorno-Satz, »daß in der realisierten Freiheit Langeweile verschwände«. Vielleicht können die Deutschen und ihre Fußballer die Herausforderungen der Zukunft dort am besten meistern, wo sich andere Nationen längst behaglich und ohne diesen mörderischen Druck auf sich selbst eingerichtet haben: im Mittelfeld. Für einen Platz im gesellschaftlichen und sportlichen Mittelfeld haben sich die deutschen Spieler ein Leben lang gequält. Ein Platz im Mittelfeld wäre auch sportlich für sie angemessen. Wir alle müßten nur lernen, damit zufrieden zu sein.

Die Art, wie Fußball auf höchster Ebene bis heute bei

uns inszeniert wird, macht allerdings wenig Hoffnung auf eine Bescheidenheit mit Genuß. Egidius Braun, der Präsident des Deutschen Fußball-Bundes (DFB), hat die Nationalspieler einmal als »Unternehmer in eigener Sache« bezeichnet, obwohl doch gerade die Spitzenkönner auch als Künstler aufzutreten imstande wären. Wie wir alle wissen, sind sie es seit geraumer Zeit nicht mehr, auch gegen Gegner wie Moldawien, Albanien oder Georgien nicht. Nun sinkt das Interesse an der Nationalmannschaft nicht so sehr wegen ihrer Erfolglosigkeit, sondern eher aufgrund der ihr eigenen Lustlosigkeit und Fahrigkeit. Die Gründe dafür sind symptomatisch für unsere Gesellschaft, und es ist nur zu verständlich, warum die Nation immer noch jedem nationalen Gegurke einigermaßen gebannt zuschaut. Wenn die Deutschen ihre Nationalmannschaft beobachten, dann sehen sie sich im Spiegel.

Der wieselige Public-Relations-Troß des DFB inszeniert Fußball vorzugsweise vor und nach dem eigentlichen Spiel, als Organisation und Kommentierung der Kontingenz des Betriebs. Es gibt ja auch keine glanzvollen Spiele, die zu vermarkten wären. Also konzentrieren sich alle Beteiligten darauf, das letzte Spiel »schnell zu vergessen« und für das kommende Spiel eine »Rehabilitation« anzukündigen – und das immer aufs neue. Der Philosoph Sepp Herberger hat das wohl gemeint, als er raunte: »Nach dem Spiel ist vor dem Spiel.« Man könnte auch sagen, Fußball dauere nicht neunzig Minuten, sondern plätschere das ganze Leben so dahin. Die Auserwählten des Deutschen Fußball-Bundes sind diesem existentiellen Druck aber selten gewachsen, weil sie für die belangloseste ihrer Bindungen, die nationale, keine ausreichende Motivation verspüren. Ihr Geld verdienen sie im Verein, für den sie auf ihre Gesundheit achten müssen. Und die Aufmerksamkeit anderer Geldgeber finden sie im Europapokal und nicht im Entwicklungshilfe- Gekicke gegen Albanien.

So geht gerade die vorgebliche Auswahl der Besten ihre Aufgabe mit den egoistischen Tugenden an, die sie in langen Geschäftsjahren gelernt hat: Nickeligkeiten gegen die interne Konkurrenz, nur das Nötigste tun, durchwurschteln – so sieht eiserne Erfolgsdisziplin aus. Elf Existenzgründer müßt ihr sein.

Wieso sollen solche verwöhnten Individuen dem »Geist von Spiez« der Sieger von 1954, dem Mythos des Trainingslagers und der maskulinen Kameradentreue huldigen? Als lebten wir noch in den prüden fünfziger Jahren, müssen sie in Doppelzimmern beieinander hokken und werden sogar in der arbeitsfreien Zeit von ihren Frauen isoliert, damit sie ihre Schußkraft nicht verausgaben. Sportwissenschaftlich ist die Säftelehre längst überholt und statt dessen erwiesen, daß Intimität die Effizienz nicht behindert. Doch nur die grundlegende Erfahrung, wenigstens symbolisch ein abgeschlossenes Kollektiv zu sein, nährt die Emotion, die eine Mannschaft für den Erfolg braucht. Im Verein, wo man sich täglich sieht und für das Monatseinkommen nach Prämien zu schuften hat, gelingt es darum auch besser, ein erfolgreiches Kollektiv von Egoisten zusammenzuhalten. Es können nicht elf Mann füreinander die Knochen hinhalten, nachdem sie eine Stunde vor dem Spiel mit dem Mobiltelefon aus der Familienlimousine gestiegen sind.

Wie es in einem Jungprofi ausschaut, hat Stefan Effenberg bei seiner legendären Zeichensprache mit erhobenem Mittelfinger gegen die eigene Anhängerschaft offenbart. Nicht weil er so Unvorstellbares getan hätte, war die Empörung groß, sondern weil sein Verhalten so naheliegend war. Hinter allen gouvernantenhaften Belehrungen über seinen Fauxpas verbarg sich die Tatsache, daß hier ein Möchtegern-Geschäftsmann, ein »Unternehmer in eigener Sache« eben, seine Kunden falsch behandelt hat. Kein Wirt, kein Sockenvertreter kann sich darin sonnen, ein »unbequemer Typ« zu sein, und kein Hehl daraus machen, daß er seine Kunden für Trottel hält. Das Verhalten, das hier bestraft wurde, war nicht Ungehörigkeit, sondern Dummheit. Am bezeichnendsten aber das Ansinnen seiner Frau, den Rausschmiß »kohlemäßig auszuschlachten«. Ein Angestellter, der sogar seine Kündigung noch zur Gehaltsaufbesserung zu nutzen sucht, hat offenbar etwas mißverstanden. Er wäre zu vergleichen mit einem, der verbissen einen Platz auf dem Sonnendeck sucht, obwohl sein Dampfer schon sinkt.

Merkwürdigerweise ist es den Effenbergs tatsächlich gelungen, aus der Rufschädigung in Amerika Kapital zu schlagen. Er hatte zwar sein Image versaut, aber im Unterschied zu seinen Kollegen hatte er nun wenigstens ein Image. Fußballspieler sind für den Rest der Gesellschaft keine Vorbilder mehr. Sie verkörpern die Gesellschaft im ganzen, im guten wie im bösen. Wenn der von den Medien inszenierte und ausgeschlachtete Fußball nur brave Harmonie wohlerzogener Jungmänner vorführte, würde er für die konflikterfahrenen Fans bald unglaubwürdig.

Im großen Theater des Fußballgeschäfts findet auch der Bösewicht seinen Platz; wenn es ihn nicht gäbe – man müßte ihn wie beim amerikanischen Catchen erfinden.

Das Management von Borussia Mönchengladbach erkannte noch während der Weltmeisterschaft – die die Deutschen naturgemäß auch ohne Effenberg nicht gewinnen konnten – zweierlei: Zum einen war der Marktwert eines außergewöhnlichen Fußballers kurzzeitig stark gesunken, so daß Effenberg für Monate den Status eines Sonderangebotes hatte; man mußte nur zugreifen. Zum anderen würde diese Reizfigur die Fans von Mönchengladbach mobilisieren, dem Verein bundesweite Aufmerksamkeit garantieren und den Rest der Mannschaft motivieren, so aufgewühlt und polarisiert, wie die Gemüter waren. Effenberg seinerseits konnte sich erst einmal keine Eskapade mehr erlauben. Würde man ihn weniger herbergsvatermäßig lenken, als Berti Vogts und Egidius Braun das vermochten, bestand Hoffnung auf einen sportlichen, kommerziellen und publikumswirksamen Fußballboom in Mönchengladbach, das seit der Zeit von Günther Netzer nur Aderlässe erlebt hatte.

Die gar nicht so gewagte Rechnung ging mit dem Pokalsieg 1995 auf. Effenberg hatte sich selbst finanziert. Die Verantwortlichen in Mönchengladbach hatten bewiesen, daß sich ganz andere – auch vorderhand unpopuläre – Kräfte domestizieren lassen, als der ehrpußlige DFB zulassen wollte. Der Verein erwies sich als fortschrittlicher denn der unflexible Verband – ein Wink mit dem Mittelfinger.

Fußball ließe sich also viel offensiver vermarkten, als es geschieht. Ein Vereinsmanagement, das heikle Persönlichkeiten und Querköpfe zu integrieren vermag, wird dafür mit Erfolg belohnt. Sportliche Produkte können vom polarisierenden Charme des Bösewichts gut leben – die einträgliche Rollenverteilung von netten Jungs und großen schwarzen Buhmännern in der amerikanischen Basketball-Liga demonstriert dies. Der Kapitalismus als Aufeinanderprallen von Produktivkräften verkauft sich ehrlich, mit dem Eingeständnis der eigenen Rücksichtslosigkeit, inzwischen am besten.

Und die Spieler werden, wenn sie es nur klug anstellen, in der voll entwickelten Mediengesellschaft sehr viel ausdifferenziertere Auftrittsmöglichkeiten haben als ihre Ahnen, die man nach der Karriere bestenfalls mit einer Tank- oder Lotto-Annahmestelle abzufinden pflegte. Die Fans, selber in Schule und Beruf zum Eigennutz und zur Benutzung der Ellenbogen angestachelt, verstehen einen Kotzbrocken wie Effenberg nur zu gut. Er könnte, wenn er sein Image sorgsam zu pflegen versteht, am Beginn einer großen Laufbahn stehen, die es ihm erlaubt, seine ganze polarisierende Existenz »kohlemäßig auszuschlachten«. Ein System, das so jemanden nicht integrieren kann, ist veraltet. Deshalb bringt die Bundesliga derzeit bessere Spieler hervor, als die Nationalmannschaft gebrauchen kann.

In diesem Dilemma, das man auch Dialektik der Abklärung nennen könnte, versucht Bundestrainer Vogts, sich als Konservativer auf Werte wie Kameradschaft, Stolz oder Disziplin zu berufen. Und das, während er immer wieder beteuert, er wolle fröhlichen, attraktiven, stürmischen, torreichen Fußball spielen lassen. Seine abgebrühten Akteure, die ungern ohne Bezahlung und noch lustloser ohne lockere Selbstverantwortung spielen, lassen ihn dabei natürlich regelmäßig im Stich. Hilflos beklagt Vogts die »Unordnung« im deutschen Spiel. Es ist die Unordnung einer Welt, die er nicht mehr begreift. Natürlich kann man den coolen, weltläufigen Spielern, die aus Steuergründen am liebsten in Belgien leben und sich nach ihrer Karriere in Italien ansiedeln möchten, nicht mit Nationalstolz oder Kameradschaft kommen. Man kann sie auch nicht mehr deckeln und mit Drohgebärden kurzhalten wie unartige Quartaner auf dem Klassenausflug. Der einzige, dem sie blind folgten, war nicht zufällig Franz Beckenbauer. Schon von der persönlichen Ausstrahlung und von der Souveränität im Medienbetrieb her von ganz anderer Statur als Vogts, lebte er ihnen vor, daß auf attraktivem und erfolgreichem Fußball letztlich alle Vermarktung aufbaut. Und er zeigte ihnen auch, wie man hinterher am nationalen Mythos erfolgreich Geld verdienen kann. Beckenbauer, ehrgeizig und zäh wie Vogts, fand lockere Worte, das Eigeninteresse mit dem Gruppenzwang zu versöhnen, wenn er sagte: »Geht's raus und spielt.«

Mit dem Bauherrenmodell sozialisierte Großverdiener lassen sich nicht wie japanische Büroameisen moralisch aufrüsten, indem man Verbeugungen vor dem Vorgesetzten und kollektive Gymnastik vorschreibt und ihnen hinter dem Stammhaus des Unternehmens ein Grab reserviert. Autorität des Erfolgs und das schlitzohrige Einverständnis einer momentanen Interessengleichheit aller wäre die einzige Sprache, um dieses typisch deutsche Soziotop unter dem Druck von Industrie, Medien und ehrgeizigen Gattinnen zu bändigen.

Ein Fußballer kann aber nicht bloß Unternehmer in eigener Sache sein. Wer nur an sich denkt, dem fehlt die Selbstüberlistung mit dem Aufputschmittel der Emotion, wodurch der einzelne für die entscheidenden Minuten vergißt, daß er seine Knochen eigentlich besser nicht hinhalten, daß der Stammplatz ihm wichtiger sein sollte als der Sieg, daß der lukrative Werbevertrag dem Torerfolg vorzuziehen ist. Das ist die simple Denkaufgabe, die jedem Spieler als Gefühlsdarsteller abverlangt wird. Nicht viele haben diese Denkaufgabe gemeistert, weil sie als Jungmedienstars gelernt haben, daß es wichtiger ist, eine maue Leistung schönzureden und die Konkurrenz im Training auf Distanz zu halten. Wenn aber nicht einmal mehr ein Minimum an aufputschendem Selbstbetrug, an kollektiver Begeisterung übrigbleibt, dann findet sich ein Gegner, der unvernünftig gut spielt und bis über seine Grenzen geht – ob für Allah, ob für die Eitelkeit angesichts von Millionen Zuschauern oder für die nationale Begeisterung eines kleinen Volkes.

Seine Arbeit mache ihm in diesem Klima keinen Spaß, rutschte dem Bundestrainer mehr als einmal heraus. Da hätte man ansetzen müssen, nachdem die Europameisterschaft gegen die Dänen, die im Training Minigolf spielten, verlorenging und man bei der Weltmeisterschaft und sofort bei der folgenden Qualifikation noch einmal gegen die Bulgaren unterlag, die ihre Siege mit nächtlichem Besäufnis zu feiern pflegen. Offenbar hatten diese Gegner mehr Lust weiterzukommen und mehr Interesse, sich international bekanntzumachen. Das beste Mittel zum Anstacheln fußballerischen Ehrgeizes fehlt den deutschen Spielern sowieso: die Armut. Das ist natürlich alles andere als beklagenswert, nur müssen sich Trainer und Funktionäre dann eben überzeugendere Motivationen einfallen lassen als den Appell an das verbissene Eigeninteresse oder das darbende Vaterland.

Nur Bedürftigkeit treibt junge Männer in den armen Staaten Osteuropas, Afrikas und Südamerikas zu außergewöhnlichem Einsatz und Selbstquälerei, auch über Jahre hinweg, in denen europäische Jugendliche lieber das Leben genießen. Wie formt man Spieler, die nichts mehr zu gewinnen haben? Will man hierzulande außergewöhnliche Begabungen, muß man sich daran orientieren, wie unsere großen Wirtschaftsunternehmen Nachwuchs für die Spitze fördern: Die alten Hierarchien müssen gelockert werden. Den Begabten werden flexible Arbeitsbedingungen geboten, in denen sie mit der Zeit selbst lernen, ihren Vorteil und das für den Erfolg nötige Maß an Fleiß und Schinderei zu erkennen, ohne den Spaß zu verlieren. Daß jeder an ein angenehmes Leben und viel Geld denkt, wird vorausgesetzt. Darüber hinaus aber – also wo Fußball kreativ und interessant zu werden beginnt – herrschen die Gesetze des Künstlertums. Ein Trainer wie Vogts oder Jupp Heynckes, der alle Spieler über einen Leisten schlägt und das Kollektiv verschwitzter Kameraden beschwört, ist fortan zum Scheitern verurteilt.

Deshalb werden an die Trainer, diese überforderten Zuchtmeister leitender Angestellter, immer weniger Anforderungen in Trainingslehre, Konditionsbimserei und sogar Balltechnik gestellt. Dergleichen lehren Jugend- und Assistenztrainer systematischer. Auch ein Minister will seiner Spitzenbürokratie keine Büro-Organisation und kein Verwaltungsrecht beibringen – er will effektiv mit Profis regieren.

Ein Trainer muß heute alles andere als ein Schinder im Trainingsanzug sein. Er muß ein Guru und ein Philosoph sein, um satte Virtuosen dazu zu bringen, über ihre Grenzen zu gehen. Waren es nicht immer schon die charismatischen Gestalten, die aus Durchschnittsmannschaften Gewinner formten? Hennes Weisweiler, Ernst Happel, César Luis Menotti hatten sich für ihr Spiel eine Taktik ausgedacht, die sie einer jungen Mannschaft einbleuten. Aber die eigentliche Leistung bestand darin, den Spielern durch die eigene Persönlichkeit den Glauben an dieses System, das Vertrauen auf die eigene Stärke vorzuleben und mit diesem Glauben sogar die Gegner einzuschüchtern.

Die gerne belächelten Ausflüge des Bergmannsohnes Otto Rehhagel in die subventionierte Hochkultur, seine Vorliebe für Theater, Oper und Feuilleton kalkulieren mit diesem Berufsprofil. Der Trainer solcher eigennütziger Virtuosen muß immer schon woanders sein, muß von außerhalb des Fußballs seine Autorität mitbringen oder wenigstens vorspiegeln. Ernst Happels Genie bestand darin, als Säufer, Raucher und Spieler seine Modellathleten mit ihrer Gegenwelt zu konfrontieren. Während Übungsleiter Jupp Derwall gleichzeitig zwar halbe Erfolge, aber keine Mannschaft herbeizuzwingen vermochte, zerrissen sich für Happel Anfang der achtziger Jahre die Hamburger Edelprofis. Der hagere, kettenrauchende Menotti stand seinerzeit dem argentinischen Weltmeisterteam wie ein sozialistischer Barrikadenkämpfer vor und schwärmte von einem befreiten, anarchischen Fußball. Hennes Weisweiler und Sepp Herberger verkörperten zwar den Übungsleiter alter Schule, hatten aber im Laufe langer Jahre auf der Bank die Aura eines entrückten Großvaters angenommen, so daß ihnen – schon vor der Popularisierung dieses Wortes – die Kunst der Motivation gegeben war. Der Fußballtrainer ist der moderne Medizinmann. Er verkörpert das Wissen unserer Kultur, daß nach der Ausschöpfung aller materiellen Kräfte nur mehr die Aura des Spirituellen Reserven birgt.

Um ein Orchester zu dirigieren, genügt es nicht, die Partitur zu beherrschen. Ein genialer Dirigent ist fleischgewordene Musik, so, wie ein genialer Trainer nicht Fußball lehrt, sondern verkörpert. Der Trainer impliziert in das soziale System einer Mannschaft das einzige Ingrediens, das die hochgezüchteten, durchtrainierten Junggenies noch nicht kennen und doch so nötig für den Erfolg brauchen: Besessenheit. Daß die Trainer mit einer solchen Aufgabe inmitten einer säkularen Dienstleistungsgesellschaft in eine noch größere Zwickmühle geraten als die Spieler, versteht sich von selbst. Ein Trainer verkauft Emotionen an Fühllose und sitzt deswegen permanent auf dem Schleudersitz. Sobald sein Trick nicht mehr funktioniert, weil alle durchschaut haben, was er da eigentlich tut, muß er entlassen werden.

Nur in dem Maß, in dem bei uns im Nationalteam und in den Vereinsmannschaften nach dem reinen Kommerzprinzip gespielt wird, könnte sich die Formel für den Fußball der Zukunft – hochbezahlte Effizienz plus spaßbetonte Besessenheit – bewähren. Es gibt auch bei uns noch Spieler, denen es Spaß macht, Fußball zu spielen. Dieser Spaß ist nur nie zu spüren, solange es an der

Droge Emotion mangelt, dem fußballerischen Urgrund aller Spielfreude.

Wem es gelingt, solche Quellen anzuzapfen und den eigenen inneren Schweinehund systematisch zu überlisten, der hat auch ungewöhnlichen Wirtschaftserfolg. Denn das Publikum liebt einen Spieler, der leidet und alles gibt – wie es selbst. Ein solcher Spieler – so geschäftstüchtig und zurückhaltend er auch im Privatleben sein mag – wird als Vorbild akzeptiert, fällt aus dem Kollektiv heraus und kann sich selbst vermarkten, sogar wenn er in Mannschaften ohne zählbare Erfolge spielt. Jürgen Klinsmann, der Anti-Effenberg und der reichste deutsche Fußballprofi, steht bislang einsam für die Möglichkeiten der kommenden Generation, weil er seinen schwäbischen Fleiß bis in jeden Zweikampf spürbar macht und weil er trotz aller Erfolge ohne den totalen Einsatz gar nicht spielen kann. Der Verzicht auf Berechnung wird bei ihm zum Bilanzerfolg.

Ökonomisch klug verhielt sich auch ein Paul Gascoigne, als er bei der Weltmeisterschaft 1990 nach verlorenem Spiel weinend über den Rasen wankte – wohl gerade weil sich dergleichen nicht kalt planen läßt. Gascoigne wurde damit zum Katalysator der Gefühle von Millionen. Solche Blöße wie dieser Gassenjunge würde sich ein deutscher Normalspieler niemals geben. Doch lebt Gascoigne, obwohl er jahrelang verletzt war, noch heute von seinem Gefühlsausbruch. Dasselbe gilt für einen Kämpfer wie Uwe Seeler, dem die deutschen Fans niemals sein Weinen nach dem so unglücklich verlorenen Endspiel in Wembley 1966 vergessen haben.

Doch woher sollen die deutschen Fußballspieler, denen das kommerzielle Bauprinzip ihrer Loyalitäten täglich mitleidlos vorgeführt wird, die Gefühle nehmen? Selbst wenn das überbesetzte deutsche Mittelfeld die Weltmeisterschaft 1994 nach Hause geschaukelt hätte – die austauschbaren Spieler wären den Ruch smarter Yuppies niemals losgeworden. Und weil sie sich, kurzsichtig, auch noch wie solche benahmen, bleibt ihnen ein Ruf als Werbeträger, mit dem sich nicht einmal steuergünstige Immobilien vermarkten ließen. Und böse genug für einen Effenberg-Effekt sind sie auch nicht.

Die Sportartikelfirma, für die Borussia Dortmund wirbt, antwortete offensiv auf das Ausbluten der ruhrgebietstypischen Leidenschaft, die bei dem zusammengekauften Ensemble auch nicht verwunderlich war. In einem Werbespot wird ein arbeitsloser Fan mit hämischen Sprüchen im Ruhrpottslang auf die Stars losgelassen: »Da hätte ja meine Omma besser gespielt.« Aber schließlich jubelt er doch. Diese Werbung nähert den Fan augenzwinkernd dem neuen Spielertypus an. Ebenso wie die Fußballindustrie einen Menschenschlag herangezüchtet hat, der gar nicht anders kann, als fröhlichen Eigennutz anzustreben und Leidenschaft nurmehr zu spielen, jongliert auch der Fan mit seinen herkömmlichen Bindungen. Er weiß, daß der Erfolg seinen Preis hat, und ist bereit, für den Erfolg selbst die auf Illusion von Tradition und Stallgeruch zu verzichten. Wenn das große Gefühl glanzvoller Spiele und historischer Siege nur noch mit Geld zu erzwingen ist, dann wird es eben gekauft. Darin sind der moderne Spieler und der moderne Fan vereint: Sie kommen zu Genuß und Erfolg nur mit Hilfe von Selbstbetrug.

Deutschland hat sich allerdings weit genug von der verkrampften Raffgemeinschaft der fetten Jahre entfernt, um für das viele Geld Besseres und Erfolgreicheres erwarten zu dürfen als die hilflosen Auftritte deutscher Teams gegen italienische im Europapokal, als die Peinlichkeiten der Nationalmannschaft. Das große Gefühl mit dem großen Geld zu kaufen ist die Strategie der deutschen Fußballmanager. Das willige Menschenmaterial für die kommerzielle Ausschlachtung des deutschen Fußballs nach amerikanischem Vorbild ist vorhanden, der Markt sowieso. Nur wurden die Spieler bislang von Amateuren vermarktet. Vielleicht brauchten die Jungstars inzwischen gar nicht mehr – wie ihre Vorgänger – mit der Brechstange Siege zu erkämpfen, sondern könnten sich auch glanzvolle Niederlagen leisten. Nur eben kein Gegurke mehr. Ohnehin hat der deutsche Fußball in den letzten Jahrzehnten genug Erfolge abgesahnt, als daß man sich über unterhaltsame Schlappen gegen ärmere Länder allzusehr grämen müßte.

Eine aufopferungsvoll kämpfende Truppe mit riskantem Spielwitz hat der deutsche Fußball aus seinem Reservoir lange nicht hervorbringen können. Nur mit solchem Fußball aber könnte auf lange Sicht die gewaltige Unterhaltungsgier von Fernsehen und Sportpresse bedient werden. Nur so könnte die verkrampfte Nation, die ihr eigener Bundespräsident bespöttelt hat und die doch in Wahrheit schon längst im kollektiven Freizeitpark wohnt, mit den sanguinischen Südländern endlich im Spaß über nutzlosen Überschwang gleichziehen. Schönheit, das hat der deutsche Unterhaltungskonsument gelernt, wiegt Erfolg auf. Mit dem anachronistischen Festhalten am Mythos deutscher Effizienz ist kein Pokal und kein Fan mehr zu gewinnen. Es gibt nur eine Parole, die den bierernsten deutschen Fußball aufmöbeln kann: Keine Macht den Drögen!

Geschäft
Spielermarkt und Ballbesitz

Daß man mit Fußball eine Menge Geld verdienen kann, weiß jeder kleine Junge auf der Welt, ob im Bungalow in Pforzheim, in den Slums von Rio oder in einem abgelegenen Gehöft im Senegal. Zwar spielen die Menschen auf der ganzen Welt Fußball auch zum Spaß, doch ist der Kommerz schon auf der untersten Ebene immer dabei. Auch in Dorfclubs werden Handgelder gezahlt, talentierte Schüler bekommen ihre Stollenschuhe gestellt. Die besten Spieler, die in den Ligen von Deutschland, Italien, England, Holland, Frankreich antreten, werden durch Fußball zu vielfachen Millionären, kassieren Wochenlöhne von mehr als dreißigtausend Mark. Tore – und verhinderte Tore – lassen sich in Gold aufwiegen, lassen sich in ihrem Wert von vielen Millionen oft ganz genau beziffern. Woher kommt dieses Geld?

Daß man mit Fußball eine Menge Geld verdienen kann, weiß eben nicht nur jeder kleine Junge. Die Vorstandsvorsitzenden von General Motors und Mercedes-Benz, die Eigner von Fiat, Bayer, Tetrapak wissen das auch. »Fußball ist nach wie vor ein preiswertes Kommunikationsmittel«, hat ein deutscher Manager einmal geschwärmt. Offenbar rechnen sich die Investitionen der Wirtschaft in diesen Sport. Sie rechtfertigen die horrenden Spielergehälter und die Ablösesummen ohne Maß.

Beim Fußball wird offenbar, was in unserer Gesellschaft ohnehin gilt: Jeder Mensch hat seinen Preis. Für die Berechnung des Preises für einen Fußballspieler, die sogenannte Ablösesumme, existieren ausgefeilte offizielle Listen. Sie ermöglichen es, die Spieler nach ihrem Jahresgehalt, ihrem Alter, dem Stellenwert ihres Arbeitgebers zu taxieren und spiegeln so die mit diesem Spieler zu erwartenden Gewinne wider. Je jünger der Spieler ist, desto höher der Multiplikator, der bis auf die dritte Stelle hinterm Komma vom Fußballbund festgelegt wird. Geht der Spieler über die Dreißig, ist also nicht mehr viel von ihm zu erwarten, liegt der Multiplikator unter eins und senkt den Einkaufspreis. So weiß, anders als in der sonstigen Marktwirtschaft, jeder Spieler genau, was er wert ist. Der Rest ist Verhandlungssache.

Der Menschenhandel beim Fußball gleicht einer Warenterminbörse. Denn es ist ebenso unwägbar wie die nächste Kakaoernte oder der voraussichtliche Ölpreis in sechs Monaten, ob der verheißungsvolle junge Mann tatsächlich der Mannschaft zum Sieg verhelfen wird oder ob er nicht nach ein paar Tagen mit gebrochenem Knöchel im Spital liegt oder ob er sich nach dem ersten Ballkontakt mit dem Trainer verkracht. Doch allein schon für die vage Option auf Klasse und Spielwitz müssen Millionen hingeblättert werden. Umgekehrt kann ein günstig eingekaufter Spieler bei guter Pflege seinen Wert steigern und sich als Investition erweisen, die für den Verein am Tage ihres Weiterverkaufs einen Überschuß erwirtschaftet hat. Schon die Aktienbörse ist ein unüberschaubares Geschäft, die weltweite Spielerbörse ist ein Dschungel, der auch dadurch nicht lichter wird, daß die schließlichen Geschäftsabschlüsse in der Regel vor den Augen der Öffentlichkeit getätigt werden. Denn der Einkauf soll sich ja herumsprechen, die Fans mobilisieren und sich auf diese Weise über höhere Zuschauerzahlen und Werbeeffekte selbst ein wenig tragen.

Dieses Spekulantenspiel kann, wie die Wirtschaftsgeschichte lehrt, zum Fieber werden. Am Ende steht gewöhnlich der Börsenkrach. Die italienische Liga, die 1992 allein zweiundvierzig ausländische Spieler im Wert von gut dreihundert Millionen Mark einkaufte, stand bald darauf vor einem Offenbarungseid, und nur die massive Geldzufuhr durch Mäzene, die sich zum Zweck der eigenen Bekanntheit Fußballvereine halten, verhinderte das Schlimmste. Aber auch in Deutschland blüht der Spielermarkt. Allein Bayern München setzte in den fünf Jahren zwischen 1991 und 1995 gut zweihundert Millionen Mark mit Spielertransfers um – und das trotz anhaltender sportlicher Misere.

Der Preis für einen Klassespieler deutscher Nationalität ließ sich 1995 etwa mit zehn Millionen Mark beziffern. Für diese Summe wechselte der Torschützenkönig der Bundesliga, Heiko Herrlich, von Borussia Mönchengladbach zu Borussia Dortmund. Dieser Transfer ist auch deshalb bemerkenswert, weil er erst nach längerem juristischem Gerangel über die Bühne ging und in allen schmutzigen Details in den Massenmedien ausgebreitet wurde. Zuerst beharrte Herrlichs alter Arbeitgeber auf Erfüllung des gültigen Arbeitsvertrages, bis sich dann herausstellte, daß im Fußball das Geld die einzige Rechtsgrundlage bildet und gegen entsprechende Bezahlung jeder Vertrag gebrochen werden kann. Mit diesem Vorgang erwies sich der Fußball endgültig als ökonomisches und moralisches Leitmedium.

Nachhaltig wird in der Fußballbranche darüber geklagt, daß es den Spielern »nur noch ums Geld« gehe. Ausgerechnet dort, wo unsere Gesellschaft vorgeblich ein Freizeitvergnügen, ein harmloses Unterhaltungsgewerbe inszeniert, regiert die Macht des Geldes. Und warum auch nicht? Der Fußball funktioniert nicht außerhalb der ökonomischen Gesetzmäßigkeiten, er unterliegt diesen Gesetzmäßigkeiten sogar verschärft. Im Fußball herrscht das fiebrige Klima der Raffgesellschaft, das Durchschnittsbürger allenfalls in kleinen Dosen bei den Weihnachtseinkäufen, beim Lottospielen oder beim Sommerschlußverkauf überkommt.

Um ein berühmtes Zitat von Karl Marx abzuwandeln: Die Fußballindustrie hat alle »idyllischen Verhältnisse zerstört. Sie hat die buntscheckigen Feudalbande, die den Menschen an seinen natürlichen Vorgesetzten knüpften, unbarmherzig zerrissen und kein anderes Band zwischen Mensch und Mensch übriggelassen als das nackte Interesse, als die gefühllose bare Zahlung ... Sie hat die persönliche Würde in den Tauschwert aufgelöst und an die Stelle der zahllosen verbrieften und wohlerworbenen Freiheiten die eine gewissenlose Handelsfreiheit gesetzt.«

Wer den Anforderungen dieses Geschäfts nicht genügt, wird mitleidlos aussortiert. Deshalb verhält sich ein Spieler wie Heiko Herrlich, der in der Bundesrepublik sozialisiert wurde und im Gemeinschaftskundeunterricht gut aufgepaßt hat, nur konform, wenn er für sich das meiste herausholt. Er ist eben ein Profi.

Wieviel Geld die »gewissenlose Handelsfreiheit« mit Fußballprofis dem Handelsobjekt selbst einbringt, bleibt meistens im dunkeln – und das gerade, weil die Ablösesummen und das präsumtive Jahreseinkommen in den Nachrichten verlesen werden. Denn ein Spieler kassiert bei solchen Transfers gewöhnlich zusätzlich ein erkleckliches Handgeld, dessen Höhe geheim bleibt. Mit der geschickten Methode, sich die Ablösesumme vorab niedrig festschreiben zu lassen und beim Transfer die fällige Differenz zum eigenen Marktwert selbst einzustecken, hat Jürgen Klinsmann während seiner wechselvollen Laufbahn etliche Millionen Mark kassiert. Jeder geschäftstüchtige Jungprofi versucht heute, es ihm nachzutun.

Wenn also die Vereine bei Spielerkäufen Unsummen ins Blaue investieren, warum werden diese Transaktionen überhaupt getätigt? Es sind ja überall genug eigene Spieler da. Keine andere Firma tauscht alle Jahre die halbe Belegschaft aus. Warum ein Fußballclub? Wer so denkt, unterschätzt die Dynamik, die der Fußball, ein schnelles Spiel, freisetzt und die nur die Dynamik unseres gesamten Wirtschaftssystems in radikalerer Form widerspiegelt. Gewiß, es gibt bei anhaltendem sportlichem Mißerfolg Notsituationen, die man durch neue Spieler, gewöhnlich durch einen neuen Trainer – das ist preiswerter – zu beheben sucht. Aber meist hilft das alles nicht. Das eingenommene oder gepumpte Geld muß auch ohne Not weg, weil sonst hohe Steuern fällig würden oder sich der Club dem Vorwurf der Lethargie aussetzte. Und

Lethargie ist in diesem kurzlebigen Gewerbe eine Todsünde. Deshalb bewegt sich jeder Club mit seinen Ausgaben immer am oberen Rand seiner Möglichkeiten – wie ein rastloser Unternehmer, der jede Mark sofort wieder investiert oder notfalls blind konsumiert. Das Hamsterrad des Spielbetriebs läuft Woche für Woche.

Die Aufmerksamkeit des Publikums würde sofort sinken, wenn nicht in jeder Saison neue Spieler die Hoffnungen des Vereins anstachelten. Und weil nicht alljährlich neue Spieler herbeigezaubert werden, recycelt der Betrieb die Stars und läßt sie nach ökonomischen Gesetzen von Club zu Club wandern – etwa so, wie die Fernsehstars sich in den Abendprogrammen gegenseitig besuchen und in einer geschlossenen Welt die Produktion von Neuem simulieren. Der jährliche Wanderzirkus der Fußballprofis wird auf diese Weise selbst zum Ereignis. Nicht mehr die Leistungen im Spiel, sondern die Leistungen auf dem Transfermarkt sind die Nachricht. Damit ist dem Fußball gelungen, was andere Branchen nur neidisch bestaunen können und wohin auch sie alle streben: Das Produkt ist identisch geworden mit dem reinen Fluß des Geldes. Der Markt selbst wird verkauft.

Vorsicht ist also bei den offiziell gemeldeten Ablösesummen geboten, mögen sie auch noch so horrend sein. In Wahrheit liegen sie höher. Nicht nur Spieler und Vereine sind zu entlohnen, sondern auch die Schmarotzer, die sich wie überall in der Wirtschaft an einen florierenden Markt hängen. Im Fußball heißen die Makler Spielervermittler und kassieren nebenher inoffizielle Handgelder von Vereinen oder Sponsoren, deren Vereinen sie zu einem Aushängeschild verhelfen. Als der deutsche

Fußball-Bund 1994 ankündigte, eine Lizenz für das graue Gewerbe der Spielervermittler einzuführen, beantragten rund zweieinhalbtausend Bürger aller Lebenslagen diese Lizenz, obwohl es in Deutschland nur etwa tausend Profispieler gibt. Diese merkwürdige Zahl ist ein Indiz für das Goldgräberklima, das im Fußballmilieu herrscht. Jugendtrainer hoffen auf spätere Millionen durch ihre Schützlinge. Nachbarn, Onkel, Arbeitgeber, Amateurfußballexperten, Schiedsrichter und die gewerblichen Schnäppchensucher sowieso – jeder hat einen vielversprechenden B-Jugendspieler im Hinterkopf, mancher kennt gar einen Jungstar aus Afrika, und alle wollen mitkassieren. Wir können nur ahnen, welche ökonomischen Blütenträume und Luftschlösser in der Welt des Fußballnachwuchses gedeihen.

Hat ein Vermittler einmal die geschäftlichen Interessen eines leidlich guten Fußballprofis in der Hand, regelt er für den gewöhnlich überforderten jungen Mann als sein Agent die Abwicklung von Versicherungen, Geldanlagen und individuellen Werbeverträgen, wobei beachtliche Provisionen abfallen können. Ein ansehnlicher Transfer für fünf Millionen kann zehn Prozent Handgeld einbringen. Ein paar solche Deals, und man ist aus dem Gröbsten raus. So argumentierte auch der »Berater« des Stürmerstars Anthony Yeboah, als er wegen Steuerhinterziehung und Sozialhilfebetrugs vor Gericht stand: Man möge ihn seinen Spieler nur verkaufen lassen, dann stehe er wieder auf eigenen Füßen.

Gewöhnlich bekommt die Öffentlichkeit nicht mit, wenn ganze Vereine über Spielerverkäufe gemolken und zugrunde gerichtet werden. Denn die vereinbarten

Summen sind ja Verhandlungssache. Wenn es keine ausgemachten Schleuderpreise sind, wird niemandem auffallen, daß am Verein vorbei an die Funktionäre hohe Summen gezahlt werden. So ähnlich hat der Flick-Konzern die gesamte Bundesregierung gekauft: Bei den Steuergeldern, die den Politikern nicht gehörten, gewährte man einen riesigen Nachlaß, um sich dann die Parteikasse mit Spenden sanieren zu lassen. Im Fußball geht das ähnlich: Das Vereinsvermögen, also die Spieler, wird von den Funktionären günstig an Interessenten verkauft, die sich für dieses Entgegenkommen dann privat erkenntlich zeigen. Zuletzt kamen solche Vorwürfe bei Dynamo Dresden auf, das als bester Fußballclub der DDR nach der Wende gleich mehrere Ausnahmespieler wie Sammer und Kirsten zu bieten hatte. Die Interessenten klopften bald an, und so gut wie die gesamte Mannschaft war schnell verkauft. Ob und in welcher Höhe hier und bei anderen Fußballclubs der DDR damals schwarze Gelder an Funktionäre von Dynamo geflossen sind, wird sich wohl nicht mehr klären lassen. Bei Dynamo Dresden oder bei Hansa Rostock verstummen vereinsintern die Gerüchte nicht. Tatsächlich konnten der VfB Stuttgart und der Hamburger SV glänzende Geschäfte machen, indem sie die Stars Sammer und Doll günstig erwarben und bald für viele Millionen nach Italien weiterverkauften.

Das Ergebnis solcher Mißwirtschaft wie in Dresden läßt sich im Fußball ebensogut an der Bilanz wie an der Tabelle ablesen. Bei Dynamo versuchte man, zuerst die Unsauberkeiten aus der Bilanz zu frisieren, und wurde dafür mit Punktabzug bestraft. Am Ende stand der Bankrott, vielleicht nicht einmal, weil die neuen Mitbürger die Gesetze des Kapitalismus noch nicht kannten, sondern weil die Berater aus dem Westen diese ohne Gnade anwandten.

Ein anderer typischer Fall ist das Schicksal des 1. FC Nürnberg, eines der traditionsreichsten und beliebtesten deutschen Fußballclubs. Obwohl im Frankenland regelmäßig über dreißigtausend Besucher zu den Bundesligaspielen ihres Clubs kamen, obwohl heimische Industrie und Kommunalpolitik dem Verein wohlgesonnen waren, wurde er zugrunde gerichtet. Das Verhängnis kam während der Amtszeit des Bauunternehmers Schmelzer, der – unter anderem mit seiner Firma – das Frankenstadion luxuriös ausbauen ließ. Mag das nun fester Wille zur Modernisierung oder eine Arbeitsbeschaffungsmaßnahme in eigener Sache gewesen sein – der Club geriet in finanzielle Bedrängnis und mußte einen guten Spieler nach dem anderen verkaufen. Kurz vor der Abwahl Schmelzers durch die aufgebrachten Vereinsmitglieder konnte der Abstieg noch einmal vermieden werden. Doch dann übernahm der Unternehmer und Kommunalpolitiker Voack das Ruder auf dem sinkenden Schiff. Voack wirtschaftete munter weiter in die Katastrophe, konnte irgendwann wegen zahlreicher Morddrohungen nicht mehr ins Stadion und wurde bei einer Notwahl durch den klassischen Rentner als Vereinspräsident ersetzt, der sich mit seinen letzten Mitteln aus lebenslanger Leidenschaft opferte. Eine neue Geschäftsführung mußte dann ganz von unten wieder anfangen – mit riesigen Schulden, ohne Mannschaft, ohne Zuschauer, aber mit einem Schmuckstück von Stadion.

Ein weiterer Weg, einen Fußballclub zugrunde zu wirtschaften, funktioniert genau umgekehrt. Hier geht es nicht um zu niedrige, sondern um überhöhte Ablösesummen. Die Vereinsführung kauft ausgediente Spieler, die andere Clubs loswerden möchten, für völlig überzogene Summen und Gehälter. Sei es, die überforderten Funktionäre werden von vermeintlichen Sportexperten und Spielervermittlern übers Ohr gehauen, sei es, die Funktionäre bekommen ein privates Trinkgeld für den Gnadenkauf aus der Summe ausbezahlt, die sie selbst an die Konkurrenz überwiesen haben. Bei einem Volumen des deutschen Transfermarkts, der im Profigeschäft bei hundert Millionen Mark im Jahr beginnt, rentieren sich Tricks aller Art. Nachweisen lassen sich solche Praktiken selten, denn die Taxierung eines Spielers ist Gefühlssache. Wenn der Mann seine erhoffte sportliche Arbeit äußerst lax nimmt und bei fürstlichen Bezügen wenig zur Rettung des Vereins beisteuert, können ihm Drückebergerei und Absahnen nur unterstellt, nicht aber nachgewiesen werden. Gegen schwere Beine und ungenaue Schüsse helfen keine Abmahnungen. Selbst bei schließlicher fristloser Kündigung und der unweigerlich fälligen Abfindung für den Spieler zahlt der Verein dazu – nicht die Funktionäre, die das alles angezettelt haben.

Noch schlimmere Querelen auf dem steinigen Weg zu einer professionellen Geschäftsführung als in Nürnberg gab es beim Traditionsverein Schalke 04. Hier hinterließ der Präsident, der spendable Klinik-Betreiber Eichberg, Schulden in zweistelliger Millionenhöhe, nachdem er das Vereinsvermögen über Anlagefirmen zwischenzeitlich mit seinem eigenen verworrenen Finanzimperium verquickt und sich dadurch für eine Weile Luft vor dem überforderten Finanzamt verschafft hatte. Vorbei die guten, alten Zeiten, da im Geschäft noch eine strenge Ethik herrschte, gemäß derer sich einmal ein Schalker Vereinskassierer im Rhein-Herne-Kanal ertränkte, weil er Unterschlagungen zugunsten seines Vereins getätigt hatte.

In Schalke und Nürnberg wütete die Mißwirtschaft in eben den Jahren des Fußballbooms, in denen sich Borussia Dortmund unter schlechteren Anfangsbedingungen und mit einer weniger glanzvollen Tradition als europäischer Spitzenclub etablieren konnte. Hier arbeiten hingegen keine Vereinsmeier, sondern betriebswirtschaftliche Profis mit einer – wie man das heute nennt – unternehmenspolitischen Vision. Amateurhafte, unfähige oder schlimmstenfalls dubiose Geschäftsführung entscheidet maßgeblich, man könnte auch sagen ausschließlich, über den sportlichen Erfolg, über die Alternative Champions League oder Regionalliga.

Immer steht der betreffende Verein nach Perioden des Mißwachses vor einem riesigen Schuldenberg, während die Konkurrenz trotz höherer Ausgaben mit schwarzen Zahlen gewirtschaftet hat. Niemand wird verwundern, daß in Italien, wo profilneurotische Industrielle sich Fußballvereine zulegen wie eine Sammlung Alter Meister, immer mal wieder ein steuerflüchtiger oder sonstwie bankrotter Vereinspräsident hinter Gittern landet. Hierzulande konnte man die Halbwelt seit dem rufschädigenden Bundesliga-Bestechungsskandal der siebziger Jahre einigermaßen aus der Branche fernhalten. Große Wettskandale gab es in den letzten Jahren nur aus Fernost zu vermelden. In Singapur erwies sich die halbe Fußballmeisterschaft als von Wettsyndikaten manipuliert. Sogar bis in die englische erste Division hatten die wettfreudigen Chinesen ihr Netzwerk gespannt und für ein paar tausend Pfund den Ausgang von Spielen direkt bei den Akteuren gekauft – Weltwirtschaft.

Worüber sich manche deutsche Spieler und ihr sogenanntes Umfeld in der Zeit zwischen den Trainingseinheiten verständigen, kam vor Jahren ans Tageslicht, als bei einer Pleite um Bauherrenmodelle nicht weniger als hundertfünfzig Profis ihr Vermögen verloren; alle waren auf dubiose Berater hereingefallen, einige mußten den Offenbarungseid leisten. Unrühmliche Ausnahme blieb auch der Skandal um Versicherungsbetrügereien mit Luxuslimousinen, der in einer spektakulären Festnahme des Frankfurter Profis Maurizio Gaudino gipfelte. Zwar bekam im Zuge der Ermittlungen die Öffentlichkeit zu hören, wie umfassend man zwischen Masseuren, Ersatztorhütern und zwielichtigen Beratern in der Kabine bei Bundesligapartien über die lukrativen Möglichkeiten des Auto-Verschwindenlassens informiert war. Doch können solche Verfehlungen in einer Atmosphäre, in der es eigentlich einzig ums Geld geht, gar nicht ausbleiben. Dergleichen gilt, solange die Spieler eine gute Show bieten, als Kavaliersdelikt.

Als das schlimmste geschäftliche Übel des deutschen Fußballs betrachten die Wirtschaftsexperten seine Verwurzelung in Vereinen, die den Fußball erst groß gemacht und über die Zeiten vor Unbill behütet haben. Aber soziale Strukturen, die früher ehrenamtliche Übungsleiter zu sportlichem Ethos anhielten und die Arbeiterkinder von der Straße holten, sind überfordert, wenn es um internationale Finanztransaktionen geht.

Nach dem herkömmlichen Vereinsrecht nämlich kann der Vorstand persönlich nicht haftbar gemacht werden. In einer Zeit der rapiden Veränderung des Marktes und großer Zuwachsraten – im Osten obendrein noch gleich nach der Einheit – boten sich mittelständische Unternehmen für jeden Glücksritter zum Nießbrauch reihenweise an – mit dem gleichen Rechtstitel, als wären das Gruppierungen pensionierter Briefmarkensammler.

Welch eine Verlockung, zumal über Vakanzen auch noch täglich in der Zeitung berichtet wurde. Da mußten auch die Funktionäre des DFB, die oft von der provinziellen Jugendarbeit, von der Schiedsrichterfortbildung oder dem Ausrechnen von Tabellen der Amateuroberligen geprägt wurden, ihre Nachhilfestunden in Betriebsführung nehmen. Nun versucht eine Kontrollkommission von Betriebsprüfern mehr schlecht als recht, das finanzielle Gebaren der Vereinsunternehmen zu entwirren. In Zukunft, dafür sorgt schon die werbende Wirtschaft, haben überall Profis aus der Marketing-Branche im Fußball das Sagen. Damit verschwinden gewiß allerhand Typen mit dem Schweißgeruch der Dorf-Umkleidekabinen und dem Flair der Unterwelt aus dem Fußballgeschehen. Dieser Sport ist zu kostbar geworden, um ihn den Finanzamateuren als Spielwiese zu überlassen.

Aus der Bilanz eines Bundesligaclubs lassen sich die wirtschaftlichen Prioritäten sehr genau ablesen. Der Etat eines Clubs der ersten Liga liegt etwa zwischen zehn und fünfzig Millionen Mark mit steigender Tendenz. Die Schwankungen erklären sich aus der unterschiedlichen Struktur der Unternehmen. Unabhängig von den Anstrengungen gibt es Reiche und Arme – wie überall. Die einen kämpfen vor ein paar tausend Zuschauern gegen den Abstieg. Selbst wenn sie Erfolg haben, will niemand etwas davon wissen. Die anderen brillieren vor vollem Haus, ganz Europa schaut am Fernseher zu, und wenn sie versagen, tut das den Geschäften keinen Abbruch, weil bei den Spitzenclubs jede Art Publicity, auch schlechte, Geld einbringt. Ein populärer und deswegen erfolgreicher Verein kann Werbepartnern die Preise diktieren und die besten Spieler anheuern.

Dies war früher nicht anders, nur werden die Summen immer höher. Für alle Vereine haben sich die Möglichkeiten der Wertschöpfung in einem Maße ausgeweitet und verfeinert, daß der Fußball – beinahe unabhängig vom gesamtwirtschaftlichen Konjunkturverlauf – seit 1990 boomt. Fernsehen, Werbung und Warenproduktion sind im Zeichen des Fußballs eine Liaison eingegangen, die aus diesem Sport einen Wirtschaftsfaktor gemacht hat, dessen Bedeutung weit über die nackten Zahlen hinausgeht.

1963, im ersten Jahr der Bundesliga, nahm der 1. FC Kaiserslautern aus Werbung und Fernsehgeldern zusammen gut zwanzigtausend Mark ein – für einen Sportverein damals eine Menge Geld. Heute sind es weit über zehn Millionen Mark, und es werden in Zukunft noch sehr viel mehr. Sogar angesichts der Inflation ist diese wundersame Vervielfachung frappant. Die Einnahmen aus dem Kartenverkauf sind im gleichen Zeitraum gerade einmal um das Achtfache gestiegen, also in Anbetracht des Geldwertverfalls in etwa stabil geblieben. Der Boom des Fußballs hat nichts mit dem Spiel an sich zu tun. Die Spiele selbst stellen ja gar keine Ware im eigentlichen

Sinn dar; es handelt sich um Dienstleistungen der Unterhaltung. Und auch diese haben sich seit den Gründerjahren des Fußballs nicht vermehrt. Was also ist gewachsen? Es handelt sich um den Markt rund um das Spiel und die neuen technischen Möglichkeiten seiner Verbreitung in alle Welt.

Das Geld für eine deutsche Bundesligamannschaft stammt heute allerhöchstens zu dreißig Prozent aus Zuschauereinnahmen. Ein sogenannter Hauptsponsor steuert gewöhnlich mehrere Millionen Mark zum Etat bei und darf dafür seinen Namen auf den Trikots der Spieler zeigen und sich überall in der Öffentlichkeit damit brüsten, daß er diese Mannschaft aushält, daß er deshalb letztlich an ihren Erfolgen beteiligt ist oder größere Mißerfolge verhindert hat. Fußball ist bei den Sponsoren so beliebt, weil sich große Teile der Bevölkerung dafür im weitesten Sinne interessieren. Ein ähnliches Interesse bekämen die Hersteller der Produkte gerne auch für sich selber. Aber sie wissen, daß sich niemand für den Gesundheitszustand ihrer Spitzenkräfte interessiert, daß außerhalb der eigenen Belegschaft kein Hahn danach kräht, welcher Angestellte zu welchem anderen Konzern wechseln wird und ob das Geschäftsergebnis auch in diesem Jahr wieder verbessert werden konnte. Beim Fußball ist das ganz anders. Da will jeder auf dem laufenden sein.

Die soziale Tatsache des Fußballs bietet mannigfaltige Möglichkeiten, unterschiedliche Sponsoren und ihre Produkte ins Spiel zu bringen. Ein Sponsor ist ein Mäzen, der von den Künstlern, die er bezahlt, so oft wie möglich den eigenen Namen gezeigt und genannt bekommen möchte. Er kann ihn gar nicht oft genug hören. Er nimmt es sehr genau mit seinem Sponsorentum und rechnet jedes Jahr penibel nach, ob sich seine Wohltaten auch für ihn gelohnt haben. Er sucht sich die prominentesten Plätze für sein Firmenlogo aus, nicht nur die Spielertrikots, sondern auch die Ersatzbank, den Mannschaftsbus, die Stadionzeitung, das Vereinshaus, den Hemdkragen des Managers. Alles ist vertraglich geregelt.

Gewöhnlich kommt außer den Geldern des Hauptsponsors noch einmal eine Millionensumme in den Etat eines Bundesligaclubs aus einem »Pool« von kleineren Geldgebern der regionalen Industrie hinzu. Die Nebensponsoren werden gleichfalls liebevoll gepflegt, aber nicht ganz so exklusiv behandelt. Doch auch werbendes Kleinvieh macht Mist. So haben die meisten Bundesligaclubs inzwischen alle Stadiondurchsagen an einzelne Werbepartner verkauft: Die Zahl der Eckbälle meldet eine Immobilienfirma, die Spielzeit stoppt ein Uhrengeschäft, die Spielstände der anderen Partien übermittelt eine Sportzeitung, die gelben und roten Karten präsentiert ein Überwachungsunternehmen, die Zuschauerzahl darf die Stadtparfümerie durchsagen, die Tore teilen sich ein Autohandel und die Stadtwerke. An Deck eines Fußballvereins ist ungemein viel Platz für Trittbrettfahrer, sogar dort, wo man es nicht vermutet hätte. Alles läßt sich sponsern: das Mineralwasser, das der Trainer trinkt, die Fluglinie, mit der es zu Auswärtsspielen geht. Beim Kleinsponsoring kommt immerhin eine sechsstellige Summe zusammen, mit der sich bereits ein ordentlicher Ersatzspieler kaufen läßt. Und was das Wunderbarste für die Industrie ist: Keine Übercodierung durch diesen ganzen Bauchladen vermag die Integrität des Ausgangsproduktes, des Clubs, zu schädigen.

Der Verein hat also, bevor er von seinen Spielern auch nur die Waden zeigt, bereits hundertfach Handel mit der Sympathie getrieben, die ihm die Fans gratis entgegenbringen. Jüngst hat Bayern München sogar noch angekündigt, einen siebenstelligen Betrag für die Film- und Fotogenehmigungen auf dem Firmengelände zu verlangen. Wieso sollen sich auch Spieler und Trainer umsonst für diejenigen präsentieren, die dann damit wieder Geld verdienen? Die Vereinsangestellten sind zwar Personen öffentlichen Interesses, aber sie werden privat bezahlt.

Ein Produkt wie der FC Bayern verkauft sich gut, denn er ist populär und bodenständig, obwohl kaum ein Bayer mitwirkt. Aber darin liegt eben die Zauberkraft des semantischen Bindemittels Fußball. Kein Konzern könnte durch Umweltschutz oder soziale Wohltaten mehr Sympathie erwerben als durch Sponsoring von elf habgierigen jungen Balltretern. In einer von Werbung überfütterten Gesellschaft gibt es für einen Investor keine bessere Art, seinen Namen bekannt zu machen. Einen beliebten Politiker könnte Bayer Leverkusen nicht finanzieren – zumindest nicht öffentlich. Aber mit seinen 35 Millionen Mark jährlichen Sport-Sponsorings kann sich der Konzern allerorten rühmen. Es ist, wie so vieles in unserer Kultur, höchst sonderbar: Mit einem an der richtigen Stelle versenkten Elfmeter schnellen auch die Umsatzzahlen der Magentabletten empor, deren Namenszug das Trikot des Schützen zierte.

Ein Vergleich mit der Politik zeigt die märchenhaften Bedingungen, die Produktwerber beim Fußball vorfinden. Die Parteien, die sich ohnehin aus Steuergeldern freihalten, ruinieren sich im Wahlkampf beinahe mit den Ausgaben für ihre Fähnchen, Luftballons, Kugelschreiber und Plakate. Keiner will dieses Zeug auch nur geschenkt haben, niemanden überzeugt der ganze Aufwand. Ähnliche Devotionalien mit dem Aufdruck von Fußballclubs hingegen kaufen die Leute freiwillig und bezahlen gerne einen Aufpreis dafür. Es ist wohl keine Frage, wo das primäre Bedürfnis liegt – bei der Politik oder beim Fußball.

Die Möglichkeiten der Geldschöpfung beim Sponsoring beginnen aber erst so richtig, wenn die beworbenen Produkte völlig mit dem Image des Vereins amalgamiert werden können. Deshalb preist der agile Stadionsprecher vor dem Spiel die FC Bayern-Kreditkarte, den FC Bayern-Sekt oder den FC Bayern-Pinot-Grigio wacker an – in der Hoffnung, kein Kunde werde fürchten, daß der Wein so flau schmeckt, wie der Verein spielt. Wo sollten sich für diesen Kramladen Käufer finden lassen, wenn nicht unter den Fans? In Dortmund mit den Vereinsfarben schwarz-gelb gibt es sogar farblich passenden BVB-Senf zum Bratwürstchen, der freilich nur Kleingeld bringt – verglichen mit den Trikotverkäufen in diversen Kaufhausketten.

Die lukrativsten Ideen stammen aus der Milchwirtschaft. Der Traditionsverein Schalke 04 konnte 1995 einen epochemachenden Vertrag mit einer Großmolkerei abschließen, dem zufolge der Hersteller mit dem Verein zusammen sechzehn Schalke-Milchprodukte auf den Markt bringen wird. Die Molkerei liefert die Basis, Schalke den Überbau. Schon nach drei Jahren sollen dreißig Millionen Mark im Jahr erwirtschaftet werden, an denen der Fußballverein über Lizenzgebühr und Prämien massiv beteiligt ist. »Undenkbare Umsätze« seien mit dieser Art des Zusammenspiels möglich, prophezeit der Schalker Chefmelker mit Dollarzeichen in den Augen. Und er rennt offene Türen ein. Aus den deutschen Profivereinen heraus entwickelt sich allgemach ein ganzer Industriezweig. »Wir müssen einen Markt kreieren, der die natürlichen Bedürfnisse des Fans befriedigt«, predigt der Manager von Bayern München.

Das »Merchandising« – die Vergabe des Vereinslogos gegen Lizenzgebühr – hat Bayern München bereits auf über hundert Produkte ausgeweitet. Auf diesem Sektor sind die Bayern der Konkurrenz weit voraus, zumal weniger populäre Clubs allenfalls regionale Produkte loswerden können. Bundesweit, so die Markterhebungen, ziehen nur Bayern München, seit der legendären Elf um Beckenbauer in den siebziger Jahren, und Schalke 04, wegen staatstragender und seither vererbter Popularität in den dreißiger Jahren, die Käufer an. Neue Mythen sind auf diesem Feld schwer zu produzieren. Der Markt der unbewußten Sympathie lebt von der Historie. Allenfalls könnten hier mit aktuellen Erfolgen noch die Dortmunder und die Mönchengladbacher Borussen gleichziehen. Dann dürfte selbst dieser wachsende Markt abgegrast sein.

Wenn auch nur jeder der vier Millionen statistisch ermittelten Bayern-Fans für zwanzig Mark im Jahr die Vereinsprodukte kaufte, hätte der Verein seinen Umsatz aus dem Jahr 1994 glatt verdoppelt. Solche Visionen des geschäftstüchtigen Bayern-Managers Uli Hoeneß basieren auf ökonomischem Kalkül und nicht auf Wunschdenken. Übrigens hängen diese Zahlen in keiner Weise vom sportlichen Abschneiden der Mannschaft ab. Ausgerechnet in den Jahren der entfesselten Zuwachsraten, nämlich etwa seit 1990, hatten die Bayern mit großen sportlichen Krisen zu kämpfen, mußten sich von mehreren erfolglosen Trainern trennen und hatten international auch nicht den Hauch einer Chance auf irgendeinen Titelgewinn. Es war, solange der Verein nicht abstieg, völlig egal, wie Bayern München spielte. Der Club zehrte von der Substanz seines historischen Kapitals, versilberte mit einer überforderten jungen Mannschaft die Siege der siebziger Jahre mit Hilfe der Sponsorengelder.

Inzwischen beschäftigt der Club mehrere hauptamtliche Mitarbeiter und einen eigenen »Merchandising-Manager« mit Herstellung und Vertrieb von Fan-Artikeln. Diese Abteilung soll möglichst bald mehr Personal beschäftigen, als der Club Lizenzspieler hat. Das »Versandhaus FC Bayern« ist im Aufbau. Fahrbare Bayern-Kaufhäuser rollen mit ins Trainingslager. Nichts liegt näher, als in diesem Wirtschaftszweig den Zwischenhandel auszuschalten und in aller Welt gleich selbst die Devotionalien zu produzieren und mit den Spielern direkt an den Käufer zu bringen. Dann müßten für einen Spitzenclub zur Jahrtausendwende Merchandising-Umsätze über hundert Millionen Mark mit fabelhaften Gewinnspannen zu erwirtschaften sein.

Dafür braucht es Stars, die den nötigen Rummel und die damit verbundene Medienpräsenz garantieren. Wie in der Filmbranche gehört die Heldenverehrung auch im Fußball zum Geschäft. Die neuen, anspruchsvollen Fans, die nicht über Jahre aus Treue eine Gurkentruppe anfeuern wollen und im Verein ein auswechselbares Produkt für die Freizeitunterhaltung sehen, identifizieren sich nur mit Siegern. Ziehen die Stars davon, dann wechseln sie den Verein wie das Hemd.

Wenn man es richtig macht, tragen sich die Investitionen für Stars beinahe von alleine. So buchten die verblüfften Münchner für ihr neues Trikot der Saison 1995/96 rund dreihunderttausend Vorbestellungen, weil in diesem Gewand der frisch verpflichtete Volksheld Jürgen Klinsmann auflaufen würde. Einfaches Nachrechnen macht klar, daß bei zehn bis zwanzig Mark pro Leibchen ein beachtlicher Anteil von Klinsmanns Jahresgehalt über die Bekleidung vorab eingespielt wurde, ohne daß der Stürmer zu diesem Zeitpunkt auch nur einen Ball getreten hätte. Auch das bestätigt ein wirtschaftliches Gesetz: Von einer bestimmten Höhe an vermehrt sich Kapital von allein.

Man darf es freilich nicht übertreiben. Manchester United, die sich in Amerika den Trick mit den Hemden schon länger abgeguckt hatten, verprellten ihre Kundschaft, weil sie in vier Jahren sechs Trikotvariationen auf den Markt warfen, machten aber einen Rekordgewinn in der Fußballhistorie aller Länder. Trotzdem – so etwas muß man schlauer anstellen, sonst ist irgendwann auch der beste Ruf verspielt.

Sobald man heute zur künftigen Vermarktung des Fußballs eine Zahl äußert, ist sie auch schon veraltet. Es gibt hier noch Wachstumsraten wie zur Frühzeit der Industrialisierung. Es scheint, als habe die Wirtschaft lange Zeit einen märchenhaft unerschöpflichen Markt übersehen – wohl weil dem Fußball lange die Aura des proletarischen, schlammverkrusteten Spartenvergnügens anhaftete und die Clubs in Kneipenhinterzimmern wie Karnickelzüchtervereine geführt wurden. Heute ist jeder bessere Zweitliga-Club ein Unterhaltungskonzern.

Doch unterliegt der Handel mit dem Fußball – genau wie das Spiel selbst – eigenen Gesetzen. So fallen die Renditen, auch hier nahezu unabhängig vom sportlichen Abschneiden der Vereine, hinter der Spitzengruppe stark ab. Freiburg oder Uerdingen werden, so gut sie auch spielen, in dieser Lebensspanne nicht über den Rang fußballerischer Provinzunternehmen hinauskommen. Statt dessen formiert sich vom Bilanzvolumen her eine europäische Spitzengruppe mythisch besetzter Massenvereine: AC Mailand, Juventus Turin, CF Barcelona, Real Madrid, FC Liverpool, Manchester United, Benfica Lissabon, Ajax Amsterdam, RSC Anderlecht. Es gehört nicht viel Phantasie dazu, in dieser Auswahl den Kern für eine künftige europäische Superliga zu erblicken, die dann kontinental und darüber hinaus mit allem amerikanischen Brimborium vermarktet werden wird. Der Autohersteller Opel hat für die Zukunft vorgebaut, indem er sich nicht nur bei Bayern München mit jährlich fünfeinhalb Millionen Mark einkaufte, sondern für eine etwas höhere Gage ebenfalls den italienischen Marktführer AC Mailand für sich spielen läßt.

Bei diesem Engagement zeigte sich erstmals die ganze Bandbreite der Möglichkeiten von Geschäftspartnerschaften im Dienst des Fußballs. So läßt sich der Wert der Investition von Opel gar nicht exakt beziffern, denn für diese Partnerschaft bekommen die Autohersteller jenseits der Trikotwerbung fortan bessere Geschäftsbedingungen in den Fernsehkanälen des Besitzers von AC Mailand, Silvio Berlusconi, gewährt. Sollte sich nun mit mailändischen Siegen der Marktanteil von Opel in Italien steigern, geht dies zu Lasten des Fiat-Konzerns, der seinerseits gemeinsam mit dem Verein Juventus Turin der Agnelli-Familie gehört. Mit weniger verkauften Fiats bliebe auch nicht mehr soviel Zuschuß für den Verein Juventus, der den Konzernherrn in den letzten Jahren etwa dreihundert Millionen Mark kostete.

Zu guter Letzt hätten Opel und Berlusconi mit Hilfe des Fußballs einen hartnäckigen Konkurrenten in Schwierigkeit gebracht – und das ist wohl das strategische Ziel dieser Kooperation. Sollten sich dann im europäischen Finale die beiden Opel-Werksmannschaften aus München und Mailand gegenüberstehen, bedeutet das ganz und gar nicht, daß der Konzern sich selbst Konkurrenz macht, sondern erweist für ein großes Publikum nur seine ökonomische Spürnase. »Wir wollen mit der absoluten Spitze assoziiert werden«, meint der für Europa zuständige Verantwortliche für die »Corporate Identity« des Konzerns.

Eine ähnliche, wenn auch taktisch ganz andersartige Synergieleistung gelang dem italienischen Milchproduzenten Azeglio Tanzi, der mit seinem Verein AC Parma in den vergangenen Jahren zur einzigen nennenswerten Konkurrenz für Berlusconi und Agnelli geworden ist. Tanzi kaufte die ausländischen Stars für sein Team in eben den Ländern, in denen seine größten Auslandsmärkte liegen, nämlich Südamerika und Schweden. Mit dem dort erwachten Interesse an seiner Mannschaft aus der Emilia

Romagna kam auch die Milch von dort ins Gespräch. Und für ein kleines Aufgeld warben seine Stars daheim für die Milch ihres fußballerischen Chefs, der sie ja ohnehin unter Vertrag hatte. Ohne Fußball, dieses preiswerte Kommunikationsmittel, wäre Tanzis Milch und seiner

Person eine ähnliche Aufmerksamkeit mit dem lächerlichen Aufwand von ein paar Millionen Mark nicht zuteil geworden.

Natürlich ist auch dieses Geschäft nicht ohne Risiko. So verspielte der italienische Filmproduzent Cecchi Gori sein Renommee zwischenzeitlich, als er trotz der spektakulären Verpflichtung von Stefan Effenberg mit seinem AC Florenz in die zweite Liga abstieg und sich dabei mit allerhand spektakulären Wutausbrüchen als schlechter Verlierer der Lächerlichkeit preisgab.

Auch in Deutschland hängen einige Clubs vom Wohlergehen und dem Fußballverstand eines einzigen Großmäzens ab. Doch solche Mäzenatenvereine landen über kurz oder lang in der zweiten Liga, wenn nicht gar noch weiter unten. Die Zukunft gehört der synergetischen Mischkalkulation, bei der der Verein immer größere Bereiche der Wertschöpfung in die eigenen Hände bekommt.

Und auch der Deutsche Fußball-Bund kann da nicht abseits stehen und wird sich aus einem regional verwurzelten Funktionärs- und Schiedsrichterverband zu einem Merchandising-Unternehmen mausern. Bald wird auch die Bundesliga zentral vermarktet werden. Sie wird – wie das in England schon seit langem üblich ist – gegen Höchstgebot einen Hauptsponsor im Schilde führen, wird sich Wappen und Hymne zulegen, damit dieselben auf jedem Produkt, in jedem Werbespot wiedererkannt werden können.

Obwohl schon jetzt die Vereinsmanager glasige Augen bei den avisierten Umsatzzahlen bekommen, sind die deutschen Gelder – in den Worten des Sport-Vermarkters Ion Tiriac – immer noch »Peanuts« gegen die entsprechenden Summen in Amerika. Dort, auf einem sorgfältig gezüchteten Markt, geben General Motors oder Philip Morris jeweils knapp dreihundert Millionen Mark im Jahr für Sportsponsoring aus. Der Sportartikelkonzern Nike, der sich auch stark in der Bundesliga engagiert, hat an seinem Stammsitz in Chicago eine Art multimedialer Ruhmeshalle für die Sporthelden seiner Marke aufgebaut und zieht damit deutlich mehr Publikum an als jedes andere amerikanische Museum. Die amerikanische Wirtschaft hat begriffen, daß Sport zur säkularen Religion geworden ist, in die sich jedes semantische Bedürfnis bedenkenlos einklinken kann.

Bei uns ist aus historischen Gründen der Fußball mehr als jeder andere Sport zum idealen Medium zur Vermittlung unserer gesellschaftlichen Werte geworden. Das Spiel ist gleich geblieben, aber es hat seine Botschaft radikal gewandelt: Die Wettkämpfe der Mannschaften symbolisieren den Wettbewerb der Produkte.

Ebenso wie die Spieler für den Fußballmarkt bereits von Jugend auf weltweit gesichtet und ausgebildet werden, zielt auch die Vermarktung des Profigeschäfts ins Globale. Die Fußballweltmeisterschaft 1994 in den Vereinigten Staaten war der Versuch, in den kaufkräftigsten der noch fußballfreien Märkte der Welt vorzudringen. Bei der dort so starken Präsenz von Basketball, Football,

Baseball und Eishockey waren aber alle Claims bereits vergeben, und der Versuch konnte eigentlich nur mißlingen. Doch die Ziele des Fußball-Weltverbandes FIFA sind längst weiter gesteckt. In allen Ländern Afrikas ist Fußball, eines der zahlreichen Relikte des Kolonialismus, zum Volkssport und zur Karrierehoffnung geworden. Von den dortigen Hinterhöfen und Aschenplätzen sind für die künftigen Jahrzehnte die größten Talente und vielleicht auch die besten Nationalmannschaften zu erwarten. In Afrika ist aber nicht viel Geld zu verdienen. Deshalb hat der Weltfußballverband nun den asiatischen Markt im Visier.

Es sind die Japaner, die den Fußballsport bei sich und vor allem im bevölkerungsreichen China einführen und mit Hilfe ihrer überlegenen Medientechnologie vermarkten wollen. Zu diesem Zweck wollen sie – wie immer unter der Konkurrenz der Koreaner – eine der kommenden Weltmeisterschaften zugewiesen bekommen. Schon haben sie eine Profiliga mit fürstlich bezahlten europäischen Altstars aufgezogen. Gary Lineker, Michael Rummenigge und Pierre Littbarski konnten in Japan in kurzer Frist zu populären Werbeträgern aufsteigen, obwohl dort außer Sumo-Ringen und Judo keine sportliche Tradition existiert und die anpassungswilligen Asiaten sich schon an Baseball und Golf delektieren. Kurioserweise zählen zu den hingebungsvollsten Fans hier nicht die rabiaten jungen Männer der Unter- und Mittelklasse, sondern kreischende junge Mädchen. Offenbar sind die Japanerinnen auch für die erotischen Signale der athletischen westlichen Kicker empfänglich und strömen jauchzend in die Stadien. Damit eröffnen sich ganz neue

Marktperspektiven, denn in Europa haben sich die Frauen niemals ganz dem Fußball hingeben können.

Und wenn dann auch nur eine Milliarde Chinesen und ein paar Inder sich für den Fußball begeistern, dann hat dieser planetarische Sport den Erdball, der ja auch rund ist, endgültig erobert und einen Weltfußballmarkt geschaffen. Dann hat Fußball für die Zukunft ausgesorgt und wird – wie die Zirkusspiele im Alten Rom – erst bei einem Kollaps der konsumierenden Weltkultur untergehen und wieder zur bloßen Leibesübung werden.

Wie dem Aufstieg jeder Hochkultur haftet dieser Erfolgsgeschichte etwas Unerklärbares, Magisches an. Beim Geschäft mit dem Fußball handelt es sich um die ausgeprägteste Form von Nominalismus, wie der Philosoph William von Ockham ihn im vierzehnten Jahrhundert beschrieben hat: Die Dinge an sich haben keine universale Existenz. Sie leben für uns nur durch die Namen, die wir Menschen ihnen geben. So hat auch der Fußball an sich keine Existenz. Wie ein Musikkonzert ist er in dem Moment, da er stattfindet, auch schon wieder verpufft. Was bringt er hervor außer ein paar Bewegungen einiger Auserwählter auf dem Rasen? Worin besteht sein Nutzen, der ihm die Aufmerksamkeit der Weltwirtschaft und den Gegenwert ganzer Volkswirtschaften einbringt? Mit einer äußerst unaufwendigen gesellschaftlichen Arbeit weniger Männer und einem volkswirtschaftlich nicht festzustellenden Gebrauchswert hat der Fußball einen Tauschwert erworben, der ins Unermeßliche geht. In diesen Abgrund zwischen den lächerlichen Produktionskosten und dem riesigen Absatzmarkt fließt permanent frisches Kapital.

Beim Fußball wird nichts produziert als Gefühl, und mit seinem Namen kann ein Verein diese Gefühle besetzen. Seinen guten Namen, den die unterschiedlichsten Mannschaften durch die Fährnisse der Zeit transportiert haben und der die Menschen Spieltag für Spieltag wieder anlockt, veräußert der Verein an die Hersteller von Gütern, für die sich im Marktgewimmel sonst nicht genügend Interessenten finden würden. Fußballspiele sind eine öffentliche Börse für Markenzeichen.

Der Fußball ordnet also für seine Kunden – und das sind wir ja so gut wie alle – die unübersichtliche Produktpalette, indem er die Marken emotional aufwertet – ebenso, wie Akkumulatoren mit Strom geladen werden. Er erklärt uns die Warenwelt. Zum Dank dafür wird der Verein, der mit seinen immensen Gehältern und Investitionen allein gar nicht lebensfähig wäre, von den Herstellern der Produkte refinanziert. Es ist ein geschlossener Kreis, eine Schöpfung aus dem Nichts, die Krone unserer Überproduktion: Ohne den Fußball würde niemand die mit dem Fußball beworbenen Produkte kaufen, und ohne diese Verkäufe wäre der Fußballverein pleite.

Die produzierende Wirtschaft wendet immer höhere Summen auf, um ihren anonymen Produkten über die Werbung irgendeine Identität zu verschaffen, um die Produkte mit einer Aura auszustatten, wie sie der Fußball schon vorab mitbringt. Der Kapitalismus hat die Grundversorgung längst abgedeckt und sorgt sich jetzt um Produkte jenseits der Lebensnotwendigkeiten, die dem Käufer einen irgendwie gearteten Sinn versprechen. So wird aus profaner Milch Fußballer-Milch, aus einem ordinären Auto ein Sieger-Auto.

Noch funktioniert der Zauberspruch. Der Fußball ruft trotz der Übersättigung durch Waren und Botschaften aller Art als letztes Phänomen noch das freiwillige Interesse einer breiten Bevölkerungsschicht hervor, weil er an verödete Bereiche des Lebens rührt. Weil er die Gier der einsamen Menschen erfüllt, andere verehren zu können, mitleiden und mitjubeln zu dürfen. Fußball sprengt für Momente das eiserne Gehäuse der Existenz und überschreitet die Sperren des Gefühls. Mühelos macht er dabei Produkte zu Kultprodukten und transformiert so seine eigene Sakralität beliebig auf den Markt der nutzlosen Dinge, die ohne ihn keine Seele hätten.

Damit hat sich das Gesetz unserer Zivilisation erfüllt, nach dem es kein Refugium zweckfreien Vergnügens geben darf, das nicht von der nackten, baren Zahlung beherrscht wird. Fußball und Kapitalismus harmonieren prächtig miteinander, weil sie wesensgleich sind: Spiel und Markt sind eins. Alle rennen dem begehrten Gut hinterher, das sie niemals dauerhaft kontrollieren können, weil seine Bestimmung in der beständigen Zirkulation liegt. Es geht um den Ballbesitz; für diesen Besitz gehen alle über ihre Leistungsgrenze und beuten die letzten Ressourcen aus. Im Streben nach dem Erfolg bleiben alle unzufrieden, denn der Ball ruht nie, und der nächste Gegner ist immer der schwerste.

Medien
Das geklonte Telespiel über die Bande

Wie eine überdimensionale Schneeflocke trudelt der Fußball durch den Nachthimmel und senkt sich butterweich auf den Rasen. Stramme schweißige Beine werden sichtbar, an denen man jeden Muskel modelliert sieht. Dann fallen die Körper langsam, wie in einer Traumsequenz, übereinander, bevor man das gleiche Geschehen noch einmal, zweimal aus anderen Perspektiven sehen kann, quasi von unten, als läge man mit einem Feldstecher mitten im Strafraum. Die Existenz – ein ewiges traumverlorenes Straucheln.

Dies ist der Fußball, wie ihn die Zeitlupe im Fernsehen erschafft. Gleichzeitig mit dem Bild des Idols informiert uns eine Einblendung über seinen Namen, Alter, Nationalität, Anzahl der Länderspiele. Und ebenso gleichzeitig läßt uns eine Kommentatorstimme aus dem Off wissen, daß das Völler sei, der da gerade quälend langsam zu Boden geht. Das Gerangel in irgendeinem fernen Stadion, zuweilen unterlegt mit ätherischen Synthesizerklängen, ist längst präsenter geworden als die träge Anwesenheit dämmernder Gestalten im eigenen abgedunkelten Wohnzimmer. Wirklichkeit ist einzig der geräuschlos immer wieder stürzende Körper, ist die dritte Wiederholung der Großaufnahme des Balles, der einzigen echten Schneeflocke an einem Spätherbstabend.

Wer beim Spiel auf der Tribüne steht, erlebt ganz etwas anderes, etwas viel Banaleres: Fünfzig, achtzig Meter

Luftlinie entfernt geraten zwei Spieler aneinander. Eine der winzigen Gestalten fällt plötzlich hin. Die Aufmerksameren sehen den Ball auf den Rasen ticken. Die anderen springen erregt auf, diskutieren – wenn sie nicht ohnehin alles verpaßt haben, weil sie gerade die Ola-Welle übten oder ein Bierchen holen gingen. Die einzige Wirklichkeit dieses Abends ist der eigene frierende Körper auf den Betonrängen und das Gewimmel von Menschen um einen herum.

Gedrängt von der immer aufwendigeren Übertragungstechnik der privaten Konkurrenz ist dem Fernsehen gelungen, was Günther Anders schon 1956 kommen sah: daß die optischen Medien »die Welt unter ihrem Bilde zum Verschwinden bringen«. Denn ein Fußballspiel im Fernsehen wird nicht übertragen und schon gar nicht »live«. Es wird neu geschaffen. Der Rohstoff, die neunzig Minuten des profanen Balltretens, wird säuberlich zerlegt, wird durch Zeitlupen schrankenlos vermehrt und zu einem Videospiel geklont. Acht Kameraleute, zwei MAZ-Techniker, drei Zeitlupentechniker und drei Superzeitlupentechniker stellen die technische Equipe für ein sporthistorisch belangloses Länderspiel. Ihre Überproduktion von dem menschlichen Auge so nicht erfaßbaren Bildern für ein Millionenpublikum degradiert das Häuflein der körperlich Anwesenden zur Geräuschkulisse.

Gewiß, Bildübertragungen von Sportereignissen waren immer Simulationen. Man erinnere sich an die Zusammenfassung großer Spiele in den Wochenschauen der fünfziger Jahre: Einblendungen von Stehplatzrängen voller langer Mäntel und breiter Hüte, dann ein paar hektische Szenen von rennenden Männlein, unterlegt mit Operettenouvertüren. Dazu die euphorische Kriegsberichterstatter-Stimme des Reporters. Die spätere Live-Übertragung wirkte da nur wie ein Gewinn an Authentizität. Doch schließlich ist aus der Fußballübertragung – vom Zusammenschnitt ganz zu schweigen – ein Telespiel geworden.

Computergrafiken blenden blitzschnell Statistiken und Logos ein, zerschneiden das Bild mit Linien, lassen Nationalflaggen aufblinken. Meist läuft bei den Superzeitlupen das Spiel längst wieder, und die Sprecher müssen derweil als Radiokommentatoren einspringen. Nicht weil sie eine Bildstörung überbrücken müssen, sondern weil das Fernsehen Bilder im Übermaß produziert. Andererseits ist die Zeitenfolge durch die permanenten Rückblenden, die Pausenzusammenfassung, die fußballhistorische Rückschau, die Schlußrevue ohnehin aufgehoben. Vielleicht sollte man die Spieler schlicht innehalten lassen, bis die Zeitlupe die schnellere Realität wieder eingeholt hat. Eine Fußballaufbereitung im Fernsehen bedeutet den Triumph der Technik. Nicht mehr die Reporter sprechen das entscheidende Wort, sondern die Geräte: Sind die Athleten auch schnell und trickreich, fliegt der Ball auch überraschend, herrscht auf dem Platz auch eine Kakophonie, bewegen sich die Spieler auch richtungslos – die Kameras, Zooms, Grafiken, Tabellen, Mikrofone haben alles unter Kontrolle.

Einst war die Fußballreportage eine Kunstform. Jeder kennt die Oden, die Herbert Zimmermann 1954 der deutschen Weltmeistermannschaft gesungen hat. Seinerzeit durfte Zimmermann einer ganzen Nation in minutenlangen Rufen »Tor, Tor, Tor!« das Herz rühren, er schämte sich seiner Tränen nicht. Inzwischen wissen wir, wieviel dieser nationalistische Gefühlsausbruch den journalistischen Gesetzen des Reichspropagandaministeriums verdankte. 1954 war endlich der Moment gekommen, mit vollem Recht vom »Endsieg« zu schwärmen, den die Nation ein Jahrzehnt zuvor so schmählich verpaßt hatte. Zimmermann war ganz bebende Emotion. Aber wir, denen es beim Anhören seiner Reportage (»Halten Sie mich für verrückt, halten Sie mich für übergeschnappt«) immer noch eiskalt den Rücken hinunterläuft, dürfen unserem Mitgefühl keinen freien Lauf lassen. Die Zeiten des Überschwangs waren bald vorbei.

Kein Wunder, daß fortan den Berichterstattern beim Fußball der Mut zum Gefühl ausging, obwohl doch Gefühle unbedingt zur Dramaturgie des Fußballs gehören. Doch das Credo der bundesrepublikanischen Sportjournalisten paßte sich dem pädagogischen Furor dieser Jahre an: Man mußte den Leuten mit Nüchternheit und Objektivität den Wurzelgrund verderblicher Emotionalität ausreißen. Überschnappen konnten die Fans von alleine, und sie taten es ja auch von Zeit zu Zeit. Lieber kühlte die Fußballberichterstattung den Überschwang, den das deutsche Fußballwunder der sechziger und siebziger Jahre zeitigte, auf ein erträgliches Maß herunter. Zwar bekam der Fußball immer mehr Raum in den Medien, doch entwickelte sich eine über den Dingen stehende Perspektive, ein kühler Ton, den die Reporter offenbar den Meldungen aus dem Wirtschaftstteil abgeschaut hatten.

Die Stellungnahmen des Reporters Rudi Michel nach dem Gewinn der Weltmeisterschaft von 1974 hallen in niemandes Ohr nach, weil er den Sieg mit einer Objektivität vermeldete, als hätte er die Abendnachrichten zu verlesen. Der Sport war von der Epiphanie zum gesellschaftlichen Ereignis geworden, über das mit überparteilicher Sachkunde berichtet werden sollte.

Schon in den sechziger Jahren hatte sich die neue Sachlichkeit durchgesetzt. Die unvergleichlichen nächtlichen Glanz- und Paradespiele der Weltmeisterschaft in Mexiko fanden keinen panegyrischen Sänger mehr. Stattdessen hörte man minutenlang nichts als die Namen der ballführenden Spieler, untermalt vom Rauschen der Atlantikkabel: »Haller – Schnellinger – Overath – Seeler – Aus«. Das illustrierte die überfällige Modernisierung der deutschen Gesellschaft. Das war ein Stück konkreter Poesie. Und kein überflüssiges Gerede störte das Behagen der Betrachtung.

Offenbar bedeutete es gerade für Sportreporter eine Zumutung, ihre Gefühle zu zeigen. Zwei von ihnen haben ihren faden westdeutschen Kollegen jahrelang vorgemacht, wie aus einer gelungenen Reportage ein Stück Literatur wird. Zum einen der Österreicher Edi Finger, der seine Stars, den Schneckerl Prohaska oder den Hansi Krankl, mit Attributen geradezu liebkosen konnte und damit immer wieder im deutschen Fernsehen zitiert wurde. Zum anderen der grandiose Heinz Florian Oertel aus der DDR. Große Stunden des dortigen Sports wollte er verlängern, indem er alle bat, sich an die Zeiger der

Uhren zu hängen. Und wenn ein Marathonläufer namens Waldemar für die Ostdeutschen den Olympiasieg holte, forderte er alle Väter auf, ihre an diesem Tag geborenen Söhne Waldemar zu nennen.

Weder Oertel noch Finger haben im deutschen Fernsehen Schule gemacht. Vielleicht taugt ihre skurrile Hingabe auch ebensowenig für die nüchternen Westdeutschen wie die opernhaften Gesänge südamerikanischer Kommentatoren, die mit minutenlang hingezogenen »Gooool!«-Gesängen die Massen verzücken. Um zu erfahren, daß die Fußballreportage auf den Hund gekommen ist, genügt es heute, am Samstagnachmittag das Radio einzuschalten. Phantasielos und ohne Macht über die gesprochene Sprache werden hier überraschungslos die Allgemeinplätze heruntergebetet: »Nach wie vor steht es eins zu null« – »Noch tasten sich die Mannschaften ab« – »Diese Situation nehmen wir noch mit«. Mit Worten Gefühle zu erzeugen ist in diesem normierten Geleier nur mehr wenigen gegeben. Dabei ist die Fußballreportage in Radio und Fernsehen die letzte Kunstform der freien Oratio in unserer verschriftlichten Kultur, die den hohen Ton scheut und allenfalls im seichten Plaudern der Talkshows zu sich kommt. Politikerreden, Kommentare, jede Art von öffentlicher Stellungnahme – alles wird mißtrauisch ausformuliert, redigiert und abgelesen. Daß Sprache und Spontaneität etwas miteinander gemein haben, gerät ausgerechnet in der Kultur der vermeintlichen Kommunikation, die eher eine Kultur des Daherplapperns ist, in Vergessenheit. Ist die Kunstform der Fußballreportage also unwiederbringlich zu einem Pasticcio von vorformulierten Halbheiten geworden? Umberto Eco hat in seiner Literaturtheorie Witz und Ironie für Genres empfohlen, in denen das Pathos hohl und der erhabene Ton lächerlich geworden sind. Wenn sie also keinen Grund zum Jubeln finden, dann könnten sich die Reporter wenigstens milde über das Spektakel lustig machen. Doch Ironie und Witz gedeihen nur aus der Distanz. Gerade die Distanz zum Objekt wurde aber in der Fußball-Berichterstattung systematisch ausgemerzt.

Seit in den achtziger Jahren die Talkshow zum Paradigma der Fernsehberichterstattung avancierte, schwieg nicht mehr ein Reporter allein, sondern es schwätzten unablässig deren zwei: der Kommentator und sein Co-Kommentator. Mit dieser Konstellation hatten die Gebräuche der 68er-Generation sich durchgesetzt. Alles wurde beim Beisammenhocken ausdiskutiert und mit Rede und Gegenrede zu einem flauen Konsens verwurstet. Fußball und Kommunikation hatten zueinander gefunden.

Die Erfindung des Co-Kommentators beruht auf der primitiven Kraft der Assoziation. Etwa so: Jemand, der früher gut Tore schießen konnte, oder jemand, der eine leidlich erfolgreiche Mannschaft trainiert, wird von den einfältigeren Zuschauern so sehr mit dem gezeigten Sport verbunden, daß man ihn nur oft genug ins Bild heben muß, um auf diesem Gebiet höchste redaktionelle Kompetenz vorzutäuschen. Der prominente Co-Kommentator dient aber nicht wirklich der Information der Zuschauer, sondern nur ihrer Beruhigung. Wo würden abgehalfterte Politiker eine Bundestagsdebatte kommentieren?

Co-Kommentatoren wie Otto Rehhagel, Karl-Heinz

Feldkamp und Karl-Heinz Rummenigge sind nicht als Meister des gesprochenen Wortes angeheuert worden. Sie hatten als Medienzombies Fußball zu repräsentieren. Das Fernsehen hatte die Chance begriffen, sich unangreifbar zu machen, wenn es die Aura der Stars in die

eigene Berichterstattung einbezog. Ein Sender unterlegte die betreffenden Kommentare mit einem Spruchband, das jede Kritik sofort erstarren ließ: »Stimme von Otto Rehhagel«.

Wie immer spielt Franz Beckenbauer in dieser Aufgabenverteilung die kaiserliche Rolle. Im Gleichschritt mit dem Siegeszug des Privatfernsehens etablierte er sich bei unterschiedlichen Sendern als abgeklärter Taktiker, der die wichtigsten Spiele vom Feldherrnhügel bewertet. Keine Autorität wird den Deutschen je Fußball stimmiger und widerspruchsloser verkaufen können als Franz Beckenbauer. Zugleich wurde er regelmäßiger Kolumnist bei Deutschlands größter Boulevard- und Sportzeitung, so daß er hier anderntags seine eigenen Kommentare weiter ausführen, bewerten und zwischen den beiden Medien manchen gelungenen Doppelpaß spielen konnte. Inmitten des Wildwuchses und der Medienvielfalt kristallisierte sich eine Art Beckenbauersches Deutungsmonopol heraus.

Die Mehrfachrolle aus Veteran und Kommentator wurde aber erst komplett, da Beckenbauer als »Teamchef« Bayern München zur Deutschen Meisterschaft führte, ohne mit diesem Seitenwechsel seine journalistische Kompetenz einzubüßen. Später dann übernahm er generös den Posten des Vereinspräsidenten der Bayern und kommentiert seither munter die Leistungen seiner eigenen Untergebenen in Fernsehen und Presse, ohne daß dies seiner Autorität Abbruch täte.

Andernorts wird noch streng auf eine Trennung der Bereiche geachtet, damit das Publikum nicht argwöhnt, in den Medien kommentiere sich der Betrieb selbst (was ja in Wirklichkeit oft genug geschieht). Aber kein Politiker könnte sich als Kolumnist aus Bonn beim Fernsehen einen Namen machen, kein Intendant die Theaterkritiken seiner Premieren selber schreiben.

Nach Beckenbauers Vorbild strebte dann auch der Kommentator Rummenigge in höhere Vereinspositionen, arbeitslose Trainer pflegen munter die Seiten zu wechseln und aus dem Nähkästchen zu plaudern. Der Betrieb beobachtet sich selbst. Beckenbauer hat vorgemacht, daß das Publikum beim Fußball gar keine Objektivität erwartet. Ein Unparteiischer auf dem Rasen genügt. Nachricht und Kommentar, Akteur und Außenstehender sollen nicht getrennt werden, weil es sich ohnehin um ein lustiges Schaugewerbe handelt, bei dem alle – Spieler, Funktionäre, Journalisten, Zuschauer – zu einer großen Familie gehören, sich beinahe täglich sehen und selbstverständlich duzen.

Diese Zusammenhänge werden bei den Benefiz- und Privatspielen besonders klar. Da treten auf Dorfplätzen Veteranen und Journalisten in einem Prominententeam auf, und der stürmende Reporter interviewt in der Pause den Trainer der Nationalmannschaft, der mit ihm in einer Mannschaft spielt und der ihn im Gegenzug für einen guten Zweck auf die Torwand schießen läßt. Fußball vermittelt nicht objektive Berichterstattung, sondern Nestwärme in einer kalten Zeit.

Falls die Fernsehanstalten seither irgendein Konzept für ihre Berichterstattung haben, dann das der fröhlichen Redundanz. Wenn zwei einigermaßen Informierte nur munter und jovial drauflosplaudern, dann wird das eine nette Stimmung ergeben und das nötige Minimum an Wissenswertem schon irgendwann irgendwie gesagt werden. Es ist völlig egal, wenn der Kommentator die Auswechselspieler nicht erkennt, von Taktik keine Ahnung hat und sich beständig mit Fachausdrücken verhaspelt. Er soll die Zuschauer ja nicht belehren, sondern unbeleckte Gemütlichkeit vermitteln und so schwadronieren, daß auch die schwerhörige Oma sich am Bildschirm geborgen fühlt.

Für die Simulation von Sachverstand sorgen dann die Statistiken, die den Sprechern gereicht werden: Wie viele Eckbälle haben seit dem Zweiten Weltkrieg bei Spielen der Nationalmannschaft in den letzten zehn Minuten zu Toren geführt? Wie ist die Bilanz eines Torwarts bei Gegenwind? Wie viele Tore hat ein Verteidiger bei seinen Einsätzen in der italienischen Liga schon geschossen und wie alt ist seine Großmutter? Für den großen Fußball-Computer sind die Antworten kein Problem. Sie suggerieren dem durchschnittlichen Zuschauer, daß die Medien den Fußball im Griff und bis ins letzte durchleuchtet haben. Bei einem nicht meßbaren Sport Rechenhaftigkeit ins Spiel zu bringen, hat auf die Menschen, deren Alltag von der Stechuhr bis zur Steuerkarte von unverständlichen Zahlen dominiert wird, etwas äußerst Beruhigendes. So kann sich der Berichterstatter hinter dem scheinbar Objektiven verschanzen. Der bis ins unscheinbarste Detail gemessene und abgezählte Fußball zeugt von der

Weltsicht, die Computer allgemein verbreiten: Dummheit auf höchstem Niveau.

Technische Pannen, sachliche Fehler, Verwechslungen und Versprecher hingegen sieht der Zuschauer sogar gern. Sind es doch gerade die Pannen, bei denen die großen Lichtblitze des Gewerbes flackern. Sie schufen sprichwörtliche Wendungen wie Karl-Heinz Rummenigges Standardurteil zu jedem gegnerischen Angriff: »Das ist ja lebensgefährlich.« Oder seine tiefen Stammtischweisheiten wie »Fußball wird auf dem Rasen gespielt und nirgendwo sonst«, »Luxemburg ist nicht nur unterlegen, sondern eigentlich im Prinzip haushoch unterlegen«. – Oder des unvergessenen Wolfram Esser dialektischer Geniestreich: »Das Spiel ist zu weit, zu eng.« Selbst Dieter Kürten gelingen im ungebremsten Redeschwall Wortwendungen in der lautmalerischen Manier Wilhelm Buschs: »Gascoigne hat gerackert und gezackert.«

Solche Glanzpunkte machen Fußball im Fernsehen schön. Die Vermittlung von trockenem Expertenwissen, über das zumindest die ehemals Aktiven ja verfügen, verdürbe nur die Stimmung. Taktische Analysen werden im Ansatz abgewürgt. Der Bildschirmfußball mit seinen typischen Halbtotalen läßt dem Zuschauer auch gar keine Gelegenheit, Spielzüge übers ganze Feld vorauszuahnen, die Raumaufteilung zu beobachten – kurz: ein Fußballspiel taktisch zu »lesen«. Wieso also sollte ein Journalist sich unnötig in seine Arbeit hineinknien, wenn die gesichtslose Häppchen-Reportage den Weg des geringsten Widerstandes bietet und, beim Privatfernsehen, auch noch am besten bezahlt wird? So wurde aus dem kritischen Sportjournalisten Jörg Wontorra von Radio Bremen beim Privatfernsehen ein Sunnyboy und Fußball-Showmaster. Spieler und Funktionäre, die er jahrelang geärgert hatte, waren's zufrieden: »Wieso sollte er auch sein Produkt schlechtreden?«

Auch Werner Hansch, der als identifizierbarer Typ im Radio Furore machte, der seinen Ruhrgebietsdialekt nur wenig verleugnete, der mit schalkhaftem Spott schlappe Leistungen und verlogene Gesten lächerlich machen konnte und sich traute, voller Gefühl und Begeisterung den Zuhörer das Spiel miterleben zu lassen, wurde vom Privatfernsehen angeheuert. Dort mußte der Schalk aus Schalke zum Clown und Sprücheklopfer mutieren, dem nur selten ein Glanzlicht gestattet wurde. Denn Wut über schlechte Spiele und Aufregung über maue Leistungen sind inopportun, wenn Berichterstatter und Akteure in ein und derselben Mannschaft spielen.

Der Fußball hat, seit seine Gewinnschöpfung privatisiert wurde, als erstes, aber gewiß nicht letztes Segment unserer Kultur den Schritt von der ernsten öffentlichen Angelegenheit zur selbstreferentiellen Unterhaltung vollzogen. Wie in einer Vorabendserie gibt es beim Fußball kein Draußen mehr. Alle dienen mit derselben affirmativen Grundhaltung demselben zweckfreien Zweck. Es genügt, sich das Ritual der samstäglichen »Sportschau« in Erinnerung zu rufen, um zu begreifen, was sich hier fundamental gewandelt hat.

Am frühen Samstagabend, da in den Jahrzehnten zuvor des deutschen Mannes allwöchentliches Wannenbad aufgegossen wurde, lauschten nach 1961 immer mehr Sportfans den flinken Ansagen der Fußball-Moderatoren; zu den besten Zeiten saßen Samstag zwischen sechs und sieben Uhr über zehn Millionen Zuschauer vor dem Bildschirm, um die Bundesliga aufbereitet zu bekommen.

Die Veteranen unter den Guckern haben noch heute die Stimmen der bewährten Berichterstatter im Ohr. Da war Wim Thoelke, der mit seiner dicklichen Figur des typischen unsportlichen Sportfans neben den abgemagerten Athleten immer so menschlich wirkte. Oder Kurt Brumme, mit der – *nomen est omen* – rauchigen Stimme. Oder der immer etwas peinliche Heribert Faßbender mit seinem Graubart (»Gutnabendallerseits!«). Oder der Pferdefreund Ady Furler, der seine »lieben Zuschauer« eines Abends überrumpelnd zur »Sportsau« willkommen hieß. Und vor allem gab es den großen Ernst Huberty, den Mann mit dem stilbildenden Seitwärts-Haarschnitt, der den korrekt beamtenhaften Stil der »Sportschau« verkörperte wie kein zweiter, später aber bei seinem Sender über allzu großzügige Spesenabrechnungen stolperte. Viele wanderten von hier bald ab ins ZDF-Sportstudio oder ins Showgeschäft, denn im Fernsehen gilt wie im Fußball: Junge Erfolgsmannschaften müssen oft ihre besten Spieler verkaufen.

Und über all diesen vielversprechenden Reportern, die uns kurz und knapp und ohne Werbung den fluchenden Hennes Weisweiler, den ausspuckenden Tschik Cajkowski ins Haus brachten, thronte der allmächtige »Koordinator« Robert Lembke. Leider hielt er sich stets im Hintergrund und ließ sich niemals herab, die »Sportschau« mit seinem Dackel an der Leine und dem Sparschweinderl (für die Sporthilfe) in der Hand anzusagen. Da wären dann Form und Inhalt dieses bundesrepublikanischen Großmythos für einen erhellenden Augenblick zusammengefallen. Da wäre das Geheimnis der »Sportschau« gelüftet worden: Der gute Opa führt seine rackernden Enkel vor; die Generation der abgesicherten Alten schaut aus dem Lehnstuhl wohlwollend auf die hungrige Jugend, wie sie sich mit Fouls und Ellenbogen den Erfolg erkämpft. Ins Stadion mochten die Hooligans und die Verrückten gehen. Der wahre Fan aber blieb zu Hause, regenerierte sich mit einem gepflegten Feierabend für die Arbeitswoche und sah sich mit einem Fläschchen Bier in der Hand die »Sportschau« an – die staatstragende Sendung der deutschen Fernsehgeschichte.

Im Privatfernsehen haben die wöchentlichen Exerzitien des Fußballs nichts Offizielles mehr, weshalb auch die unfreiwillige Komik und die bemühte Würde der »Sportschau« niemals wiederkehren werden. Nun wird Fußball als großer Kindergeburtstag mit eingeladenen Gästen, Spielchen, Witzen und simulierten Interviews präsentiert. Und jede Atempause wird wahrgenommen, unverblümt oder versteckt für Produkte zu werben. Keine andere Sendung wird derart mit Reklame überfrachtet wie eine Fußball-Show. Und doch ist Fußball für die Sender ein schlechtes Geschäft. Die Konkurrenz um die Ausstrahlungsrechte hat die Preise derart in die Höhe getrieben, daß kein Sender sie durch die Fußballübertragungen mehr einspielen kann. Fußball wird im Fernsehen als Luxus vorgezeigt, den sich der Sender leistet. Er soll als subventioniertes Sonderangebot die Kunden anlocken. Das Geld wird bis auf weiteres mit den billigen Hausfrauenshows im Vorabendprogramm verdient.

Fernsehübertragungen aus dem Fußballstadion sind

deshalb die teuersten Medieninvestitionen überhaupt. Das schlichte Recht, Kameras bei den Partien der deutschen Berufsspieler aufzustellen, kostet künftig etwa einhundertfünfzig Millionen Mark pro Jahr. Pro Erstligaclub ist das Fernsehen mit Zuschüssen von über vier Millionen Mark am Spielbetrieb beteiligt. Man rechnet damit, daß sich selbst diese Summe, die anfangs noch für ungeheuerlich gehalten wurde, bald verdoppelt haben wird.

Mit der Übernahme der Senderechte durch das Privatfernsehen und der nahezu täglichen Präsentation der Spiele als eine Art Volkszirkus hat die professionelle Ausbeutung des Fußballs für die Gemütslage der Nation aber erst begonnen. Bald sollen die Übertragungsrechte großer Spiele gegen einen Betrag von fünf bis zwanzig Mark je Haushalt verkauft werden. Die Gebühren werden den Abonnenten abgebucht – nur Geld selbst zu drucken ist einfacher. Bei rund zehn Millionen Zuschauern für ein normales Europapokalspiel kämen für eine Arbeitszeit von neunzig Minuten hübsche Summen zusammen. Diese Medieninnovation des direkten Zugriffs auf das Kundenkonto sorgt bei den ohnehin schon verwöhnten Clubs für Gewinnsprünge um das Zweihundertfache. Keine andere Branche kommt auch nur in die Nähe solcher Zahlen.

Und die Veranstalter sind guten Mutes, daß ihr süchtiges Publikum selbst bei Privatspielen fleißig einschalten wird. Denn was bei unbeholfenen Polizei- und Schicksalsreportagen nie ganz gelingen will, bietet der Fußball mühelos: Er ist spannendes »Reality-TV« mit sicheren Einschaltquoten. Ein deutsches Länderspiel während einer Weltmeisterschaft zieht buchstäblich die halbe Nation vor den Bildschirm. Und ein längst nicht überall verbreiteter Privatsender bekommt bei einem normalen Europapokalspiel weit über zehn Millionen Zuschauer an die Geräte. Das sind Einschaltquoten, von

denen Fernsehbetreiber seit den Zeiten der Mondlandung nur träumen können. Fußball ist das letzte Zugpferd der Medien im Zeitalter ihrer Aufsplitterung in Spartenkanäle.

Die Verlockung für den Generalveranstalter, den Deutschen Fußball-Bund, mit einem eigenen Fernsehkanal an den Start zu gehen, ist daher groß. Dann könnten die Vereine sich ohne den Umweg über einen kommerziellen Anbieter exklusiv vermarkten, während die anderen Sender auf Talkshows und Hitparaden sitzenblieben. Das Problem, die Pausen zwischen den Spielen zu füllen, könnte durch eine großzügige Auffächerung des Spielbetriebs aller Klassen gelöst werden. Zudem wird die Fußballhistorie jeden Tag reicher, so daß Archivmaterial für morgens und nachts in Hülle und Fülle – und für den DFB wahrscheinlich ohne hohe Lizenzgebühren – bereitlägen. Die technische Ausrüstung mit Kameras und Studios hätte sich angesichts der ungeheuren Summen in ein paar Jahren amortisiert. Bisher haben die DFB-Funktionäre nur immer wieder mal laut über einen eigenen Bundesliga-Kanal nachgedacht, um den Preis für ihr Produkt zu heben. Doch ein Hirngespinst muß das nicht bleiben; es ist alles eine Frage der Bilanzprognosen.

Für die großzügige finanzielle Unterfütterung des Fußballs möchte das Fernsehen Gegenleistungen sehen.

Auf Dauer darf der Fußball für ein privatwirtschaftliches Medium kein Zuschußgeschäft bleiben. »Das Fernsehen hat deutlich zu machen, was es vom Sport braucht. Und der Sport wird darauf reagieren müssen.« Diese kaum verhüllte Drohung stammt aus dem Mund des Chef-Vermarkters der »Champions League«, die der europäische Fußballverband UEFA als Fortentwicklung des alten Europapokals der Landesmeister alljährlich ausspielen läßt.

An der Entwicklung der Champions League läßt sich die schleichende Anpassung des Fußballs an die Erfordernisse des zahlenden Mediums besonders deutlich ablesen. Unter dem Druck der Drohung des Fußball- und Fernseh-Industriellen Silvio Berlusconi, bald seine eigene Europaliga zu gründen, warf die UEFA den herkömmlichen Modus des K.o.-Systems, nach dem die besten Mannschaften aller Länder gegeneinander antraten, über den Haufen und bietet auf dem Fernsehmarkt seine neue »League« über eine Marketing-Firma für knapp zweihundertfünfzig Millionen Mark feil, von denen sie zwanzig Millionen selbst behält.

Zu groß war bei solchen Summen das Risiko, daß die zugkräftigsten Mannschaften in der ersten Runde scheiterten und es Mannschaften ohne Märkte wie Steaua Bukarest oder Hajduk Split bis ins Endspiel schaffen könnten. Um den finanzstärksten und beliebtesten Clubs das Überleben zu erleichtern und den Wettbewerb überhaupt zu strecken, führte die UEFA deshalb eine Setzliste ein, nach der die Spitzenclubs auf vier übersichtliche Gruppen sortiert werden, zu denen ein paar Habenichtse nur über Qualifikationsspiele Zugang haben. In diesen Vierergruppen spielt nun jeder zweimal gegen jeden, womit allen glücklichen Mitspielern mindestens sechs Spiele garantiert sind. Das mißliche Ausscheiden durch eine Niederlage, das einer überflüssigen Ressourcenverschwendung gleichkam, ist nun ebenso vorbei wie langweilige Erstrundenmatches gegen unattraktive Mannschaften aus Malta oder Island. Man ist unter sich, und man kann langfristig planen. So gefällt das dem Fernsehen.

Damit es in den Gruppenspielen nicht allzu langweilig wird, bezahlt die UEFA nach einem gewissen Leistungsprinzip für jeden Sieg und jedes Tor hohe Prämien in harten Schweizer Franken. Dennoch besteht trotz dieses Anreizes die Gefahr, daß taktische Ergebnisse und risikolose Unentschieden mit Blick auf die Gruppentabelle vorherrschen, während früher jedesmal um alles oder nichts gefochten wurde.

Die beiden Gruppenersten können sich schon mit minimalem Aufwand sicher sein, ins Viertelfinale vorzurücken, wo dann mit Hin- und Rückspiel nach dem K.o.-System gekämpft wird. Zwangsläufig kommt es bei diesem Modus zu bedeutungslosen Zusammentreffen von Gruppenletzten, zu taktischen Schongängen bereits Qualifizierter und auch zu Wiederholungen, weil Teams gegen Ende wieder aufeinandertreffen, die sich in den Gruppenspielen schon einmal begegnet sind. Was also die UEFA zugleich mit den Spielen und den Fernsehgeldern wundersam vermehrt hat, ist die Redundanz des Wettbewerbs. Die Vereine stört das nicht, weil der weniger riskante Modus ihnen sichere Einnahmen garantiert, die dann über einen Schlüssel nicht entsprechend der sportlichen Leistung, sondern nach der Größe des nationalen Marktes verteilt werden. So kassierte 1995 eine höchst durchschnittliche Mannschaft wie Bayern München gut siebzehn Millionen Mark von der UEFA, obwohl sie in ihren zumeist sieglosen Gruppenspielen nur mit viel Glück Mannschaften aus Kiew und Moskau hinter sich lassen konnte, dann ein Team aus Schweden ausschaltete und sang- und klanglos im Halbfinale unterging.

Der AC Mailand bekam im selben Jahr als Finalist über Tor-, Punkt-, und Antrittsprämien eine gute Million Mark mehr ausgezahlt als der wahre Champion Ajax Amsterdam, der Mailand dreimal besiegt hatte. Die schlechten Münchner kassierten vom Fernsehen die Rekordsumme von über fünf Millionen Mark, während Amsterdam mit gut sechshunderttausend Mark zufrieden sein mußte. Der kleine niederländische Markt gibt mit ein paar Millionen Fans eben im Vergleich mit Deutschland und Italien nicht genug Werbegeld her. Die sportlichen Unterschiede werden so in der Kasse nivelliert. Was zählt, sind nicht die Tore, wie noch Sepp Herberger irrte. Was zählt, sind Quoten.

Wieviel überflüssigen Fußball verträgt das Publikum? Diese Frage muß sich jeder Sportkonsument selbst stellen. Die Schwelle dürfte nicht allzu niedrig liegen, ist doch jedes einzelne Fußballspiel für sich schon redundant. Dennoch dürfen die Anbieter den Bogen nicht überspannen. Norbert Elias hat festgestellt, daß die kathartische Wirkung beim Zuschauen des Sports im Aushalten des Spannungspegels liegt. Steht zuwenig auf dem Spiel – gibt es also kein Risiko des Ausscheidens, Absteigens, Verlierens mehr –, dann verschwindet auch das Interesse. Indem das Fernsehen das Fußballangebot inflationär vermehrt, senkt es auch rapide den Spannungstonus. Für die Vermarkter wäre die Weise ideal, nach der die Gahuku-Gama auf Neuguinea ihre Sportkämpfe austragen. Claude Lévi-Strauss berichtet von endlosen Wettspielen, die genau solange dauern, bis alle

Seiten dieselbe Anzahl von Siegen und Niederlagen aufweisen und das perfekte gesellschaftliche Gleichgewicht mit den Mitteln des Sports befestigt wurde. Genau dieses Ziel – ein dauerhafter Spielbetrieb, ohne daß einer ausscheidet – schwebt den Medien auch für den Fußball vor. Am besten wäre es, jeder spielt gegen jeden, jeden Tag und bis zum Jüngsten Tag.

Die Weltmeisterschaften werden nach Maßgabe der Medien inzwischen mit einem endlosen Hin und Her von Vorrundenspielen, bei denen nur die Teams der kleinen, ökonomisch zu vernachlässigenden Nationen auszuscheiden haben, über Wochen hingezogen. Und noch mehr Mannschaften sollen künftig zugelassen werden. Mit den Europameisterschaften geschah es ebenso. Hier treten jetzt statt acht sechzehn Teams zur Endrunde an, und für diese wenig wählerische Selektion haben die Länder des Kontinents noch Hunderte von Qualifikationsspielen absolviert.

Pausen im Spielbetrieb darf es bei diesem Credo nicht geben. Wenn die Spieler die Dauerbelastung körperlich nicht aushalten, müssen eben zusätzliche Spieler beschäftigt werden. Geld genug ist ja da. Auch eine große Firma schließt während der Ferienzeit nicht die Werkstore, sondern läßt die Belegschaft rotieren. Auch hier ging Berlusconi voran; er rechnete die körperliche Belastung seiner Stars durch Privatspiele, Meisterschaft,

Pokal und Europapokal kühl durch und kaufte sich zwei komplette Teams ohne Qualitätsunterschiede. Wenn die einen nicht mehr können, müssen eben die anderen ran.

Mit ähnlichen Personalkonzepten treten Profivereine inzwischen in der Winterpause bei Hallenturnieren an, während für das Sommerloch der UI-Cup aufgewertet wurde. In dieser Trostrunde zur Urlaubszeit dürfen sich Europas Mannschaften der unteren Mittelklasse um zwei verbleibende Plätze im UEFA-Pokal balgen – der Pokal für die Qualifikation zum Pokal. Und auch diese Sommerrunde ließ sich im Fernsehen einträglich vermarkten.

Damit erstreckt sich der Spielbetrieb endlich rund ums Jahr. Die hohen und niedrigen Feiertage des Fußballs sind an die Stelle des Fest- und Heiligenkalenders im Kirchenjahr getreten. Damit jeden Tag Fußball sei, haben die Fernsehsender die Spieltage über die ganze Woche aufgefächert. Freitags, samstags, sonntags gibt es Bundesliga, montags Zweite Bundesliga, dienstags UEFA-Pokal, mittwochs Champions League, donnerstags Pokal der Pokalsieger. Nun kann jeder im beschwingten Auf und Ab des Fußballjahres seine Existenz skandieren und die ewige Wiederkehr empfinden. Im Sommer kommen die Endrunden des Europapokals, kommt das nationale Pokalendspiel, dann der Supercup, im Dezember der Weltpokal im fernen Japan. Im Winter zeigt das Fernsehen Hallenturniere. Dazwischen werden nationale Qualifikationen gesprenkelt. Alle zwei Jahre kommt unweigerlich die Welt- oder die Europameisterschaft, und noch tief nachts flimmert in einem Spartenkanal die portugiesische Liga, rollt der Ball beim Afrikapokal oder bei den südamerikanischen Meisterschaften.

Den vorläufigen Endpunkt in der Entwicklung des Spiels zur Allgegenwart setzt eine Entwicklung des Medienzars Leo Kirch. Mit einem Decoder kann der Fan zu Hause alle Satellitenbilder sämtlicher live übertragener Bundesligapartien auf den eigenen Bildschirm holen, mehrere Partien gleichzeitig verfolgen und in Echtzeit von Spiel zu Spiel zappen, sich mal für die Großaufnahme, mal für die Totale entscheiden. »Der Zuschauer wird sein eigener Regisseur«, feiern die Erfinder ihr eigenes Produkt. Wie im historischen Gefängnisbau, dem sogenannten Benthamschen Panoptikum, wird der Zuschauer wie ein Wärter in einen Beobachtungsraum inmitten des Geschehens gesetzt, von wo aus er jederzeit alles überwachen kann. Es fragt sich nur, ob in diesem fußballerischen Panoptikum der Zuschauer nicht selbst zum Gefangenen wird.

Doch stößt die Extensivierung des Spielbetriebs auf biologische Grenzen. Selbst in der Freizeitgesellschaft bleibt das Auffassungsvermögen des Fußballkonsumenten beschränkt. Andernfalls könnte man mühelos mit ein paar hundert Spielern neue Fußball-Ligen einrichten, immer neue Wettbewerbe erfinden. Nicht anders ist der heutige Spielbetrieb mit den Jahren gewachsen. Doch die Fußballverbände müssen ihr Angebot einigermaßen überschaubar halten und dürfen ihre Spezialität nicht so sehr strecken, daß sie jedes Aroma verliert. Mit einer Inflation könnte der Wert der Fußballwährung ins Bodenlose stürzen und sich nie wieder erholen. Deshalb geht das Fernsehen gleichzeitig den entgegengesetzten Weg der Intensivierung. Aus dem einzelnen Spiel muß immer mehr Ertrag herausgeholt werden.

Das technische Problem besteht darin, daß die Zuschauer sich ja einbilden, Fußball sehen zu wollen. Deshalb kann man ihnen nicht einfach während des Spiels das Bild mit Werbung verstellen. So kommt es zum Leidwesen der Fernsehvermarkter genau umgekehrt: Das lästige Beiprodukt Fußball verstellt den Blick auf das Wesentliche. Da die Vereine sich frech durch Trikotwerbung an Mann und Maus finanzieren, bleibt das Fernsehen nur auf dem Bildschirm der Hausherr. In den freien Raum sollen keine Pässe gespielt, sondern Werbebotschaften eingeblendet werden. Damit wird der Fernsehschirm zur »flimmernden Litfaßsäule«. In Frankreich haben die Fernsehanstalten in dieser Richtung schon länger Erfahrungen gesammelt. Hier zeigt die Kamera den dribbelnden Außenstürmer bewußt im oberen Eck, damit auf der anderen Seite possierliche Trickfilmfiguren eingeblendet werden können, die dann ein kurzes Lied zum Lobpreis einer Joghurtmarke singen.

Die Einblendungen der Tore und der Zwischenzeiten bieten gleichfalls Gelegenheiten, Geschäftspartner zu erwähnen. Auch soll in Zukunft während des gesamten Spiels das Logo eines Hauptsponsors dezent eingeblendet werden; es dürfen aber auch laufende Werbebänder am unteren Bildrand sein. Die häufigen Spielunterbrechungen werden reaktionsschnell mit sogenannten »Flash-Spots« gefüllt, die nur einige Sekunden dauern. In Spanien nutzt das Fernsehen die Eckbälle. Hier haben die Spieler gelernt, wie lange sie zu warten haben, bis ein kurzer Werbespot vorüber ist. Je mehr Ecken es gibt, desto mehr Geld klingelt in der Kasse.

Es ist fraglich, ob es mit solchen Tricks gelingen wird,

das größte Manko des Fußballs zu beheben: Es passiert zuviel. Wie geschaffen für Werbeeinblendungen ist dagegen der Tennissport. In geregelten Abständen legen die Spieler ein Päuschen ein, das bequem mit ein paar Werbespots gefüllt werden kann. Nicht anders beim Boxen.

Auch American Football macht sich am Bildschirm prächtig: Minutenlang sprechen die Spieler beim *Timeout* mit den Trainern, während alles tatenlos herumsteht. Das ist der große Moment für die Werbung; dann fallen alle für Sekunden übereinander her, und das Pausenritual geht von vorne los – ein idealer Fernsehsport.

Die Vermarkter des Fußballs wissen um ihre Schwächen. Deshalb wird die Testphase für Auszeiten beim Fußball bald vorbei sein. Dann haben beide Trainer pro Halbzeit ihre Mannen einmal zusammenzurufen und mit ihnen eine abgesprochene Zeitspanne lang über taktische Fragen zu beraten, zu denen sie unter der Woche nicht gekommen sind. Sollten sich solche kaschierten Werbepausen nicht durchsetzen lassen, dann wird Fußball künftig nicht mehr in zwei Halbzeiten, sondern in vier Vierteln gespielt werden. Das Fernsehen will es so, denn es zehrt – wie jeder hart arbeitende Mensch – von den Pausen.

Aber auch diese Ausschlachtung und Deformation des Fußballs langt noch nicht hin für die Summen, die die Akteure fordern. Natürlich könnte man auch umgekehrt fragen, ob die Produktionskosten sich nicht senken lassen, ob denn nicht ein paar Millionen Mark pro Club und Spieler genug sind und ob man nicht auch mit diesem Sümmchen ein feines Spektakel ohne den Overkill der Werbung aufziehen könnte. Aber wer sollte eine solche ketzerische Frage schon stellen? Solange die Zuschauer solchen Fußball wollen, werden sie ihn in der höchsten verfügbaren Dosis bekommen.

Die allertreuesten Fußballfans sind die Berufsfernseher im Karlsruher Medienforschungsinstitut »IMF Medienanalyse«. Hier werden rund um die Uhr die Werbeeinblendungen während des Fußballspiels nach Sekunden gestoppt, damit die Geschäftspartner auch erfahren, daß sie ihr Geld nicht verpulvert haben. Nach einer bestimmten Formel werden Dauer, Größe, Bildqualität der Einblendung mit der Einschaltquote verrechnet. So kommt die eigentliche Fußballtabelle zustande: der »Sponsor-Index«.

Aus dieser Tabelle kann der Sponsor von Bayern München erfahren, daß sein Name über den Fußball pro Jahr einhundertvierzehn Stunden vor den Augen von insgesamt fünfundfünfzig Milliarden Menschen erschien. So viele Menschen gibt es auf dem Erdball zwar nicht, im »Sponsor-Index« aber doch, denn da werden die Menschen pro Hingucken gezählt. Der König Fußball im Fernsehen erreicht sein Volk. Knapp tausend Stunden Freizeit füllt allein die Bundesliga im Jahr und soll dabei, nach welcher Berechnung auch immer, etwa fünf Milliarden Menschen »erreichen«. Alle drei Monate werden die »Erinnerungswerte« der wichtigsten Sponsoren per Telefonumfrage ermittelt. Bayern München erweist sich mit einem hervorragenden Erinnerungswert mit Abstand als Tabellenführer. Den Verein und seinen Werbepartner wissen sechzig Prozent der Deutschen auf Anhieb zu nennen. Doch der Chef der Unternehmensberatung McKinsey – hier sind auch die Bayern Kunde – ist noch nicht zufrieden: »Mercedes hat einen Bekanntheitsgrad von neunzig, Bundeskanzler Kohl von achtundneunzig Prozent.« Und wenn man den Kanzler ins Tor stellte?

Erst die Computersimulation bietet die Ausschöpfung aller medialen Möglichkeiten. Das ist beim Fußball

nicht anders als im modernen Krieg: Die Entscheidung fällt am Bildschirm, und die Hochtechnologie gewinnt. Noch behilft sich die Fernsehvermarktung bei der Bandenwerbung mit Grobmechanik: Besondere Beobachter überwachen den Bildschirm, und erst wenn eine Werbetafel genau dreißig Sekunden lang deutlich zu sehen war, läßt man sie auf Knopfdruck rotieren. Wenn alles rotiert, ist die Gewinnschöpfung optimiert. In Zukunft wird alles noch raffinierter und einfacher zugleich. Dann übernimmt das Computerprogramm »Epsis« die Gestaltung der Fernsehwerbeflächen. Mit »Epsis« werden die gebuchten Werbebotschaften ins Bild hineinsimuliert. Lästiges Überkleben und Umräumen der Werbebanden ist jetzt überflüssig. Für unterschiedliche Länder und Regionen kann man die Flächen unterschiedlich programmieren. Kein fliegender Ball, kein laufender Spieler, keine schiefe Perspektive können »Epsis« irritieren; der Bildschirm zeigt nicht, was eigentlich im Stadion an der Wand hängt. Mit digitaler Sturheit garantiert »Epsis«, daß alle Fernsehzuschauer die ökonomische Wahrheit des Spiels zu sehen bekommen. Dafür hat man schließlich bezahlt.

Von hier aus ist es nur ein letzter Schritt, auch das Fußballspiel selbst auf dem Bildschirm zu simulieren, anstatt das störende Realgeschehen unbeholfen zu manipulieren und sich mit menschlichem Versagen auf dem

Fußballplatz herumzuschlagen. Keine Werbung würde mehr von Wind und Wetter, von ungeschickt plazierten Spielern und einem ungünstigen Spielausgang beeinträchtigt. Die technischen Möglichkeiten für das geklonte Telespiel sind da, sie müssen nur ausgeschöpft werden. Ob irgend jemand etwas merken würde?

Kunden
Von Fans, Kutten und Hooligans

Jeder Fan weiß genau, was er von einem Fußballspiel erhofft: Seine Mannschaft steht im Endspiel um den Europapokal der Landesmeister. Das Stadion ist ausverkauft, Bombenstimmung, schon vor dem Spiel Sprechchöre, Jubelgesang, La-ola-Welle. Wildfremde Menschen liegen sich in den Armen. Der Bundespräsident und der Kanzler sind anwesend. Das Fernsehen berichtet live. Nach einem mitreißenden Spiel gewinnt die eigene Mannschaft 5:4 nach Verlängerung, und mehrere Tage ausgelassenen Feierns können beginnen. Im Kopf des Fans gibt es nur noch einen Glaubenssatz: »Olé, olé, hier kommt der VfB« (oder Wahlweise BVB, KFC, KSC), oder gleich: »We are the Champions.« Das Leben kann so schön sein.

So ist es nur im Traum. Die allerwenigsten Fans haben in ihrem Leben das Glück, dergleichen zu erleben. Ein echter Fan schwärmt nicht für AC Mailand oder Paris St. Germain, sondern für Waldhof Mannheim, den MSV Duisburg oder 1860 München, und zwar ein Leben lang, egal, ob seine Mannschaft gewinnt oder verliert, ob sie in die Amateurliga verbannt wird oder der ganze Club pleite geht. Der echte Fan kommt zu jedem Spiel. Er brüllt bei Minusgraden seine Leute zum letzten Unentschieden vor der Winterpause und fährt im Hochsommer sechshundert Kilometer im glühendheißen Bus zum entscheidenden Relegationsspiel gegen den Abstieg, während alle andern am Badesee liegen.

So sieht der Alltag eines echten Fans aus: In einer überfüllten U-Bahn fährt er, nennen wir ihn Walter Kuberka, eine Stunde vor Spielbeginn am Samstag zum Stadion. Im Fernsehen tauchen Fans immer nur im Rudel auf, grölend, pöbelnd, marodierend. In Wahrheit kommen überraschend viele Fans allein zum Spiel. Die Tribüne ist nicht unbedingt der Ort derjenigen, die in froher Runde Gemeinsamkeiten austauschen, sondern oft genug die Pilgerstätte der Einsamen, die hoffen, wenigstens hier im Sprechchor oder im fachmännischen *Small talk* ihre Einsamkeit zu vergessen.

Unser Walter Kuberka hat sich sorgsam vorbereitet: In seiner Jackentasche steckt die Dauerkarte, er trägt Mütze und Schal in den Vereinsfarben und läßt sich klaglos gefallen, wenn er von den Gegnern dafür angepöbelt wird. Durch ein unangenehmes Getümmel – Fußballvereine behandeln ihre Fans keineswegs zuvorkommend – wird er zur Einlaßpforte gedrückt, wo ihn resolute Ordner leibesvisitieren. Dann sucht Walter Kuberka seinen vertrauten Stehplatz, links oben hinter dem Tor. Nicht zu weit weg vom Fanblock, wo die beste Stimmung ist, aber auch nicht mittendrin, weil er sich dann nicht auf das Spiel konzentrieren kann. Natürlich regnet es, und das Stadion ist nicht einmal zur Hälfte gefüllt. Noch herrscht eine Stimmung wie auf dem Flughafen, wenn Hunderte auf verspätete Maschinen warten. Walter Kuberka holt sich erst einmal ein Bier – fünf Mark – und eine halbgare Bratwurst – auch fünf Mark. Er weiß, es wird ein Scheißspiel werden. Die Saison ist entschieden; beide Mannschaften haben einen sicheren Mittelfeldplatz. Die halbe Mannschaft, diese Versager, ist schon verkauft, der zweite Trainer dieser Saison kurz vor der Entlassung. Der Verein hat Schulden, und den arroganten, halbseidenen Präsidenten, der die ganze Misere auf dem Gewissen hat, kann der Fan nicht ausstehen.

Dann läuft die Mannschaft auf. Als der Fanblock halbherzig zu deklamieren beginnt, jubelt Kuberka halblaut mit. Aber zu den Umstehenden, die ihn kaum beachten, motzt er abschätzig hinüber: »Diese Luschen, heute kriegen sie wieder einen drauf.« Während der Regen ihn langsam durchnäßt, steigt ihm die Aprilkälte in die Glieder. Zur Pause steht es nach lustlosem Gekicke null zu null, und unser Fan holt sich ein wohlverdientes zweites Bier. Als die Halbzeitstände von den anderen Plätzen durchgegeben werden, zückt er ein Notizbuch und trägt die Ergebnisse ein. Ein Umstehender fragt nach, wie es beim HSV steht. Walter Kuberka freut sich, daß jemand etwas von ihm wissen will und erteilt bereitwillig Auskunft: »Zwei null für die Eintracht, das konnte man sich ja vorher denken. Bei denen steckt diese Saison doch auch der Wurm drin.« Aber der andere hört schon nicht mehr zu. Am Schluß des öden Spiels – null zu null – notiert unser Fan gewissenhaft die Endstände in den anderen Stadien, die per Lautsprecher verkündet werden. Dann läßt er sich mit der Menge aus dem Stadion treiben und fährt mit der U-Bahn nach Hause in die gesichtslose

Vorstadt, wo er zu Abend ißt, noch ein Bierchen in der Stammkneipe trinkt, um über seinen Verein zu disputieren. Um zehn sitzt er vor dem Fernseher und sieht das »Aktuelle Sportstudio«. Ein großer Tag – der Höhepunkt der Woche ist vorbei.

160 Einmal hatte Walter Kuberka einen ganz großen Tag mit seiner Mannschaft. Es ging nach zehn Jahren ödesten Zweitligaalltags und sogar einem bitteren Jahr in der Amateurklasse um den Aufstieg in die Bundesliga; es ging um alles. Unser Fan hatte ein Transistorradio mit Kopfhörer dabei, und alle wollten von ihm wissen, wie es bei den andern stand. Er wußte Bescheid, er wußte sogar schon zehn Minuten vor Schluß, daß sein Verein es geschafft hatte. Und dann tat er, was er noch nie gemacht hatte. Er kletterte mit den ganz harten Fans über den Zaun – fast hätte er sich die Hose dabei aufgerissen – und drängte sich im Pulk an die Mannschaft. Er stand ganz dicht bei Schulz, der war damals Kapitän, bevor er zu Bayern München ging. Und unser Fan hat mit eigenen Ohren, so wie er jetzt da steht, die großen Worte vom Präsidenten gehört, diesem arroganten Sack, der den Club noch zugrunde richtet: »Europapokal, wir kommen!«, hat dieser Affenarsch doch glatt gesagt. Und wo stehen wir jetzt? Wir stehen auf Platz elf, und nächste Saison spielen wir knallhart gegen den Abstieg. Unser Fan weiß Bescheid. Er hat viel erlebt. Seit zwanzig Jahren ist er bei jedem Heimspiel dabei, nur einmal nicht, Saison 83/84. Da hat er in der Hinrunde lange gefehlt, da war er in der Rehaklinik in Bad Rothenfelde. Aber am Radio hat er alles mitgehört. Und Buch geführt.

Der Alltag eines Fans ist hart. Wenn man ihn fragte,

warum er sich jedes Spiel anschaut – er wüßte keine Antwort. Was soll er denn sonst am Samstag machen? Schon als Schüler und später als Lehrling ist er zu seinem Verein gegangen und ab und an zu einem Auswärtsspiel mitgefahren. Das macht er jetzt nicht mehr. Aber zu den Heimspielen wird er auch die nächsten zwanzig Jahre kommen.

Das Geheimnis des Fans ist seine Normalität. Über Normalität ist nicht viel zu sagen. Man kann sie traurig finden, gleichgültig oder sogar idyllisch. Die Mehrheit im Stadion setzt sich aus ganz normalen Leuten zusammen, Familienvätern mit ihren Sprößlingen auf den preiswerten Sitzplätzen, wo für drei Karten immerhin rund hundert Mark fällig werden. Oder etwas schicke Grüppchen, die Männer mit Schnauzbart, die Frauen aus dem Bräunungsstudio, die sich gemeinschaftlich Jahreskarten zugelegt haben und hundert Kilometer aus einem kleinen Städtchen der Region anreisen.

Die Durchschnittsatmosphäre auf der Tribüne ist gemäßigt. Keine lauten Gesänge, keine Haßparolen, keine Schlägereien – wie das immer im Fernsehen gezeigt wird. Die meisten Fußballfans sind ganz unauffällige Leute und verbringen beim Spiel einen ganz normalen Nachmittag. Die Frage ist höchstens, ob sie nichts Besseres zu tun haben. Aber das ist eine überflüssige Frage. Sie haben nichts Besseres zu tun.

Ein Fußballfan wie unser Walter Kuberka hat, schon lange bevor er ins Stadion kommt, etwas Prägendes getan: In einer Gesellschaft, in der er tun und lassen kann, was er will, hat er sich für einen bestimmten Fußballverein entschieden. Ihm gilt fortan seine Leidenschaft.

Mit einer solchen Unterscheidung ist schon viel gewonnen; so kommt Sinn ins Leben. Denn die erste Entscheidung zieht eine Kette von anderen Entscheidungen nach sich. Gleich zu Anfang weiß Walter Kuberka recht gut, ob er in seinem Fußballerleben mehr zu den Gewinnern oder zu den Verlierern zählen wird, ob er es mit einem reichen oder einem armen Verein, einer beliebten oder unbeliebten Mannschaft zu tun hat, ob er daheim viele Freunde haben wird oder wenige. Für jede dieser Möglichkeiten muß er sich Begründungen zurechtlegen.

Versagt seine Mannschaft, wird seine Zuneigung auf eine harte Probe gestellt. Triumphiert sie, verwandelt sich das Leben für kurze Zeit in eitel Freude. Und vor allem kennt der Fan nun seine Beziehung zu allen anderen Clubs: Ganz bestimmte spielen die Rolle der ärgsten Rivalen, andere sind bloß unangenehme Gegner, wieder andere sind sogar ganz sympathisch, solange sie mit ihren Spielen der eigenen Elf nicht in die Quere kommen. Und eine Mannschaft ist immer der Erbfeind; hier ist blanker Haß angebracht, Schadenfreude für jede Niederlage und Großkampftag beim direkten Aufeinandertreffen. Ein Fußballfan kann die tägliche Unterscheidung zwischen Freund und Feind, die das Alltagsleben mit sich bringt, im Spielerischen ausleben. Die Welt wird übersichtlich.

Auch die Spieler werden nach unterschiedlichen Vereinszugehörigkeiten eingeteilt, die aber jeden Sommer wechseln. Einige Spieler kann Walter Kuberka überhaupt nicht leiden, von anderen hat er ein Autogramm über dem Bett hängen. Der Fan muß genau auf dem laufenden bleiben, will er bei seinen Gefühlen einigermaßen die Übersicht behalten. So kommt Ordnung in die Welt.

Über die Jahre wächst der Fan in das komplizierte, aber auch wieder nicht zu komplizierte Beziehungsgeflecht des Fußballs hinein. Er kennt die Akteure mit ihren Stärken und Schwächen allmählich wie vertraute Arbeitskollegen. Er liest ja jeden Tag von ihnen in der Zeitung und sieht sie öfters im Fernsehen. Die Spieler altern mit ihm. Der Fan weiß, mit wem es bergauf geht und wo Feuer unter der Hütte ist. Er weiß noch genau, wer 1986 Meister war und wer Pokalsieger. Er kennt die Welt. Hier kann er mitreden.

Aber die Transformation des Spiels zu einem medialen Massenvergnügen, die selbst Idealisten das Gefühl gibt, nur mehr als Teil einer zahlenden Kulisse von Spiel zu Spiel zu fahren, ist auch an den hartgesottenen Fans nicht spurlos vorübergegangen. Sie, die sich einbilden, soziale Kämpfe mit Gewalt auszutragen und ihre Identität auf der Tribüne zu zeigen, befriedigen ihrerseits auch nur ein semantisches Bedürfnis des Fußballdiskurses: Sie spielen die Bösen, die jede Gruppe braucht, um sich von ihr absetzen zu können. Nun, da die Fans der gegnerischen Mannschaft nicht mehr als Feinde gelten, sondern als Sozialpartner am gleichen Strang zu ziehen haben, übernehmen die Hooligans den teuflischen Part. Sie sind die Feinde des Fußballs, die die Tugenden der echten Fans nur um so heller erstrahlen lassen und die dem Fußball seine ständige Gefährdung vorspiegeln, gegen die ihn die Staatsgewalt zu verteidigen hat.

Wenn also die sozialen Konflikte überall abnehmen und innerhalb unserer Gesellschaft mit friedlichen Mitteln gelöst werden, wenn die modernen Fans nur mehr Spaß wollen – warum gibt es dann überhaupt noch Ge-

walt beim Fußball? Die Antwort ist nicht so schwer, wie es scheint: Auch Gewalt hat ihren phänomenologischen Reiz und wird von einer bestimmten Gruppe in der Erlebnisgesellschaft nachgefragt. Der Fußball bietet sich aus historischen und praktischen Gründen als ein bevor-
 zugtes, wenn auch längst nicht als ausschließliches Austragungsfeld dieser Spaßgewalt an. Sie hat als Segment unserer Kultur ihrerseits ihre klar umrissenen Ausdrucksformen und Regeln hervorgebracht. Der Fußball mit seiner Aura der Konfrontation, seinen geordneten, planbaren Menschenaufläufen, seiner Polizeipräsenz, der massenhaften Anwesenheit von präsumtiven Gegnern und Opfern zieht die Gewalttäter magisch an.

Wer sind die Hooligans? Die Frankfurter Soziologin Beate Matthesius hat von 1987 bis 1989 eine Gruppe von Fans der Offenbacher Kickers beobachtet und ihre Erlebnisse mit der »Anti-Sozial-Front« veröffentlicht. Die Feldforscherin beschreibt die Entwicklung der Offenbacher Fanszene weg von der solidarischen Nachbarschaftskultur der Arbeiter, bei der die Väter ihre Söhne mit zum Fußball nahmen und dadurch sozialisierten.

Während der achtziger Jahre brach diese Kultur zusammen. Den jungen Fans genügte es nicht mehr, frierend auf der offenen Stehplatztribüne auszuharren und unter der Woche die Spiele in der Stammkneipe immer wieder durchzusprechen. Ihr Trachten stand nach teuren Prestigeprodukten (vor allem besonders luxuriösen Turnschuhen und bestimmten Jeansmarken sowie Bomberjacken), nach Drogen und Spaß auf und neben dem Fußballplatz. Unter diesem Wandel der Bedürfnisse spalteten sich die Fans in Gruppen auf. Als »Kutten«

werden die harmlosen Pubertären und Spätpubertären bezeichnet, denen es genügt, sich zum Zeichen ihrer Zugehörigkeit wie ein wilder Stamm in die Vereinsfarben zu hüllen. Den harten Kern der Hooligans aber machen die »Guten« aus. Sie sind an ihrer Mannschaft nur noch sekundär interessiert. Lieber fahren sie durch die ganze Republik auf der Suche nach Prügeleien, die über Spezialzeitschriften, sogenannte »Fanzines«, vorher regelrecht abgesprochen werden.

Das Ziel dieser Fans ist der Kitzel bei der Eroberung fremden Territoriums und das Ausloten der Grenzen, an die man sonst im Alltag nicht stößt. Sie wollen die Gefahr in körperlicher Konfrontation erleben und genießen den Status, den sie sich mit ihrem mutigen Benehmen bei den anderen und bei den Mädchen erwerben. Die dritte Gruppe, die »Lutscher«, bilden ein Abfallprodukt der »Guten«. Sie sind Möchtegernhools, die sich gebärden wie die »Guten«, aber beim Kampf weglaufen. Nur wenn sie Gegner zu fassen kriegen, die die »Guten« schon niedergeschlagen haben, treten die »Lutscher« ohne Hemmungen zu.

Es wäre ein Mißverständnis, wollte man die organisierten Hooligans als kahlgeschorene Dummköpfe charakterisieren. Die meisten haben eine abgeschlossene Berufsausbildung und einen Arbeitsplatz. Einige studieren. Den proletarischen Ehrenkodex von ehrlicher Arbeit und sozialer Absicherung haben sie nicht aufgegeben, sondern bloß durch ihre anti-soziale Freizeitfreude ergänzt: »Hauptsache, es kracht, egal, wo.« Sie wollen mit Gewalt nicht irgend etwas erreichen, sondern ihren Spaß maximieren. Politisch versuchten es einige bei der NPD, andere bei den Autonomen. Der idealtypische Hooligan, Bommi, trägt an der Jacke den roten Stern und an der Gürtelschnalle die deutsche Rune. In Sekundenschnelle können die Fronten gewechselt werden.

Man kann Frau Matthesius gewiß recht geben, wenn sie in der zunehmenden Kommerzialisierung des Alltags und der damit einhergehenden Vereinzelung Gründe für die Entwicklung der Fußballhooligans sieht. Zum Stadionvergnügen kam die Drogensucht. Der wachsende Druck auf das Image des einzelnen konnte nur mehr mit Ladendiebstählen teurer Szeneklamotten befriedigt werden. So gesehen, stellen die Hools nur eine Minderheit dar, die die Verhaltensnormen der Moderne radikal auslebt und den direkten Weg zur Befriedigung ihrer Bedürfnisse geht.

Den Opfern, die den Hools rund ums Stadion in die Finger fallen, können die Ursachen egal sein; sie haben es mit den Auswirkungen zu tun. Der vermeintliche Widerstand gegen ein ungreifbares System, der in Wahrheit ein höchst konformes Verhalten ist, trifft meist Schwächere und Wehrlose. Bestenfalls verhauen sich die »Guten« verschiedener Lager. Aber wenn der Fußballplatz nicht genug Abenteuer bietet, dürfen auch ganz Unbeteiligte dran glauben. Frau Matthesius, die als romantische Sozialforscherin ihren Objekten mit großer Sympathie und viel Einfühlungsvermögen begegnete, muß zugeben, daß während ihrer Feldforschung die Jungs ein Asylantenheim im benachbarten Hanau überfielen.

Die geringsten Illusionen über vermeintliche politische Ideale und gesellschaftlichen Widerstandsgeist der gewaltbereiten Fußballfans macht sich naturgemäß ein

Amerikaner. Denn in den Vereinigten Staaten sind Sportereignisse niemals Ort von Schlägereien und Provokationen gewesen. Hier hat man sie von Anfang an als ideales Freizeitvergnügen für die ganze Familie begriffen und mit großem Aufwand als friedliches Brimborium inszeniert. Der Amerikaner Bill Buford ist mit englischen Hooligans durch Europa gereist und kommt aus dem Staunen über so viel aggressive Dummheit und Häßlichkeit nicht mehr heraus. Die meisten Hools verdienten gutes Geld – zuweilen auf legale, oft auf kriminelle Weise, um sich dann als Hobby Fußballreisen zu gönnen. Die undurchsichtigen Rädelsführer tauchten wie Mafiabosse mit Luxuslimousinen auf oder waren in der Ersten Klasse wie Prominente angereist, um dann beim Spiel den Befehl zum Angriff zu geben und wieder zu verschwinden. Bezahlt wurde bei den Reisen nur die nötigste Grundausstattung, alles andere nahm man sich einfach. Die Hooligans benahmen sich in Kneipen, Eisenbahnen, Supermärkten wie Eroberer, ließen alles mitgehen, machten alles kaputt und verschafften sich nebenbei ihre liebste Droge: Gewalt. Buford berichtet von ganz normalen Familienvätern, die vor dem Stadion einem Fan der gegnerischen Mannschaft ein Auge herausbeißen, die mit Eisenstangen fremde Frauen und Kinder verdreschen. Er erzählt vom Geräusch platzender Schädelknochen und von verwüsteten Stadtvierteln in ganz Europa.

Doch was das Wichtigste ist: Dieser Buford, ein hochgebildeter Außenstehender, erlebte an sich selbst den süchtig machenden Kitzel der Gewalt, die sogenannte »Adrenalin-Euphorie«. Um dieses kostbare Gefühl der Entgrenzung geht es den Hooligans, denen sonst längst alles egal geworden ist. Früher ersehnten sich solche Existenzen den Krieg, jetzt landen sie im Fußballstadion.

Die Aufmerksamkeit der Medien bauen die Hooligans in ihren blutigen Egotrip souverän ein. Weil man die Orte und Zeiten anläßlich der wichtigsten Spiele ja vorher kennt, sind zuweilen mehr Journalisten als Schläger anwesend. Die Wildesten von ihnen möchten unbedingt ins Fernsehen oder wenigstens in die Zeitung. Sie posieren und genießen das Gefühl, vor den Domestizierten wieder Tiere sein zu dürfen.

Es ist kein Zufall, daß sich diese Regression in den Zustand frohgemuter Barbarei beim Fußballgeschehen einklinken kann. Der Fußball hat den Prozeß der Zivilisation während der Moderne mit allen Opfern, allen gesellschaftlichen Abrichtungen des Individuums und allen kommerziellen Belohnungen für soziales Wohlverhalten begleitet. Als höchstentwickeltes Stadium kapitalistischer Geselligkeit ist er durch die Dialektik der Verhältnisse besonders bedroht: Das prekäre, hochgezüchtete Gleichgewicht von Individuum und Masse, von Regelhaftigkeit und Aggression, von Volk und Staatsmacht, das ein Fußballspektakel möglich macht, lassen die Hooligans zu ihrem Privatvergnügen kollabieren. Der totalen Geldwirtschaft setzen sie den Raub entgegen, dem ritualisierten Kampf gegen ausgesuchte Gegner die wahllose Zerstörung, dem Vergnügen an der Triebreduktion den Spaß beim Ausleben der atavistischsten Instinkte. Wer weiß, vielleicht sind die Hooligans der Kultur des Fußballs schon einen Schritt voraus.

Doch sollte man die Rolle der Hooligans unter den Fußballfans nicht überschätzen. Die Stütze, die ein konformer, also friedlicher Fußballfan an seiner Leidenschaft hat, läßt sich um so besser begreifen, wenn man die moderne Gesellschaft betrachtet, in der er lebt.

Einen konformeren Zeitgenossen als den Fußballfan gibt es nicht. Überall sonst hat sich der Mensch aus dem angestammten Rollenmuster des Ständestaats befreit. Die Verheißung, jeder könne ein Individuum werden, hat soziale Zeichen wie Brauchtum, Tracht, Konfession, Dialekt, Heimatbindung zurückgedrängt. Dabei ist im Prozeß der Zivilisation eine semantische Leerstelle entstanden, die die Menschen selbst zu füllen haben. Die letzte Gruppe, die ein streng ritualisiertes Verhalten an den Tag legt, sich in farblich festgelegte Trachten hüllt, Wappen und Hymnen pflegt, einen eigenen Code benutzt und typischen Gesängen mit einem schlichten, regional differenzierten Brauchtumskanon verpflichtet ist, sind die Fußballfans.

Sie können wählen, ob sie zum harten Kern gehören wollen, denn anders als im Golfclub oder Lions Club hat hier jeder, der sich entschieden hat, Zutritt und kann sich die preiswerten Gruppenrituale leisten. Ein Fan kann aber auch zu den laxeren Sympathisanten zählen, die nur dann und wann kommen und das Geschehen vom Rande verfolgen. Dafür kann er dann aber auch im Alltag Stellung beziehen und weiß symbolisch, wohin er gehört. Ein Konformist kann sich den Verein der Region aussuchen, zu dem bei ihm zu Hause alle halten. Ein Opportunist jubelt dem deutschen Rekordmeister zu. Ein Individualist sucht sich einen kleinen kapriziösen Club in der Ferne. Ein Traditionalist schwört auf den Arbeiterclub seiner Väter, der jetzt in der vierten Amateurklasse spielt.

Ein Weltläufiger hält zum FC Liverpool oder zum FC Santos. Ein Masochist sucht sich den ewigen Absteiger. Das Herz des Protzers schlägt für die schwerreiche, zusammengekaufte Firmen-Elf. Ein Gourmet genießt das Team, das den schönsten Fußball spielt. Ein PDS-Anhänger hält aus Prinzip zu einem Ostverein. Es ist für jeden etwas dabei.

Es ist so einfach, Fußballanhänger als dumpfe Masse darzustellen, die im Chor Unflat brüllen. Aber hinter jedem steht eine soziale Entscheidung, die längst nicht immer von Heimat und Herkunft abhängt. Denn fast jeder Fan hat daheim die Wahl: Schalke oder Dortmund, Bayern oder 1860, Köln oder Leverkusen, HSV oder St. Pauli. Eine solche Entscheidung, in früher Jugend getroffen, kann einen Lebenslauf prädestinieren. Die meisten Fans schreien nicht stur für einen Club, sie können im Dickicht der Spieler, Mannschaften, Nationalitäten sehr genau ihre Wahl treffen und ihre Loyalitäten dosieren. Fußball garantiert den Grundtonus von Identität und Differenz. Seine Regeln sind einfach, das Spiel ist in groben Zügen immer gleich, und doch passiert jede Woche etwas Neues; aber niemand wird davon in seinem Begriffsvermögen überfordert.

Wenn in seinem Club ein Däne spielt, hält der Fan bei Länderturnieren mit Vorliebe zu Dänemark, wenn schon nicht Deutschland gewinnt, dann ist er über diesen Gastarbeiter wenigstens ein bißchen am Sieg beteiligt. So feierten mehrere deutsche Vereine 1994 »ihre« brasilianischen Weltmeister. Wechselt aber ihr bester Vereinsspieler nach Italien, dann verfolgen die Fans in den Medien seinen Werdegang, und es bilden sich neue Sympathien.

Denselben Spieler, den der Fan am Wochenende noch ausgebuht hat, feiert er mittwochs als den entscheidenden Torschützen im Länderspiel. Umgekehrt werden die heimischen Stars kurzzeitig zu Feinden, wenn sie bei der Weltmeisterschaft die deutsche Mannschaft ausschalten; so erging es 1994 bei der Weltmeisterschaft dem in Hamburg beschäftigten Bulgaren Letschkov. Über ihre Sympathie für Jürgen Klinsmann haben wahrscheinlich mehr junge Engländer aufgehört, in den Deutschen den früheren Kriegsgegner zu sehen als aufgrund von Schulbüchern und Austauschprogrammen einiger Jahrzehnte.

Im Fußball wechseln munter die Nationalitäten, die regionalen Zugehörigkeiten, die Arbeitgeber, die Sympathieträger. Ein Fußballfan lernt die Welt kennen – zwar aus dem selektiven Blickwinkel seiner Leidenschaft, aber immerhin haben die wenigsten Fans Schwierigkeiten, sich in diesem Dschungel der Loyalitäten zurechtzufinden. Daß nur noch der Fußball solche Massenwahrnehmungen auszulösen imstande ist, sagt weniger über die Plattheit der Fans als über die Dürftigkeit des sonstigen gesellschaftlichen Angebots an Loyalitäten.

Ein Fußballfan gehört aus freier Entscheidung dazu. Niemand verlangt deswegen mehr Steuern von ihm, verbietet ihm den vorehelichen Geschlechtsverkehr oder prüft seinen Wissensstand. Bei einer Feier nach dem Gewinn der Fußballmeisterschaft genügt als Parole »Olé, olé«, und schon kann die Party losgehen. Das mag zwar ein äußerst dürftiger gemeinsamer Nenner sein, doch darauf bauen ganze Regionen einen Gutteil ihrer Identität. Was bliebe den Menschen in der Pfalz ohne den 1. FC Kaiserslautern? Wein, die Arbeit und das Fernsehprogramm. Der Fußball hat gerade in seiner genialen Primitivität die Rolle übernommen, die frühere Bindungen auch garantierten: Man hat ein Thema für allägliche Gespräche – angefangen beim Dorfverein bis hinauf zur Aufstellung der Nationalmannschaft – und weiß, wohin man jeweils gehört.

Auch die katholischen Bauern haben früher nicht über Thomas von Aquin diskutiert und die SPD-Mitglieder nicht von früh bis spät das Gothaer Programm heruntergebetet; auch hier stand am Anfang meist die Entscheidung dazuzugehören oder das Schicksal, hineingeboren zu sein. Die Schlichtheit des Regelwerks und die Überschaubarkeit der Protagonisten ist für den Fußball ein Vorteil. Ein irgendwie geartetes Heilsversprechen ist dem Fußball fremd, wenn man von der Hoffnung auf einen Sieg im nächsten Spiel absieht. Diese Hoffnung wird anders als andere religiöse Verheißungen in dieser Welt zuweilen erfüllt. Umwälzungen und Bekehrungsaktionen sind dem Fußballanhänger fremd. Das kulturelle System dieses Sports ist höchst genügsam; die Anhänger tolerieren es, wenn sich andere, etwa die eigenen Frauen und Töchter, nicht zum Fußball bekennen. Normale Fußballfans wollen nur, daß gespielt wird und daß man sie in Ruhe läßt.

In diesen unspektakulären Formen reproduziert sich das System des Fußballs in jedem Jahr selbst, beginnt wie die jahreszeitliche Entwicklung der Pflanzen immer von neuem, macht eine Zeit des Aufblühens und der Reife durch und läßt die Saison mit der Ernte ausklingen. In einer Zeit, in der sich sonst alles permanent verändert, ist der Kreislauf des Fußballs für das Beharrungsvermögen der Anhänger ungemein beruhigend. Wahrscheinlich wird der Sport deswegen bei den Mächtigen auch gerne gelitten: Fußball ist eine durch und durch konservative Weltanschauung und steht der Ausübung der staatsbürgerlichen Pflichten – Steuerzahlung, Konsum, Arbeit – nicht im Wege.

Alltagskultur ist eine Sache schlichter Rituale und einfacher Zuordnungen In dieser Hinsicht erfüllt der Fußball seinen Zweck hervorragend, sonst würden sich die vielen Millionen Fans etwas anderes suchen oder die Obrigkeit dagegen vorgehen. In einer deregulierten Gesellschaft garantiert der Fußball das Minimum des Sozialen, das wir gerade noch vertragen.

In verschiedenen Ländern hat der Fußball Maßgebliches zur Ausformung der nationalen Eigentümlichkeit beigetragen und ist aus der jeweiligen Mentalität nicht mehr wegzudenken. Während in der deutschen Vereinskultur mehr das passive Element im Vordergrund steht und sich die Anhänger mit dem Einkassieren möglichst vieler unspektakulärer Erfolge und dem Miterleben des Jahreslaufs harter Fußballarbeit zufriedengeben, legen die Fußballfans in Brasilien beispielsweise Nachdruck auf ästhetisches Gepräge und richten ihr eigenes Verhalten nach dem Gesetz der Schönheit aus.

Nicht einmal der Gewinn des Weltmeistertitels 1994 konnte die hohen ästhetischen Ansprüche der brasilianischen Fans befriedigen. Sogar während ihre Mannschaft ihr Programm herunterspulte und ein Spiel nach dem anderen gewann, beklagten die Fans, ihre Mannschaft habe bis zum Finale keinen »brasilianischen« Fußball gespielt, habe sich – wie sonst die Deutschen – mit berechnender

Taktik durchgebissen. Paradoxerweise stand damals selbst das siegreiche Team, das die Entscheidung im unbrasilianischen Elfmeterschießen herbeiführte, unter harter Kritik der Fans. In Brasilien nennt man sie »Torcedores« – was soviel bedeutet wie Sich-Windende, die ihrer Mannschaft nur unter Krämpfen zuschauen können. Die italienischen Fans heißen entsprechend »Tifosi«, Typhuskranke. Aus solchen Bezeichnungen spricht eine sehr viel leidenschaftlichere Ausübung des Kultus als aus der englischen Kurzform von »Fanatiker«, eine Besessenheit des ganzen Körpers . Ein Fan ist ein unangenehmer Charakter, der sich gehenläßt. Einen Torcedor hat der Fußball gepackt; er kann nicht anders.

Diese religiös durchsetzte Volkskultur haben so gut wie alle namhaften Schriftsteller Brasiliens beschrieben und damit ihren Wurzeln Tribut gezollt. Der Sportreporter und Essayist Armando Nogueira sah im durch die Lüfte fliegenden Ball ein magisches Spielzeug, das den leidenden Menschen einen Blick in den Himmel vergönnt: »Gott ist rund«. Anläßlich des brasilianischen Endspielsieges im Juni 1970 verfaßte der größte moderne Lyriker Brasiliens, Carlos Drummond de Andrade, eine Ode auf die Helden um Pelé (»Jedermanns König, das Volk in Form des Sportlers, in der Poesie seines bezaubernden Spiels«). De Andrade inkarniert sich mystisch in den Körpern der Spieler und schließt: »Plötzlich war mein Brasilien vereinigt; glücklich, daß es bestand; es tauschte Tod, Haß, Armut, Krankheit, Elend gegen einen reinen Moment der Größe.« In einem solchen Moment nährt der Fußball die Illusion, die Sozialutopien und Heilsversprechen aller Zeiten nicht erfüllen konnten: daß

Arme und Reiche einig seien, daß der Löwe grase neben dem Lamm, daß aus dem Kampf gegen das Schicksal Harmonie erwachse.

In einem Land, in dem Hymnen an den Fußball geschrieben werden können, überwölbt er die gesamte Kultur. Ähnlich wie Christen im Mittelalter haben Brasilianer nicht die Wahl, sich für oder gegen ihren Kult zu entscheiden. Sie wachsen in ihn ohne Entfremdung hinein. Solche Zustände lassen sich nicht mit Fankulturen vergleichen, in denen der Fußball eine Frage des Sportsgeistes und der Freizeitgestaltung darstellt.

In einem Wohlfahrtsstaat wie Dänemark etwa kommen die Fußballfans – wie fast alle Bürger – aus dem zufriedenen Mittelstand. Sie nutzen die Spiele ihrer Nationalmannschaft zu Bildungsreisen ans Mittelmeer, verbinden den Stadionbesuch mit der Besichtigung der Sehenswürdigkeit und muntern mit einer Prise Fußball den Alltag in Reihenhaus und Büro auf. Daß ihre Nationalmannschaft aus lauter Legionären besteht, die ihre Arbeitskraft in den reichen Fußballkulturen verkaufen, ficht diese Fans nicht an. Sie sind als Angehörige einer kleinen Nation auf dem Exportmarkt zu Hause. Daß das nationale Prinzip auf dem Weltmarkt nur mehr eine Fiktion ist, haben sie durchschaut und genießen nationale Exerzitien deshalb um so lockerer. Darin ähnelt der Umgang des Fußballs der Verehrung des Königshauses: je machtloser und fiktiver diese demokratische Monarchie ist, um so fröhlicher läßt sie sich mit gutem Gewissen feiern. Fußball ist da nur ein weiteres Identifikationsangebot in einer höchst erfolgreichen Zweckgemeinschaft. Man könnte solche Anhänger aus dem Wohlfahrtsstaat »ironische

Fans« nennen – und vielleicht wird sich auch die deutsche Fußballkultur dahingehend entwickeln. Ihnen kommt es nicht so sehr auf das Gewinnen an wie auf die spaßige Aktion unter ihresgleichen. Eine Mannschaft von verkrampften Ehrgeizlingen könnten sie nie goutieren. Wer sich hier für Fußball entscheidet wie für Windsurfen oder das Basteln von Schiffsmodellen, hat mit Schlägereien ebensowenig im Sinn wie mit der mystischen Verehrung der nationalen Fußballgötter.

Als die ursprünglich überhaupt nicht qualifizierten und nur für die Jugoslawen nachgerückten Dänen die Europameisterschaft 1992 mit der ihnen eigentümlichen Lockerheit gegen eine überhebliche Truppe von übertrainierten Deutschen gewannen, da bescherte dieser Bonusgewinn den Fans eine schöne Party zusätzlich zum Weihnachts- und zum Mittsommerfest. Die dänischen Fans sind in der ganzen Welt als »Roligans« beliebt. »Rolig« bedeutet »ruhig«. Diese Gelassenheit ist ebensowenig eine nationale Tugend wie die Besessenheit der Brasilianer. Ein Roligan – weitere Beispiele sind Schweden, Schottland, Österreich und Irland – entstammt einer kleinen, meist wenig glorreichen Fußballkultur. Er hat mit dem Spiel keine Demütigungen zu konservieren oder Weltanschauungen auszudrücken. Fußball ergänzt hier bei Gelegenheit das vielgestaltige Angebot der Erlebnisgesellschaft, es könnte aber auch etwas anderes sein. Bezeichnenderweise war auf der Sonderbriefmarke der dänischen Post nach dem Sieg bei der Europameisterschaft kein Spieler der Mannschaft zu sehen, sondern ein Haufen von Roligans, die die rotweißen Landesflaggen schwenkten: Wir sind das Fußballvolk.

Andere postmoderne und strikt gewaltfreie Fankulturen definieren sich einzig aus der Differenz zur vermeintlich übermächtigen Unterdrückerkultur. Ihr gleichzukommen und einfach nur dabeizusein reicht diesen Fans aus Schottland und Irland. Das macht sie, die gerne viel Alkohol konsumieren und ohne Verstöße gegen die öffentliche Ordnung den Gesang pflegen, auf der ganzen Welt gern gesehen.

Der schottische Soziologe Richard Giulianotti hat die Reise von zwanzigtausend seiner Landsleute zur Weltmeisterschaft nach Italien mit der Methodik der Ethnologie untersucht, um dem Geheimnis ihres friedlich-fröhlichen Benehmens auf die Schliche zu kommen. Giulianotti schickt seiner Beschreibung voran, daß die Fans aus Glasgow und Edinburgh eine spielerische Variante des Fankultes entwickelt, um nicht mit ihren englischen Kollegen aus dem feindlichen Süden verwechselt zu werden. Anstatt alles kurz und klein zu schlagen, machten sie aus ihrer Reise ein karnevalistisches Ereignis, verlagerten also die reale Austragung von Konflikten ins Symbolische – und genau um solche handelt es sich beim Fußball ja auch. Weil die Schotten sich ihrer Rolle als Anti-Engländer bewußt waren, stellten sie den Typus des sauflustigen, herzlichen Rauhbeins freiwillig vor den Kameras aller Fernsehanstalten dar. Sie nutzten also die Weltmeisterschaft als Bühne, um listig mit friedlichen Mitteln zu triumphieren, ohne daß das wie gewöhnlich erfolglose Schottland auf dem Rasen gegen England angetreten wäre. Aber der kluge Fan weiß: Auf die Dauer ist es bedeutungsvoller, in den Medien zu gewinnen als auf dem Platz oder gar beim Prügeln auf der Tribüne.

Die deutschen Fußballveranstalter sind dabei, sich auf den Wunsch vieler Fans nach einem subtilen Vergnügen einzustellen. Nationale und regionale Bindungen genügen nicht mehr. Die neuen Fans sind anspruchsvoll, achten genau auf ihre Umgebung und kommen nicht wie die Schafe, wenn nur das Flutlicht im Stadion angeschaltet wird. Fanarbeit in einem modernen Fußballclub funktioniert nach dem Vorbild der Kundenbetreuung. Michael Meier, Manager von Borussia Dortmund, legt großen Wert auf das passende Design des Spektakels: »Wir müssen das Zuschauererlebnis schaffen: Ich bin der BVB.«

Wenn die Führung keine gravierenden Fehler begeht, verstehen sich die gutwilligen Fans mit der Zeit von alleine als Teil der *Corporate Identity*. Um die Bedürfnisse zu erkunden, stellen die Clubs Sozialarbeiter an, die den Fans das Gefühl geben, ernst genommen zu werden. Bevor Borussia Dortmund seine zahlreichen Millioneneinkäufe der vergangenen Jahre tätigte, horchte Meier auf die Stimmung der Fans. Als sie ihm in Umfragen bei Versammlungen der Fanclubs beschieden, die eigene Arbeitslosigkeit besser mit einer guten Mannschaft als ohne eine solche zu ertragen, wurden die Investitionen getätigt.

Auf den Tribünen gab es kaum Beschwerden, nachdem die Minderbemittelten gemerkt hatten, daß sich mit gut angelegtem Geld der Erfolg kaufen läßt – eine pädagogisch eindrucksvolle Lektion in sozialer Marktwirtschaft. Inzwischen trifft sich der Manager alle zwei Monate mit Abgesandten der Fans, um die Stimmung zu erkunden. In einem solchen Klima der Sozialpartnerschaft gedeihen dann Anregungen, den fremden Stars wenigstens die vereinstypischen Ringelsocken anzuziehen, damit ein Rest von Identität symbolisch gewahrt bleibt.

Auch beim Ausbau des Stadions werden die Fans gehört: Mit welchen Baumaßnahmen entwickelt sich die Stimmung am besten? Wie ist die Akustik? Können die Stehplätze gerettet werden? Wenn es zum Konsens kommt, profitiert der Verein am meisten: Die Mannschaft kann in Ruhe trainieren und wird im Stadion von der Stimmung getragen, für die der Verein die idealen Bedingungen geschaffen hat. Für das moderne Management, das im Zeichen des Sozialpaktes arbeitet, ist der Gegensatz von Publikumsarbeit und Spielerkapital aufgehoben. Gemeinsam ist man stark.

Für die letzten Rauhbeine, die sich dem Konsens partout nicht fügen können, schlagen italienische Fanbetreuer ein probates Mittel vor. Es funktioniert gleichfalls nach den zivilisierenden Gesetzen der Kommunikation: Während des Spiels blenden sie die aggressivsten Fans in Großaufnahme auf der digitalen Anzeigentafel ein. Für Sekunden wird ihnen nun die Aufmerksamkeit zuteil, die sie mit ihrem Verhalten erstrebt hatten – doch nur, um sogleich ihren Trieb zu lähmen. Wie Medusa vom eigenen Spiegelbild gebannt, müssen sie erstarren und in die Masse zurücktreten, aus der sie sich vorlaut hervorgewagt hatten.

Es gibt aber immer noch ein Land, wo der Fußball die gesellschaftlichen Konflikte ausdrückt und die Machtverhältnisse widerspiegelt – auch dies unter Ausbildung einer spezifischen Kultur. In England kann sich das Königshaus deshalb nicht mit dem Fußball und dem ruppigen Gebaren der Fans anfreunden und zieht Polo,

Tennis und Springreiten vor – die alten Vergnügungen der Oberschicht. Die soziale Verhaftung des Fußballs in der Unterschicht ist nirgendwo ausgeprägter als in England. Schon 1314 mußte der Bürgermeister von London ein Ballspielverbot verkünden lassen, weil es bei den Spielen immer wieder zu Gewaltausbrüchen kam. Nachdem dann die Oberschicht den Fußball im neunzehnten Jahrhundert durch ein festes Regelwerk wenigstens auf dem Rasen zu zivilisieren vermochte, funktionierten die proletarischen Fans das Spiel um und nahmen anläßlich der Zusammenrottungen bei Pokalspielen jede Gelegenheit wahr, Randale zu machen. Ende des letzten Jahrhunderts verzeichneten die englischen Polizeiberichte etwa zweihundert gewaltsame Auseinandersetzungen bei Fußballspielen. An dieser Zahl hat sich bis heute nicht viel geändert. Überhaupt wurde die Liga mit festem Spielbetrieb zu angekündigten Zeiten vor allem gegründet, um die ausufernde Gewalt von Staats wegen besser in den Griff zu bekommen.

Fußball wurde im Mutterland des Kapitalismus zur Bühne des Klassenkampfes und bewies damit einmal mehr seine ungeheure Assimilationskraft an die unterschiedlichsten Kulturen – eine Wandlungsfähigkeit, die sich nur mit der von Weltreligionen vergleichen läßt. Der britische Fußball wurde schon bald professionalisiert und drückte seit den Anfängen Identitäten aus, die den Entwurzelten der Industriesiedlungen weder Staat noch Kirche vermitteln konnten. Nicht sozialer Aufstieg oder nationale Ästhetik lebte sich im englischen Fußball aus, sondern Gruppenzwang und Überlebenskampf. Deswegen goutieren die britischen Fans technische Tricks auch kaum und ziehen einen ehrlichen, zielstrebigen, harten Fight vor, in dem die Gruppe und nicht der Einzelkönner sich durchsetzt.

Die Bindungen dieser Fans sind bis heute ebenso starr geblieben wie ihre sozialen Verhältnisse. Die Gesänge der englischen Fans sind die inbrünstigsten und phantasievollsten aller Fußballkulturen, weil das Spiel hier zum Anlaß der Versammlung einer trotzigen, armen Gemeinde gemacht wird, von der sonst niemand etwas wissen will. Diese Anfeuerungen sind Choräle, mit der sich die Gemeinde selbst Mut macht. Am berühmtesten ist das Liverpooler »You'll never walk alone«, das auch in anderen Ländern zur Hymne mancher Vereine geworden ist.

Den traditionellen Fußballbräuchen in England eignet nichts Ironisches, sie sind durch und durch archaisch. Deshalb ist es selbstverständlich, daß Fans der Auswärtsmannschaft die Fahrt zum Gegner als provokatives Betreten feindlichen Territoriums inszenieren: Sie pöbeln herum, beschädigen das feindliche Eigentum und pinkeln erst einmal ostentativ in den Bus. Wenn englische Fans bei Fußballspielen aneinandergeraten, dann kämpfen sie nicht zum Spaß oder wegen ihres Vereins. Sie kämpfen um ihre Ehre, ihre Würde und ihre Identität, die sich nirgendwo derart eindeutig manifestieren wie im Fußball.

Solche Fans nehmen den Fußball bitterernst. Sie unterscheiden nicht zwischen einem Verein und den Bürgern der Stadt, zwischen einem Stadion und den örtlichen Verkehrsbetrieben, zwischen dem öffentlichen Leben und dem öffentlichen Match. Diese Fans haben Fußball so völlig verinnerlicht wie Indianer ihren Stamm. Ihr Team ist gleichbedeutend mit ihrer Ehre. Das macht sie in der Freizeitgesellschaft, die den Fußball als spaßiges Spartenangebot und folgenloses Reality-TV aufzieht, so gefährlich.

Nick Hornby, lebenslanger Fan von Arsenal London, hat seine Autobiographie nur anhand von Fußballspielen geschrieben. Für einen englischen Fan reicht dieser Ausschnitt vollauf, denn sein Verhalten und Empfinden bei bestimmten Siegen und Niederlagen, ob er sie am Fernseher daheim, in einer bestimmten Kneipe, in einem bestimmten Stadion erlebte, informiert zureichend über seine regionale und soziale Herkunft, seine politische Überzeugung, seine Impulsivität, sein Familienleben, seine körperlichen Fähigkeiten und seine psychische Disposition. Der Fan selbst erlebt den Ablauf der Spiele als Entwicklungsgeschichte. »Fußball ist unser Leben«, sangen die deutschen Nationalspieler für eine peinliche Werbeschallplatte zur Weltmeisterschaft 1974. Nicht für sie aber gilt dieses Bekenntnis, sondern für die echten Fans vom Schlage eines Nick Hornby. Die Spieler *spielen* Fußball. Die Fans *sind* Fußball.

Doch kann die Beschreibung einer vorgeblich authentischen Fankultur nur mehr melancholisch sein. So mag es vielleicht einmal gewesen sein, in Liverpool und Leeds bis in die jüngste Zeit, in Schalke und Duisburg bis in die fünfziger Jahre. Es ist das alte Lied mit der Melodie des Früher, Damals, Seinerzeit. Aber so idyllisch und aufrichtig – wenn das denn je stimmte – geht es nirgendwo mehr zu. Der Grund dafür besteht nicht in der Kommerzialisierung der Spieler. Schon die Ligaspektakel für die englischen Arbeiter der Jahrhundertwende wurden von Professionellen ausgetragen. Daran hat sich bis heute nur die Höhe der bezahlten Summen geändert. Der entscheidende Wandel liegt bei den Fans, die sich widerstandslos haben kommerzialisieren lassen. Einer reinen regionalen Spaßliga ohne Bezahlung und Werbung, ohne Leistungsdruck, Schiedsrichter und üble Fouls stünde ja nichts im Wege. Aber dafür würde sich – selbst wenn herrlich lockere Spiele dabei zustande kämen – niemand interessieren, weil das Fußballspiel niemals eine idyllische Gegenwelt darstellt, sondern stets Ausdruck der Zustände ist, unter denen es zustande kommt: Wettkampf. Fußball läßt sich niemals als verlogener Nationalpark einrichten. Er verkörpert als Barometer unserer Zivilisation die jeweilige Situation der Gesellschaft, in der er gespielt wird.

Und was macht unser Walter Kuberka am kommenden Samstag? Er ist ein konservativer Mensch mit einem vorhersehbaren Freizeitverhalten. Er wird wie all die vergangenen Jahre auf der Tribüne stehen – ob in Kaiserslautern oder St. Pauli, ob in Mannheim oder Wattenscheid. Wo der Ball fliegt, werden immer auch Walter Kuberka und seinesgleichen sein. Wenn der Schiedsrichter gegen ihre Mannschaft pfeift, werden sie sich aufregen, wenn ihr Team mit Glück gewinnt, werden sie das als den verdienten Lohn der Mühen ihres Fan-Daseins betrachten. Ob Schnee fällt oder die Sonne brennt, ob die Fernsehkameras für Millionen übertragen oder nur ein paar hundert Unentwegte zum Anfeuern kommen, ob Sieg oder Niederlage – die Walter Kuberkas werden immer dabeisein. Denn dabeisein ist alles.

Politik
Wappenspiel der neuen Fürsten

Mit dem Ball haben die Menschen schon im alten Ägypten herumgekickt. Aber der Fußball, wie wir ihn kennen, ist erst durch die Verbindung des Ballspiels mit der Politik entstanden. Es war die Dynastie der Medici in Florenz, die mit ihrer Spürnase für kulturelle Innovation als erste das politische Potential entdeckte und nutzte, das im öffentlichen Fußballwettkampf schlummerte. So formierte sich im späten fünfzehnten und frühen sechzehnten Jahrhundert auf der Piazza di Santa Croce in Florenz aus dem harmlosen Wettkampf der Männer unterschiedlicher Stadtviertel eine Gala der Aristokratie. Die Grundform des alten »Calcio« wurde beibehalten; es war – wie beim heutigen Rugby – das Ziel, einen Ball irgendwie über des Gegners Grundlinie zu befördern. Schon aus dem sechzehnten Jahrhundert ist ein hochkomplexes Regelwerk überliefert. Die siebenundzwanzig Spieler jeder Mannschaft waren eingeteilt in Stürmer, Zerstörer, Läufer und Verteidiger, und ihnen präsidierte der Mannschaftskapitän, der sogenannte »Maestro del Campo«. Den geordneten Spielbetrieb überwachten Schiedsrichter und ein auf Jahre gewählter

Verbandsfunktionär, der »Provveditore«. Das komplette Zeicheninventar eines Europapokalspiels begegnet uns in diesem raffinierten Staatstheater, welches der Stadtbevölkerung die geschmeidige Eleganz und Lebenskultur der Höflinge der Renaissance vorführen sollte. Es gab Fahnenschwenker, Aufmärsche, kontingentierte Eintrittskarten, Ordner, Hymnen, Profispieler, Mannschaftsfarben, in denen sich auch die Fans zeigten. Abgerundet wurde diese vom Herrscher gewährte Volksbelustigung durch die Ausgabe großer Mengen von Speis und Trank. Allerdings waren nicht nur Würstchen und Bier im Angebot. Zu besonderen Gelegenheiten wie einer Fürstenhochzeit wurden den Florentinern feines Backwerk und erlesene Weine kredenzt, wie sie heute allenfalls in der VIP-Lounge zu genießen sind. Zu solchen Spitzenspielen traten Mitglieder der fürstlichen Familie oder der Potentat selbst an und ließen sich als Mittelfeldregisseure vom Volk feiern.

Für den Kunsthistoriker Horst Bredekamp, dem wir das Wissen über die Florentiner Anfänge des Fußballs verdanken, stellt sich ein Match des sechzehnten Jahrhunderts als »Exerzierfeld höfischer Tugenden« dar. Bredekamp kann nachweisen, daß die Insignien des populären Calcio raffiniert mit der Repräsentation der fürstlichen Macht verwoben wurden. Gedungene Emblematiker setzten die »Palle« – die Wappenkugeln der Medici, die sich dem Pillendreherberuf ihrer Vorfahren verdankten – mit den Bällen des Calcio gleich. Mit humanistischen Zitaten wurde der Calcio mutwillig aus bestimmten Leibesübungen der Griechen und Römer abgeleitet und dem jungen Großherzogtum Florenz damit eine Art Staatssport im Geiste adliger Ertüchtigung verpaßt.

Noch heute ist auf der stadionartig umbauten Piazza di Santa Croce der Anstoßpunkt zu sehen, den man 1565 an der Wand des Palazzo dell'Antella anbrachte. An dieser Stelle liegt – wenn man denn einen solchen sucht – der Geburtsort des modernen Fußballs; die FIFA könnte versucht sein, hier eine Gedenktafel einzuweihen.

Die Florentiner waren schon früh von ihrem Sport begeistert und rühmten sich in aller Welt ihrer hohen Spielkultur. Eine Ballade des siebzehnten Jahrhunderts rühmte das Fußballspiel als ausgezeichnetes Mittel gegen die Melancholie. Schon 1580 hatte der Patrizier Giovanni di'Bardi in einem Calcio-Traktat alle Wesenszüge des Spiels gefeiert, die uns auch heute noch begeistern: Der unvorhersehbar hüpfende Ball verkörpere Fortuna, die Göttin des Glücks. Und im beständigen Hin- und Herwogen von Angriff und Verteidigung, von Sieg und Niederlage werde das poetische Prinzip der Welt lesbar.

Es gab eine Zeit, da war sogar der Papst ein begeisterter Fußballfan. So berichtet der Chronist Benedetto Fantini, daß der Pontifex Leo X., natürlich ein Medici, am 7. Januar 1521 auf einem Spielfeld im Vatikan ein heißes Fußballmatch zwischen zwei Teams aus seiner florentinischen Heimat austragen ließ. Der Heilige Vater beobachtete das Spiel von einer Prominententribüne auf der Torre Borgia. Diese Zeiten sind vorbei. Heute stellt der Vatikan als einziges europäisches Territorium neben Andorra keine Nationalmannschaft mehr.

Damit der Fußball die Welt erobern konnte, mußte er noch einen Umweg machen. Selten führt der direkte Weg zum Tor. In Florenz siechte der Calcio ebenso wie das ganze Fürstentum Toskana im achtzehnten Jahrhundert dahin. Englische Kaufleute aus Livorno fanden 1766 Gefallen an einer finalen Calcio-Gala und – so vermutet Bredekamp – nahmen es auf ihre Insel mit. Die verfei-

nerte britische Oberschicht der frühen Industrialisierung war versessen auf jede Leibesübung, mit der sie ihre Zöglinge – unter dem Vorwand der Körperertüchtigung – vom Pöbel distinguieren konnte. Dem Tennis, der jahrhundertelang als aristokratischer Hallensport in Venedig geblüht hatte, den allseits beliebten Pferderennen oder dem schottischen Golfsport erging das nicht anders. Die wichtigsten modernen Sportarten mußten durch die Schule der britischen Verfeinerung und kehrten von dort, etwas gezähmt und mit einem festen Verhaltenskodex für Hochnäsige ausgestattet, auf den Kontinent zurück.

Es ist ein altes Vorurteil, Fußball sei von Anfang an die Sportart der Arbeiterklasse gewesen. Wer heute die Fans und ihre eher schlichten Umgangsformen erlebt, wird überrascht sein, daß Fußball gerade in Deutschland einmal ein Sport für feine Leute oder für Aufsteiger war, die gerne den besseren Kreisen angehören wollten.

Als im deutschen Kaiserreich die ersten Clubs gegründet wurden, so berichtet die Soziologin Christiane Eisenberg, übten die Arbeiter Körperkraft und Ausdauer mit Vorliebe an Turngeräten. Fußball hatte sich auf den gepflegten Rasenplätzen der britischen Internate entwickelt und galt deshalb als versnobt und fremdländisch. Dieser Ruf war den ersten Spielern durchaus genehm. Sie kamen von Gymnasien und Universitäten und vor allem aus technischen und kaufmännischen

Berufen, in denen sich schon früh eine Freizeitkultur entwickelte.

Als sich nach 1890 immer mehr dieser anglophilen Tatmenschen auf Wiesen und Exerzierplätzen zum Kicken trafen, kommentierten fassungslose Beobachter dergleichen als »Affentheater«. Wer in Schule oder Beruf keine Repressionen befürchten wollte, legte sich als Spieler ein Pseudonym zu und klebte sich einen falschen Bart an. Zu allem Unglück erhoben die Gemeinden bei regelmäßigem Spielbetrieb eine Lustbarkeitssteuer von den Kickern. Regeln gab es noch kaum, bis sich um 1900 mit dem Deutschen Fußball-Bund ein einigermaßen geordneter Spielaufbau durchsetzte.

Schon vorher hatte der Deutsche Sprachverein die Fußballsprache von Anglizismen gereinigt, so daß bald nicht mehr vom »Forward« oder »Half-Back«, die Rede war. Auch das »Goal« wurde zunächst in »Mal« und später dann »Tor« umgetauft. 1903 wurde auch bei uns die bahnbrechende Abseitsregel eingeführt, die Generationen von Spielern zur Verzweiflung bringen sollte.

Der Deutsche Zentralausschuß für Volks- und Jugendspiele empfahl den Fußball als gemeinschaftsbildende Maßnahme zur Bekämpfung des Sozialismus, und im Zuge der Sozialhygiene-Bewegung galten Ballspiele als förderlich für die Jugend. Trotzdem blieb Fußball gegenüber dem Turnen eine Randsportart. Die Fußballmannschaften, die aus Turnvereinen hervorgingen, wurden aus Mißtrauen gegen die ungehobelte und ausländische Spielkultur meist ausgeschlossen und mußten sich selbständig machen. Erst um 1910 entdeckten Unternehmen wie AEG oder Osram den Fußball als Betriebssport.

Inzwischen hatten sich bereits fußballerische Sitten herausgebildet. Zu den Pionieren, die dem runden Leder verfallen waren, gehörten Juristen, Offiziere, höhere Verwaltungsbeamte, Architekten und vor allem Ingenieure. Der Heimatdichter Hermann Löns war in Hannover aktiv, und der nie sonderlich erfolgreiche Berliner Fußball wurde entscheidend von dem Maler und Opernsänger Georg Leux gefördert. Die Hochburgen lagen meist in Städten mit einer Technischen Hochschule: Dresden, Darmstadt, Karlsruhe, München. Techniker und Ingenieure, die lange unverheiratet blieben, suchten in Sportkreisen Zugang zur »besseren Gesellschaft«, während die Abiturienten früher oder später auf dem Fechtboden landeten.

Um da mitzuhalten, lehnten sich die frühen Kicker an studentische Bräuche an, kleideten sich in Farben wie schlagende Verbindungen und legten sich latinisierte Namen zu, die, wie »Borussia«, »Fortuna« oder »Alemannia«, bis heute keinen schlechten Klang haben. Bei einem »Fußball-Kommers« hatten die Herren Sportler in tadelloser Form und unter Einhaltung des akademischen Viertels anzutreten. Nach dem Spiel sang man gemeinsam nach der Melodie eines Burschenliedes die Hymne »O wonnevolles Fußballspiel«. Dann wurde gezecht, »mancher herrliche Salamander gerieben«, und viele Hochs auf das Kaiserhaus erschollen, hieß doch auch der Mannschaftskapitän damals noch »Spielkaiser«. Selbstverständlich siezte man sich. Manch junge Dame hielt bei derartigen Feierlichkeiten Ausschau nach einer guten Partie, was heute leider nicht mehr allzuoft geschieht.

So spielten die Fußballer, die meist kein Universitätsstudium vorweisen konnten, ein Wettspiel, um in Wirklichkeit, so Christiane Eisenberg, ein Verkleidungs- oder Schauspiel aufzuführen: »Das Stück, das gegeben wurde, hieß bürgerliche Gesellschaft.« Das Streben nach Bürgerlichkeit äußerte sich auch in den Urkunden und Orden, die nach den Spielen großzügig verteilt wurden, wohingegen offizielle Auszeichnungen sonst den Angehörigen von Militär und Großbürgertum vorbehalten blieben. Die Bezeichnung »Meisterschaft«, die sich mit den Jahren einbürgerte, zeugt vom Wunsch der technischen Angestellten, wenigstens wie ein Handwerksmeister den Ruf bürgerlicher Wohlanständigkeit zu genießen und nicht als schnöder Ingenieur zwischen allen Stühlen der Tradition zu sitzen.

Doch blieb der Fußball nicht lange elitär. Sein martialischer Jargon mit »Schuß«, »Angriff« und »Verteidigung« lenkte die Aufmerksamkeit der Militärs auf den Fußballsport, zumal die neue Kriegsführung weniger den mechanischen Turnergehorsam als vielmehr selbständiges Rennen und Schießen – echte Fußballertugenden also – erforderte. 1908 machte die Marine den Anfang und ließ Schiffsjungen und andere niedere Chargen um die Meisterschaft der Geschwader sowie den von Prinz Heinrich gestifteten »Deutschlandschild« spielen. 1910 wurde Fußball in den Ausbildungsplänen der Armee verankert. Im DFB sah man das gern und trat 1911 kollektiv dem paramilitärisch-nationalen »Jungdeutschlandbund« bei.

Erst mit der Durchmischung der Milieus in den Gräben des ersten Weltkriegs begann Fußball auch bei der Arbeiterschaft beliebt zu werden. Nach 1918 verzeichnete der DFB trotz hoher Verluste im Ersten Weltkrieg gewaltige Zuwachsraten. Aber erst 1931 überschritt die Mitgliederzahl die Millionengrenze. Trotz des beginnenden Kults proletarischer Fußballhelden, wie der Schalker Kuzorra und Szepan, waren unter den deutschen Nationalspielern der zwanziger Jahre nur fünfzehn, ein Jahrzehnt später dreißig Prozent Arbeiter. Da überrascht es nicht, daß von linken Theoretikern geargwöhnt wurde, Fußball fördere die Verbürgerlichung des Proletariats. Siegfried Kracauer meinte abfällig, ein Arbeiterfußballer entwickele sich zielstrebig zum »Halbrechten«. Offenbar bewahrte sich Fußball lange den Ruf, etwas für aufstrebende junge Menschen zu sein. Daran hat sich bis heute wenig geändert.

Welche politische Wirkung der Fußball auf ein Gemeinwesen ausüben kann, zeigte der sensationelle deutsche Sieg bei der Weltmeisterschaft 1954. Seine quasi staatstragende Bedeutung, die dem Präsidenten des DFB bis heute in Deutschland nahezu Kabinettsrang beschert, verdankt der deutsche Fußball ganz gewiß dem Erlebnis des emotionalen Zusammenschweißens und der symbolischen Rehabilitation durch die deutschen Außenseiter um Fritz Walter. Was in diesen Wochen in Deutschland geschah, illustriert vorbildlich die Kraft emotionaler Selbstorganisation, die dieses Spiel auf ein Gemeinwesen ausüben kann.

In einer kritischen Presseschau der Weltmeisterschaft, wie sie Arthur Heinrich vorgenommen hat, läßt sich die sukzessiv wachsende Fußballbegeisterung und der machtvolle nationale Überschwang des schließlichen Sieges nachfühlen. Anfangs hatten die Deutschen dem Turnier keine große Bedeutung zugemessen. Die Kommentare in sämtlichen großen Zeitungen, wenn sie eine Berichterstattung überhaupt für notwendig erachteten, waren von keiner Sachkenntnis getrübt. Fußball war Nebensache. Als die Mannschaft dann unerwartet bis ins Finale vordrang, war das Interesse der Deutschen ungemein gewachsen; und der Sieg gegen Ungarn löste neun Jahre nach der bedingungslosen Kapitulation eine Masseneuphorie aus. Davon war vor allem die Mannschaft überrascht, die in der Memoirenliteratur der Spieler den Erfolg der verschworenen Sportlergemeinschaft unter Sepp Herberger zuschrieb und sich nur ungern vom nationalen Kollektiv vereinnahmen ließ.

Doch auch die hohe Politik zog aus dem Titel keinen Mehrwert: Theodor Heuss tat in seiner gemütlich-schwäbischen Art alles, um ein Überschnappen der Begeisterung zu verhindern, und sagte dem Publikum bei einer Ehrung der Weltmeister im Berliner Olympiastadion lehrerhaft die dritte Strophe der Nationalhymne vor, damit nicht – wie nach dem Endspiel – das geächtete »Deutschland, Deutschland über alles« in alle Welt übertragen würde. Und Konrad Adenauers Wertschätzung des Ballspiels kam über einen Sieg beim Boccia ohnehin nicht hinaus. Den durch und durch bürgerlichen Notabeln der jungen Republik war diese Kraftmeierei, ausgelöst vom Volksvergnügen Fußball, spürbar unangenehm. Wenn aber weder die Sportler noch die hohe Politik den Fußball zum Geburtsakt nationaler Nachkriegsidentität stilisierten, wie geschah es dann?

Es war wohl der Fußball selbst, der hier politische Regie führte. Die angemessen nüchterne, demütige Atmosphäre der Jahre direkt nach 1945 hatte bei der

Generation, die zu völkischem Größenwahn erzogen worden war, ein Vakuum hinterlassen, das mit den staatlichen Formen und Symbolen verständlicherweise nicht zu füllen war.

Gerade deshalb wuchs die Überzeugung, doch nicht

ganz so irregeleitet und verfehlt gelebt und gearbeitet zu haben, als die dezimierte, schon wieder im kalten Krieg der Ideologien eingespannte Kriegsgeneration im fairen Wettkampf über die Konkurrenz aus aller Welt triumphierte. Hier konnte den Leuten niemand Überschwang und Gefühl der Zusammengehörigkeit verbieten; hier war – aus dem Abseits der Völkergemeinschaft heraus und vom Rest der Welt unterschätzt – ein wertfreies Symbol erstanden, das den Nachholbedarf an würdiger nationaler Selbstdarstellung – wie ihn die Menschen unterschwellig empfanden – befriedigen konnte: So schlecht und verwerflich können wir doch nicht gewesen sein, wenn wir mit braven Jungs und in gerechtem Wettkampf alle Nationen übertreffen.

Wie machtvoll sich dabei verschüttetes Pathos und keckes Auftrumpfen wieder Bahn brachen, zeigt die Sprache des Sieges ganz unbestechlich. Gleich nach dem »Wunder von Bern« wurden die Berichterstatter nicht müde, vom »Endsieg« zu schwafeln. Der völlig aus dem Häuschen geratene DFB-Präsident Peco Bauwens war bei den Siegesreden gar nicht mehr zu bremsen, von der Würde der deutschen Fahne zu schwadronieren, Gott Wotan als Waffenhelfer Herbergers herbeizuzitieren und schließlich das Führerprinzip zum Geheimnis des Erfolges zu erklären. Solche Ausrutscher zeigen nur, wie stark dieser Endsieg das Unbewußte aktivierte. Die Zigtausenden von Freudetrunkenen, die die Triumphzüge der deutschen Mannschaft säumten, waren zuvor keine bekennenden Fans der Nationalmannschaft gewesen und beabsichtigten gewiß nicht, nationalsozialistische Massenkundgebungen zu imitieren. Fußball gab ihnen – beängstigend bald nach der totalen nationalen Katastrophe – die Möglichkeit zu artikulieren, daß sie an einem Strang zogen, daß sie auch noch da und noch einmal davongekommen waren.

Als einziger Beobachter hatte damals Dolf Sternberger erkannt, daß Fußballspiele auf nationaler Ebene nicht von Politik zu trennen sind: »Man braucht die Politik nicht erst hineinzubringen und hineinzumischen, sie ist immer schon darin, insofern eben Nationen politische Körper sind.« Und Nationalmannschaften erst recht.

Bezeichnenderweise erstarkten nach 1954 die nationalistischen Kräfte keineswegs. Der symbolische Endsieg wurde dem militärischen vorgezogen, und die Fußballweltmeisterschaft geriet zum unvorhergesehenen Gründungsakt einer nationalen Identität, die sich in kleinen Dimensionen, mit Priorität für Internationales und Unspektakuläres, entwickeln sollte. Fußball garantierte seither für die Deutschen das notwendige Minimum an kontinentaler Vormacht. Wie inszeniert kam dann zwanzig Jahre später der zweite Titelgewinn im Geiste fröhlichen Kommerzes – als Vollzug von Willy Brandts Demokratisierung errungen im ahistorischen, transparenten Sportpark des Münchner Olympiastadions. Dazu trat noch, daß diesem mit ausgiebigen Querelen auf typisch deutsche Weise ausklingenden Sieg eine Niederlage gegen die DDR vorausging, womit die

Bundesrepublik en passant die Tragfähigkeit ihrer Entspannungspolitik bewies.

Während der Siegesserien von Borussia Mönchengladbach und Bayern München in den Europapokalwettbewerben der siebziger Jahre schien es zeitweise, als ob

Fußball nicht nur im Einklang mit den politischen Verhältnissen geschehe, sondern diese sogar zu überwölben und zu prägen vermöge. Die verkrampfte und gehässige Auseinandersetzung zwischen den Generationen mit den intellektuell-ideologischen Formen der Studentenrevolte vermochte für die entmilitarisierte, funktionalisierte Republik nicht den Konsens zu stiften, nach dem sie sich so sehnte. Aber auf dem Fußballplatz übernahm diese neue Generation, die so eigentümlich von Aufsässigkeit und Opportunismus, von Effizienz und Hedonismus, von Arroganz und Anspruchsdenken, von Ästhetik und Ellenbogen geprägt war, in Windeseile die Macht.

Spieler wie Breitner und Hoeneß, Netzer oder gar Beckenbauer haben die Mentalität der Bundesrepublik nach 1968 entscheidender geprägt als jeder Künstler, Filmemacher und schon gar als jeder graue Funktionsträger der Politik. Und die bleiernen Jahre der Terroristenzeit, in denen die neue Machtverteilung und der Generationswechsel gewaltsam ausgetragen wurde, fanden gleichfalls ihren fußballerischen Ausdruck in den zynischen, bis zur Rücksichtslosigkeit effizienten Zokkertruppen um Schumacher, Kaltz und Reinders. Jupp Derwall, der verzagte Sicherheitsfußballer, wurde zum Zwillingsbruder von Horst Herold, dem Computerfahnder, der sich im Bundeskriminalamt verbarrikadierte.

Die Macht, die sich aus historischen Gründen klug

zurückhielt, flirtete in diesen Jahren nur mit dem Sport, es war keine Ehe. Das Spielfeld wurde kampflos dem Sport, also dem symbolischen Überbau, überlassen, weil sich die Anpassungsprozesse an die selbstorganisierten Machtverhältnisse der Dienstleistungskultur im Fußball wie von Geisterhand einstellten. Fußball als vollentwickeltes Stadium des Systems übernahm den Part der politischen Avantgarde, ohne sich dabei zu verheben.

Als das System dann Ende der achtziger Jahre unter Helmut Kohl die verderblichen nationalen Rudimente hinter sich gelassen hatte und es soweit war, auch noch die letzten Reste zentraler Steuerung an ein dereguliertes Europa abzugeben, das dem Vorbild eines multinationalen Konzerns nachempfunden war, wurde abermals der Fußball zum politischen Leitmedium. Im Zeichen von Werbung und Sponsorentum, von Starkult und pausenloser Medienbeschallung dominiert seither der Fußball die Beschäftigung des ökonomischen Systems mit sich selber. Der kommerzialisierte Fußball recycelt den Sinn in Form eines immer wiederkehrenden Ritualtheaters und stellt damit die Vorgabe für die gesponserte Politik der Zukunft. Die Wahl des Bundeskanzlers wird sich nur noch in den emotionalen und formalen Bahnen bewegen können, in denen auch die deutsche Fußballmeisterschaft ausgespielt wird. Und der Wert einer solchen Wahl wird sich erst in der Brüsseler Champions League erweisen. Die großen Ligen in Italien, Spanien, Frankreich, England und Deutschland sind Bühnen für die Macht, die vorderhand als Macht über den Diskurs auftritt, und stellen zugleich reine Vorspiele für den viel einträglicheren europäischen Wettbewerb dar.

Seine Kraft als ideales Schmiermittel unserer politischen Werte – eine Kraft, die von 1954 bis in die Gegenwart nur gewachsen ist – bezieht der Fußballsport aus einer Gemengelage von Bedeutungen. Zum einen speist sich seine Popularität – anders als Tennis oder Golf – aus noch teilweise lebendiger Volkskultur. Zum anderen bietet er sich jedem kaufkräftigen Investor als Sprungbrett der Popularität an. Mit den technischen Möglichkeiten des Fernsehens ist der Fußball dabei, für Nationen und Kontinente die maßgebliche Rolle einzunehmen, die dem Zirkus in der Antike zukam: In der Organisation der gesamten Spiele – und nicht etwa im unmaßgeblichen Ausgang eines einzelnen Gladiatorenwettkampfs – spiegelt sich unser heutiges Verständnis von Macht und Tugend.

Heute werden politische Karrieren von der Dramaturgie des Fußballs unterstützt und gelenkt, als hätten sich die Mächtigen das Szenario bei den Medici, diesen Erfindern des modernen Fußballs, abgeschaut. Das famoseste Beispiel dafür liefert der italienische Politiker und Fußballpräsident Silvio Berlusconi, der binnen fünfzehn Jahren vom Bauunternehmer zum mächtigsten Medienmogul Europas aufstieg und Besitzer eines milliardenschweren Firmenimperiums wurde.

Berlusconi profitierte dabei prächtig von seinen Kickern des AC Mailand. Gleich nachdem er 1986 den maroden Club, dessen letzter Präsident sich auf der Flucht vor der Polizei befand, übernommen hatte, schwor Berlusconi seine Spieler auf das totale Leistungsprinzip bei höchsten Löhnen ein. Er schwebte mit dem Hubschrauber zum ersten Training ins Stadion, übergab jedem Spieler eine goldene Uhr und machte die Mannschaft zum Vorzeigebetrieb seines Konzerns. In einem hochmodernen, mit allen ärztlichen und sportwissenschaftlichen Fazilitäten ausgestatteten Trainingszentrum wurde das Produkt AC Mailand entworfen und dann im Stadion wie ein neues Automodell mit viel Pomp auf den Markt geworfen.

Allein an Gehältern zahlte Berlusconi seinen Spielern Summen, mit denen die besten deutschen Vereine ihren Gesamtetat bestreiten mußten. Doch erwies er sich damit beileibe nicht als verblendeter Verschwender. Als Eigner des maßgeblichen privaten Fernsehsenders in Italien konnte er den fußballverrückten Zuschauern Spiele und Nachrichten seiner Mannschaft nun exklusiv präsentieren. Während andere Industrielle im Unterhalt einer Fußballmannschaft ein statusträchtiges, aber teures Hobby sahen, hatte Berlusconi zielstrebig das Zugpferd für seine Fernsehprogramme eingekauft. Umgekehrt warb er in seinen Sendern erfolgreich für Jahreskarten des AC Mailand. »Synergie« taufte Berlusconi, der von Italiens Kindern vor Jesus Christus und Arnold Schwarzenegger zum beliebtesten Idol gekürt wurde, sein Lebensprinzip. Nach den Triumphen des AC Mailand im Europapokal oder wenigstens in der italienischen Landesmeisterschaft war 1994 Berlusconis Image derart gefestigt, daß er im Zerfall des von ihm alimentierten politischen Systems selbst in die Arena steigen und seine Aspirationen auf das Amt des Ministerpräsidenten verkünden konnte.

Zum ersten Mal seit der Antike münzte ein Mann sein symbolisches Kapital als Sportmäzen direkt in politische Macht um. Die Fanclubs seines Fußballvereins ließen sich in wenigen Tagen zu den Keimzellen der neuen politischen Bewegung umfunktionieren; sogar die Schlachtrufe blieben die alten. In Mailand konnte schon lange nur beim Wettbewerb um die gesellschaftliche Macht mitspielen, wer als Vereinsmitglied Karten sicher hatte und so zu den dauernd ausverkauften Partien ins Stadion durfte. Wem das nicht vergönnt war, der gehörte wenigstens als Abonnent von Berlusconis Kabelprogrammen zu den Eingeweihten. Der Fußballclub band auf diese Weise – ob fester oder lockerer – im ganzen Land eine riesige Klientel an ihren Patron, in dessen Firmenimperium viele treue Fußballanhänger ohnehin arbeiteten. Fußballspieler wie van Basten oder Baresi wurden hier nicht nur Massenidole, sondern auch mächtige Spitzenkräfte des Konzerns, die allgemeinverständlich vorführten, wozu man es im Dunstkreis des Präsidenten bringen konnte.

Nach der Firmenphilosophie von Trainer Capello, der ursprünglich nicht als Trainer, sondern als ökonomischer Manager bei Berlusconi begonnen hatte, äußert sich Fußballspiel als Prinzip der marktwirtschaftlichen Machtverteilung: Die Verteidiger stellen die Buchhalter dar, die verhindern, daß die Firma im Soll steht. Im Mittelfeld entwickeln die Manager die Strategie, und im Sturm sorgen die »Leute vom Marketing« für Unterhaltung. Mehr braucht ein modernes Gemeinwesen nicht, weshalb der Vereinspräsident zugleich den idealen Kandidaten für das höchste Regierungsamt darstellt.

Der Markt des Nationalen stellt aber nur eine zu überwindende Begrenzung für den Tatendrang Berlusconis dar – er trachtete, den Staat zu übernehmen, um seinen künstlichen, kleinen Markt zu überwinden. Lange klagte Berlusconi, daß er ohne angemessene Kompensation und mit erheblichem Verletzungsrisiko sein kostspieliges Personal für Länderspiele herausrücken mußte – und daß er trotz der neuen EG-Richtlinien des freien Arbeitsmarktes nicht so viele Ausländer einsetzen durfte, wie er wollte. Ihm schwebte – nach dem amerikanischen Vorbild des Football – eine Art Weltliga vor, die sich nicht mehr vom angestammten Fußballverband, sondern einzig von den zahlenden Investoren vermarkten lassen sollte – ob über Fernsehrechte, gigantische Werbeverträge oder den Vertrieb von Club-Devotionalien. Sollte der Staat Länderspiele für eine lohnende Investition ins Nationalbewußtsein erachten, dann mußte er sie auch angemessen bezahlen.

Der Siegeszug dieser Machtstrategie war mit dem Sport allgemein – Berlusconi besitzt noch Hockey-, Basketball-, Rugby- und Volleyballmannschaften – untrennbar verknüpft, vor allem aber mit dem Fußball. Beim Endspiel zur Fußballweltmeisterschaft 1994 standen dann nach Berlusconis Wahlsieg zum ersten Mal in der Geschichte des westlichen Sports mehrere Spieler direkt im Sold des Regierungschefs: Der AC Mailand stellte zugleich den Kern des Nationalteams. Glaubte man die Zeiten überwunden, da kommunistische Potentaten ihre persönlichen Schützlinge in Armeemannschaften zum Ruhme des Personenkults rekrutierten, so kehrte dieses Staatsmäzenatentum nun in kapitalistischer Verkleidung zurück. Selbst Nationaltrainer Arrigo Sacchi war ein Geschöpf Berlusconis, der den Sportlehrer 1987 bei AC Mailand einstellte und 1988 prompt mit ihm die Landesmeisterschaft gewann.

Mit der Weltmeisterschaft bot sich dem unerfahrenen Regierungschef die einmalige Chance, sein lombardisches Image zu italianisieren. Deshalb entdeckte er plötzlich seine Vorliebe für Länderspiele. Der Wirtschaftsgipfel der wichtigsten Industrienationen in Neapel, der in

die Zeit der Weltmeisterschaft fiel, und die gleichzeitigen Kabinettssitzungen unter Berlusconi wurden bedenkenlos der Regie der Fußballspiele angepaßt; der Ministerpräsident hatte jederzeit über den Spielverlauf unterrichtet zu sein. Italienische Spiele legten das Staatsgeschäft lahm – eine Volksnähe, die dann auch stolz in Berlusconis Medien verkündet wurde. Und das Finale, das die Italiener erst im Elfmeterschießen verloren, ließ den Ministerpräsidenten dort auftreten, wo er seine Karriere stets inszeniert hatte: auf der Tribüne des Fußballstadions. Im Zeichen des Balles rundete sich eine Laufbahn.

Nachdem Berlusconi aufgrund von Koalitionsstreitigkeiten den Regierungsposten vorläufig wieder verlor, wandte er sich vermehrt den Geschäften zu und holte mit Roberto Baggio den besten italienischen Spieler zu seinem Verein. Da die Macht in der Liga mit jeder Saison neu ausgespielt wird, ist der Fußball ein ideales Feld, um die Kräfte neu zu sammeln, die Aufmerksamkeit wieder auf sich zu ziehen und sich für die Eroberung neuer Märkte und Posten mit Fußballsiegen zu qualifizieren.

Berlusconi ist kein Einzelfall. In Italien ist er nur der erfolgreichste von vielen Wettbewerbern. Regional legitimieren sich die Clans wichtiger Potentaten schon lange als Betreiber von Fußballmannschaften. Die Dynastie der Cecchi Gori in Florenz, wichtige Filmproduzenten und gleichfalls politisch engagiert, mußten ihre »Fiorentina« während einer zwischenzeitlichen Krise des Filmgeschäfts absteigen sehen. Während aber das Familienoberhaupt nach Berlusconis Vorbild in den Markt des Werbefernsehens investierte, kehrte auch der Fußballerfolg zurück: Florenz stieg auf, Aldo Cecchi Gori modellierte sich als Senator zum ökonomischen Hoffnungsträger der verbleibenden Christdemokraten und wurde an den letzten zu vergebenden Sendelizenzen beteiligt. Will er höher hinaus, wird sein Verein sich im Europapokal bewähren müssen.

Die weniger potente Wirtschaftsdynastie der apulischen Bauunternehmer Matarrese begnügt sich damit, einen Bruder als Präsidenten des italienischen Fußballverbands fungieren zu sehen, weil sie den direkten Wettbewerb gegen Berlusconi mit den Kräften ihrer armen Region nicht aufnehmen kann.

Verzweifelte Überlebensversuche des alten italienischen Parteiensystems verbanden sich in diesen Jahren des Umbruchs gleichfalls mit dem Fußball. So gelang es dem dubiosen Christdemokraten Giulio Andreotti 1991, den vakanten Club AS Roma in einem letzten Kraftakt der Macht dem Mineralwasserfabrikanten Ciarrapico zuzuschanzen, der Andreottis Partei nahestand. So sollte sich wenigstens in der Hauptstadt die zerbröckelnde *Democrazia Cristiana* durchsetzen. Gemeinsam mit dem Kollaps der Partei ging dieser Versuch schief: Ciarrapico landete im Gefängnis, und auch Andreotti, dem unter dem Verdacht mafiöser Machenschaften der Prozeß gemacht wurde, konnte ihm nicht mehr helfen.

Der Ball ist rund. Deshalb kann eine Karriere, die sich mit dem Fußball verbindet, auch zu einer großen

Niederlage werden. Bernard Tapie bietet hierfür die beste Anschauung. Auch er begann wie Berlusconi als Baulöwe und erwarb mit dieser Hausmacht in Marseille Anteile an nationalen Fernsehsendern. Sein erstes Engagement als Sportmäzen hatte er in der Finanzierung eines Radsportteams der Tour de France bestanden. Auf dem direkten Weg zur gerade herrschenden Gruppierung war er eine Zeitlang Minister in der letzten sozialistischen Regierung Frankreichs. Direkt nach seinem größten Triumph, dem Endspielsieg im Europapokal 1993 gegen Berlusconi, kam der Niedergang.

Es kam heraus, daß sich Olympique Marseille gegen unbeholfene Bestechung in der französischen Meisterschaft Schonung für die harten Europapokalspiele erkauft, vielleicht sogar das ganze Finale gekauft hatte. Abgründe von Absprachen und Kungelei taten sich auf: Die Mannschaft wurde für den lukrativen internationalen Wettbewerb gesperrt; Tapie mußte Spieler notverkaufen. Und plötzlich fehlte dem Sonnenkönig auch die politische Deckung von Präsident Mitterrand; Finanzamt und Sozialversicherung meldeten sich und forderten vorenthaltene Beträge in Millionenhöhe ein. Marseille wurde erst wegen der Bestechung in die zweite Liga relegiert und war ohne Tapie bald pleite.

Tapie mußte seine Pläne begraben, sich als genialer Lenker von »Olympique« 1995 zum Bürgermeister von Marseille wählen zu lassen und dann eine nationale Partei zu gründen. Statt dessen landete er im Gefängnis, während Berlusconi, dem er es doch gleichtun wollte, auf dem Parkett der großen Politik zwischen Kohl und Clinton als amtierender Regierungschef weltweite Respektabilität erwarb. So nah liegen im Zeichen circensischen Mäzenatentums Regierungspalast und Gefängniszelle beieinander. Zwei der einflußreichsten und bekanntesten Geschäftsleute Europas hatten ihr persönliches Prestige mit dem Fußball verknüpft, und der Fußball schenkte ihnen die ganze Bandbreite seiner Überraschungen.

Inzwischen hat nach derart spektakulärem Anschauungsunterricht jeder ehrgeizige Politiker von Schweden bis Sizilien begriffen, daß sich selbst bescheidene Investitionen in Fußball rentieren, weil man im Kreis der Mäzene und Vereinspräsidenten zum Club der Mächtigen Zulaß bekommt und diese Kontakte auch politisch nutzen kann. Die jeweilige Tabelle spiegelt auf diese Weise auch die politischen Potenzen wider. Wo jetzt mit den fabelhaften Gewinnen der Gründerjahre in Osteuropa eine professionelle Fußballmannschaft entsteht, kristallisiert sich auch die Zentrale politischen und wirtschaftlichen Fortschritts heraus – oft im Zeichen der Mafia. Hier wird das nationale und regionale Selbstbewußtsein, das nach dem Zusammenbruch des Kommunismus so angeschlagen war, in kommerzieller Form neu entworfen. Der erste osteuropäische Verein, der einen Europapokal gewinnt, der erste deutsche Meister aus den neuen Bundesländern – das werden, wenn sie auch in weiter Ferne liegen mögen, historische Daten sein, die sich nur mit dem »Wunder von Bern« vergleichen lassen. Fußball ist das Theater der Macht.

Gerade mit der vollständigen Indienstnahme des Fußballs für das Design kollektiver Identität knüpft Europa an uralte, lange verschüttete Traditionen an. Das Mäzenatentum hatte beim provinziellen Sport überlebt und griff mit dessen medialem Einstieg in internationale Märkte auch wieder zur höchsten politischen Macht. Ohne solche Kontinuitäten ließe sich der politische Erfolg von Fußballpräsidenten gar nicht erklären.

Die öffentliche Zurschaustellung von Macht auf der Tribüne eines Stadions hat nämlich in Europa eine lange Tradition. Schon in der römischen Republik waren die Ädilen verpflichtet, dem Volk ruinöse Zirkusspiele auszurichten. Erst danach konnten sie zu lukrativen Posten wie dem Konsulat aufsteigen. Magistrate im ganzen römischen Kaiserreich rühmten sich noch auf ihren Grabsteinen derjenigen Gladiatoren, die sie auf ihre privaten Kosten der Plebs vorgeführt hatten.

Die alten Römer waren verrückt nach ihren Lieblingssportarten: Wagenrennen, Tierhatz und Gladiatorenkämpfe. Längst hat die Geschichtsschreibung festgestellt, daß in den Volksritualen der antiken Stadien mehr dargeboten wurde als Zirkusspiele für einen hemmungslosen Pöbel. Es ging um anderes: Hier präsentierten sich potentielle Machthaber als »Euergeten« – als Wohltäter des Volkes, die für eine standesgemäße Unterhaltung riesige Summen aufbrachten und damit zeigten, daß sie willens waren, nach ihrer persönlichen Bereicherung in Politik und Wirtschaft wenigstens Teile der Gelder wieder in den Kreislauf zurückzuführen. Nur wer das tat, demonstrierte seine Tugend als Staatsmann, konnte auf weitere Unterstützung durch die Plebs rechnen und hatte bewiesen, daß er die Staatsgeschäfte zu führen in der Lage war.

Allerdings gab es damals nur eine Stadt, die sozusagen in der ersten Liga spielte, und das war Rom. Dadurch wurde der Wettbewerb nach unseren modernen Maßstäben ein wenig langweilig und mußte durch die schiere Fülle kompensiert werden. Als Kaiser Trajan zum Beispiel im Jahr 108 gewaltige Zirkusspiele mit allein viertausend Gladiatorenkämpfen eröffnete, begann ein Festzyklus von 117 Tagen. Wer in Rom die gelungensten Spiele stiftete, wurde wie von selbst zum angesehenen Politiker. Im Kaiserreich fiel diese Aufgabe oft dem Staatschef persönlich zu. Sogar das Wort Präsident, mit dem wir unsere Machthaber – ob im Fußballverein oder in der Politik – zu bezeichnen pflegen, verdankt sich dem Brauch, daß der Potentat »seinen Spielen« beiwohnte, eben im Stadion dem gesamten Volk präsidierte. Erst auf der Tribüne wird ein Herrscher zum Präsidenten. Der Historiker Paul Veyne schätzt, daß im alten Rom etwa zwanzig bis dreißig Prozent der Zeit den Zirkusspielen vorbehalten war – ein Anteil, dem sich inzwischen auch unsere Sportübertragungen im Fernsehen nähern.

So gut wie jeder der großen Fußballclubs des Mittelmeerraumes hat heute seinen Patron. In Spanien sorgte Jesus Gil y Gil, Bürgermeister von Marbella und rechtspopulistischer Politiker, als Präsident von Atletico Madrid für Aufsehen, als er für Berichte über Spiele seines Vereins Bargeld sehen wollte und Journalisten selbstherrlich aus dem Stadion prügeln ließ. In Portugal wurde 1993 der Chef des Staatsfernsehens entlassen, als bekannt wurde, daß er seinem Freund, dem Präsidenten von Benfica Lissabon, Fernsehgelder für die Verpflichtung eines Stürmers auf drei Jahre im voraus ausbezahlt hatte.

Es fällt auf, daß vor allem in den Staatswesen des Mittelmeerraums, wo das römische Klientelwesen des *pa-*

nem et circenses ohnehin nie ganz ausgestorben war, die allmächtigen Vereinspräsidenten triumphieren. Hier darf sich der erfolgreiche einzelne opernhaft vor der Allgemeinheit inszenieren. Hier findet die Elite eine ideale Gelegenheit, sich nicht als harter Fabrikchef, als tumber

Erbe, als windiger Finanzjongleur, als schmieriger Politiker und Interessenvertreter zu präsentieren, sondern als Wohltäter des Volkes. Wer einmal den jovialen Fiat-Eigner Giovanni Agnelli mit dem halbnackten deutschen Profi Häßler im Arm (»Er muß noch ein bißchen wachsen«) sah, fühlte sich unweigerlich an einen römischen Cäsar und seinen Gladiator erinnert.

Schon Agnellis Großvater hatte als Besitzer von Juventus Turin die Aufgabe übernommen, den Fiat-Arbeitern zu ihrem Brot auch Spiele zu bieten und damit sein Ansehen als sorgender Patron zu mehren. Provinz-Potentaten, die weniger Geld flüssig haben, können wenigstens in eine Damen-Tischtennis- oder in eine Wasserballmannschaft investieren. Selbst in Disziplinen, die man eher für unschuldige Freizeitvergnügen hielt, hat sich in der Europäischen Gemeinschaft ein Sportlermarkt etabliert, auf dem vor allem osteuropäische Könner zu Dumpingpreisen zu haben sind. Berufssportler gibt es inzwischen in jedem Dorf, wo sie für Naturalien oder Geld den Ruhm einer Lokalgröße mehren.

Mit dem Sieg der Marktwirtschaft über den Kommunismus wurden die Versuche kommunistischer Führer beendet, sich an diesem Cäsarenspiel auf ihre reglementierende Weise zu beteiligen. Das spartanische Prinzip einer Volksertüchtigung im Stadion, die die Werktätigen stolz macht, konnte sich gegen den kaufkräftigen Glamour des Konsumsports nicht durchsetzen. Doch war auch im Kommunismus der Leistungssport alles andere als ein Feierabendvergnügen. Man macht sich heute selten klar, wie allgegenwärtig im Sozialismus jede Art von Sport bis auf die unterste Betriebsebene gewesen ist. Man mußte nicht zur Stasi gehören, um in Behörden oder Kombinaten Privilegien zu genießen und Karriere zu machen; es reichte schon, in der Fabrikauswahl einen leidlich guten Handballtorwart abzugeben.

Vom einstigen Aushängeschild des roten Fußballs, Dynamo Berlin, dem Lieblingsclub von Erich Mielke, wird man auf internationalem Parkett erst einmal nichts mehr hören. Reglementierende Eingriffe in den Markt sind verboten. Erst wenn die besten rumänischen, polnischen, russischen Spieler daheim vergleichbare Summen verdienen können wie im Westen, werden sie auch das nationale Selbstbewußtsein in ihrer Heimat heben helfen. Das kommerzielle Prinzip dominiert selbstverständlich die historischen Bindungen, ohne daß diese aber völlig verlorengehen. So kommt es gerade beim Fußball zu einer Vermischung der Wirklichkeiten: Zum einen wächst der selbstverliebte Spaß beim Beobachten des Wettbewerbs der Marktkräfte – eine Sehnsucht, die die Manipulationen kommunistischer Potentaten niemals zerstören konnten; zum anderen überdauert heute gerade im Fußball die Sehnsucht nach regionalen Identitäten, die im hemmungslosen Spiel des Marktes verlorengehen.

Der politische Zustand Europas zwischen nationalen Kämpfen, regionalem Stolz, internationalem Markt und Ausschöpfung der außerkontinentalen Ressourcen zeigt sich nirgendwo besser als in der Weise, wie auf diesem Kontinent der Fußball organisiert ist.

Wenn zum Teil noch unter Erich Honecker zu sozialistischen Vorbildsportlern ausgebildete Fachkräfte, die ihr Geld lange von italienischen Fußballunternehmen und von amerikanischen Sportartikelherstellern kassierten, frohgemut die deutsche Nationalhymne zu singen versuchten und dabei auf Dänen trafen, von denen die ballsichersten in Deutschland wohnten und dort für das emotionale Wohl der Dortmunder oder Münchner arbeiteten, und wenn das beim Publikum als deutsch-dänischer Länderkampf ankam, dann können wir die artifizielle Macht erahnen, die das nationale Prinzip auch im Gewand des europäischen Binnenmarktes immer noch besitzt.

Beim Brüsseler Aushandeln von Milchquoten, bei den Fragen, warum Griechenland mit seinen antitürkischen Feinfühligkeiten keine Sanktionen gegen Serbien mittragen will oder warum Irland schwangere Vierzehnjährige nicht nach England zur Abtreibung ausreisen lassen möchte, blickt kaum ein Europäer mehr durch. Das System ist zu komplex geworden. Der Fußball ist mit seinen unvorhersehbaren Ergebnissen zwar genauso paradox wie die politische Wirklichkeit, aber er ist wenigstens verständlich, weil er sie auf ein regelhaftes Spiel reduziert.

Man könnte meinen, allein der Sport wisse noch eine Antwort darauf, was Europa sei. 1954, als die europäischen Nationen ihr mühseliges Zusammenwachsen gerade begannen, gab es bereits die Union Européenne de Football Association. Schneller als die Bürokratie in Brüssel öffnete sich die UEFA nach 1989 für Slowenien und Kroatien, Litauen, Lettland und Estland. Daß sie die Restjugoslawen von den Europameisterschaften 1992 ausgeschlossen hat, dürfte mehr Aufmerksamkeit erregt haben als alle halbherzigen Sanktionen und diplomatischen Initiativen der EG.

Während die Europapolitik mühsam um Markt-, Geld- und Rechtsangleichung ringt, die Souveränität der Einzelstaaten sukzessive einschränkt und auf eine gigantische Nivellierung gewachsener nationaler Eigenheiten hinauszulaufen droht, reagiert der europäische Fußball geschmeidig. Zum einen ließ man eine Equipe wie die großrussische antreten, die kein gemeinsamer Staat mehr einte, die aber ihre besten Spieler dem reichen Westen zum Kauf anbieten wollte. Zum anderen umschließt die UEFA Traditionsverbände ohne eigenen Staat: Schottland darf England übertrumpfen, das stolze kleine Wales gegen ganz Spanien antreten. Und wenn in der Qualifikation das Team von den Färöern mit einem Torwart mit Pudelmütze antritt oder das künstliche Staatsgebilde Moldawien sich vor den Augen der Welt produzieren darf, dann ist das »Europa der Regionen« vorbildlich verwirklicht.

Die multinationalen Konzerne, die für Europa auf einen genormten Zollverein ohne Sozialpolitik und regionale Eigenheiten spekulieren, gibt es naturgemäß auch im Fußball – nur wissen sie dort besonders gut von regionaler Identität zu profitieren, wie das Beispiel Berlusconi zeigt. Aber auch gesichtslose multinationale Konzerne wie Bayer oder Philips legen sich mit zusammengekauften Mannschaften eine in ganz Europa wiedererkennbare Identität zu, ohne die jeweiligen rheinischen und niederländischen Wurzeln zu verleugnen.

Städte und Regionen haben diesen identitätsstiftenden Effekt erfolgreichen Fußballspiels noch nicht genugsam erkannt. Willi Lemke rechnet den Werbeeffekt der Werder-Mannschaft für die Stadt Bremen auf einen dreistelligen Millionenbetrag hoch. Das katalanische Barcelona hat sich mit sportlichen Mitteln, nämlich mit der Abhaltung der Olympischen Spiele und dem nationalen Siegeszug des CF Barcelona unter Johan Cruyff – er gipfelte gleichzeitig mit den Olympischen Spielen 1992 im Gewinn des Europapokals – gleichberechtigt neben der kastilischen Rivalin Madrid etablieren können. Die besonders verwurzelten Basken von Athletic Bilbao haben es sich bis heute zur Regel gemacht, ihre sportlichen Erfolge allein mit Spielern baskischen Volkstums zu erringen – eine geschickte Maßnahme, die jeden Sieg mit Lokalpatriotismus verbindet.

Auf die Dauer aber lassen sich Modernisierung und Deregulierung nur durch den klugen Verzicht auf fußballerische Traditionen und lokale Kirchturmspolitik krönen. So konnte sich Glasgow erst zur technologischen Metropole mausern, nachdem die Glasgow Rangers, der alte protestantische Fußballverein, den ersten katholischen Spieler vom Lokalrivalen Celtic abwarb. Dies war die Geste, daß im Zeichen des Erfolges von der verwurzelten Feindschaft irischstämmiger Katholiken und schottischer Protestanten abzusehen sei. Nach einigen Morddrohungen und allerhand Schmähparolen setzte sich die marktwirtschaftliche Linie bei den Rangers durch; die Mannschaft holte mehrmals nacheinander die schottische Meisterschaft. Und die relativ erfolgreiche Politik der Integration »allochthoner« Mitbürger aus den ehemaligen Kolonien konnten die Niederlande sich und der Welt nicht sinnfälliger vorführen als mit ihren farbigen Stars Gullit, Rijkaard und Menzo.

Politische Maßnahmen sind im Fußball umgehend durch Erfolg oder Mißerfolg im Spiel zu beurteilen, während bei anderen sozialen Maßnahmen meist Jahre vergehen, bis sie sich – wenn überhaupt – im Leben der Bürger positiv bemerkbar machen. Das macht kluge Investitionen in Fußballidentität so lohnend. Eine Region, die aus Brüsseler Perspektive nicht völlig hinterm Mond liegt, sondern sich als innovativer, politisch befriedeter Wirtschaftsstandort profilieren möchte, sollte eine Fußballmannschaft herausbringen.

Wenn bald Niederlassungsfreiheit und freie Berufswahl in Europa gelten, können nur die Statuten der UEFA verhindern, daß für Mailand ausschließlich Deutsche, Dänen, Briten und – als EG-Ausländer – Russen oder Brasilianer kicken. Selektierte nur mehr der Markt die Spieler, könnte keine Macht der Welt verhindern, daß beim Spiel Stuttgart–Dortmund vorzugsweise Kroaten, Polen, Schweden, Dänen, Tschechen und Schweizer gegeneinander anträten. Dem freien Markt, der darauf hinarbeitet, daß alle Europäer die gleiche Zahnpasta mögen und den gleichen Schokoriegel kauen, ist an nationalen Sentimentalitäten nicht gelegen. So paßt es ins Bild, daß der belgische Ex-Profi Jean-Marc Bosmans vor dem Europäischen Gerichtshof Klage führt gegen die Ausländerbeschränkungen der UEFA: Als EG-Bürger könne man schließlich innerhalb der Gemeinschaft arbeiten, wo man wolle.

Die UEFA hat aber gerade an der Vorschrift, daß

höchstens drei Ausländer pro Team mitspielen dürfen, lange festgehalten, um ihr Produkt nicht zu schädigen. Denn – anders als Berlusconi denkt – der Fußball lebt auch von der Fähigkeit der Kunden, sich mit den Athleten zu identifizieren. Angesichts der nomadisierenden Spieler aus aller Herren Länder, der Fußballdeutschen und Eingebürgerten wird die Fähigkeit zur nationalen Identifikation ohnehin schon arg auf die Probe gestellt. Fußball ist ein Gradmesser, wie weit diese Gesellschaft beim Kappen herkömmlicher Bindungen gehen kann. Kluge Fußballveranstalter bauen heimische Sportler ins Team ein, weil sie wissen, daß die Zuschauer andernfalls gleich einen Club vom anderen Ende des Kontinents unterstützen könnten.

Zuviel Markt ist also dem Vergnügen und der Leistung nicht immer zuträglich. Das hat die italienische Liga gezeigt, nachdem ein exorbitantes Gehaltsniveau – finanziert durch werbende Mäzene, hohe Eintrittspreise, gewaltige Totowetten und ein gnädiges Steuersystem – lange Zeit die besten Profis der Welt ins Land gezogen hatte. Folgerichtig wurde jeder Italiener, der auch nur einigermaßen begabt nach dem Ball trat, überbezahlt, damit die Quote einheimischer Spieler überhaupt noch mit gutem Material erfüllt werden konnte. Die Spiele entschieden dann die ausländischen Stars. Italiens Jugendtrainer Cesare Maldini klagte denn auch, daß unter den Bedingungen leicht verdienten Geldes das spielerische Niveau der Jugend drastisch gesunken sei. 1992, im Jahr, da der italienische Fußballboom seinen Höhepunkt erreichte, vermochte sich Italien gar nicht erst für die Europameisterschaft zu qualifizieren, wohingegen Italiens

Liga in Gestalt der besten ausländischen Spieler präsent war – nur in anderen Nationalmannschaften.

Die Dänen, die umgekehrt erlebten, wie ohne einen finanzkräftigen Markt ihre guten Spieler nach Deutschland, Italien oder Spanien abwanderten, zogen ihre Lehren aus dem transnationalen Fußball. Sie kamen mit einem Team von Legionären, die in Deutschland, England und Belgien geformt wurden, zum europäischen Titelgewinn. Auch der brasilianische Weltmeistertitel zwei Jahre später wurde von in Übersee beschäftigten Spielern gewonnen. Hier hatte sich das Niveau des Fußballs durch die Migration gehoben – allein, es gab in heimischen Vereinsmannschaften nicht mehr das ökonomische Potential, die Spitzenkönner vor den Augen der heimischen Fans zu beschäftigen. Gäbe es hier nicht ein Nationalteam mit einem Rest an Souveränität, die Dänen müßten Köln oder Dortmund zujubeln und die Brasilianer vom Ruhm ihrer Fußballkultur in Barcelona, Parma oder La Coruña in der Zeitung lesen. Kleine oder arme Länder, wie sie Europa im Osten und Norden inzwischen zur Genüge vorweisen kann, benötigen allein schon für die Nachwuchspflege den Doppelpaß zwischen dem freien Markt der Vereine und dem kontingentierten Nationalteam – auch wenn das die rein an der Profitmaximierung ausgerichteten Manager der Vereine nicht einsehen möchten.

Die Organisation des europäischen Fußballs erscheint mit der Mischform des ökonomischen und des politischen Diskurses attraktiver als die der Politik. Die EG, die ihren Bürgern keine identifizierbare Gestalt bieten kann und große Ängste weckt, könnte sich an der

UEFA ein Beispiel nehmen: Unternehmen, die in nationalen Verbänden organisiert sind, dürfen sich mit gewissen Einschränkungen auf Europas freiem Markt bedienen, auf dem jeder Spieler letztlich für sein eigenes Wohl arbeitet. Den Lokalpatriotismus der entfremdeten und politisch gleichgültigen Menschen in den Industriezentren bedient der Verein – was einen hohen Preis hat, den nur wenige Gegenden bezahlen können. Die ärmeren Städte und Landschaften finden sich in nationalen Ligen und unteren Spielklassen wieder, können aber bei entsprechendem Wirtschaften in kurzer Zeit an die Spitze vorstoßen. Für den riesigen Binnenmarkt gibt es einen europäischen Wettbewerb mit übernationalem Schiedsgericht. Für die große kollektive Emotion sorgt weiter der Wettbewerb von Nationalmannschaften. Und vermarktet werden die so erzeugten Gefühle in der ganzen Welt.

Während Politiker und Kommentatoren über eine mangelnde europäische Identität klagen und die Einführung einer Europa-Hymne und dergleichen Symbole vorgeschlagen werden, hat man vergessen, daß es bereits eine Ausdrucksform dieses neuen politischen Gebildes gibt, die recht gut funktioniert und die transnationale Ideologie hinreichend widerspiegelt: den Europapokal.

Deutschland hat in diesem Konzert der Mächte eine soziale Marktwirtschaft des Fußballs hervorgebracht. Diese Wirtschaftsform gleicht die widerstreitenden Interessen genial aus und beugt wie jede erfolgreiche Strukturpolitik der fußballerischen Verödung ganzer Gebiete vor. Hierzulande sind schillernde Politiker und Glücksritter als Vereinspräsidenten die Ausnahme. Nicht Politiker noch Wirtschaftskapitäne, sondern mehr oder weniger biedere Mittelständler führen die Vereine. Das liegt daran, daß in Deutschland ein Fußballclub anders als in Italien, Frankreich oder Spanien noch nicht en bloc samt allen Spielern auf dem freien Markt gehandelt wird. Hier lebt im urdeutschen Vereinswesen eine Verpflichtung des Clubs für die Allgemeinheit weiter. Ein Berlusconi müßte sich einer kritischen oder gar pöbelnden Mitgliederversammlung zur Wahl stellen, wenn er selbstherrlich Vereinspolitik machte. Deshalb lebt das Machtspiel im deutschen Fußball vornehmlich aus Mischkalkulationen, die der korporativen Verfassung der bundesdeutschen Gesellschaft erheblich besser entsprechen als pures mediterranes Mäzenatentum oder amerikanischer Freihandel. Fußball steht bei uns im Zeichen der konzertierten Aktion: Hier reden alle mit – der Kommunalpolitiker, die heimische Wirtschaft, die Großsponsoren, die Mitgliedern, die Gewerkschaften, die Fans – und zu den großen Siegen gratuliert der Bundeskanzler.

Unter diesen angepaßten Bedingungen wird die Vermittlung von wirtschaftlicher und politischer Identität durch Sport auch bei uns wachsen. Wenn der mit Rudolf Scharping befreundete Fußballtrainer Toppmöller schwadroniert, er könne sich gut eine anschließende Karriere als Politiker vorstellen, dann klingt das noch gewagt. Immerhin aber präsidiert dem VfB Stuttgart ein Gerhard Mayer-Vorfelder, dessen Funktionen im mächtigen Deutschen Fußball-Bund freilich schon hauptamtlicher zu sein scheinen als seine Ministertätigkeit in Baden-Württemberg. Und die beiden einzigen Clubs, die ihren Etat zeitweise von einem leibhaftigen Bundeswirtschafts-

respektive Bundesfinanzminister überwachen ließen, nämlich von Jürgen W. Möllemann und Hans Apel, zählten lange zu den am hoffnungslosesten verschuldeten Clubs im bezahlten Fußball: Schalke 04 und der FC St. Pauli. Politiker haben im deutschen Sport bisher noch eine jämmerliche Erfolgsbilanz vorzuweisen, weil sie die Sache viel zu amateurhaft angepackt haben. Doch mit einem Bekanntheitsgrad, um den ihn jeder graue Partei- und Verbandsfunktionär schon jetzt beneidet, hätte ein alternder Fußballstar oder ein erfolgreicher Trainer schon heute bei Wahlen gute Chancen. Immerhin haben sich erste politische Erbhöfe herausgebildet. Bayern München mit dem bayrischen Ministerpräsidenten als Vereinsfunktionär wirkt unbestritten als Brückenkopf der CSU. Seit den Zeiten von Beckenbauer lassen sich die Stars dieser Mannschaft gerne die volkstümliche Nähe zur bayerischen Regierungspartei nachsagen. Ein Jungstar wie Mehmet Scholl brachte das vereinsinterne Politklima in einem Interview auf den Punkt: »Hängt die Grünen an die Bäume, solange es noch welche gibt.«

Bei Werder Bremen zieht der Vereinsmanager Willi Lemke die Fäden. Er entschied sich bei seiner Karriereplanung bald gegen das Amt des Geschäftsführers der regierenden Bremer SPD. Lemke hatte erkannt, daß seine Macht als Geschäftsführer des örtlichen Proficlubs ungleich größer war und er Werder sehr viel schneller und effektiver zum profitablen Imagepfleger umgestalten könnte als die schwerfällige, verfilzte Partei. Im Ruhrgebiet gestaltet sich die Verschwisterung von Fußball und vorherrschender SPD zwar weniger offiziell, aber unterderhand doch ganz offen: Ohne Fußballverstand und eindeutigen politischen Stallgeruch ist hier eine kommunalpolitische Laufbahn undenkbar. Der Versuch Möllemanns, mit einem Posten bei Schalke 04 für die FDP in die Gelsenkirchener Domäne der alten Arbeiterpartei einzubrechen, blieb gegen solche Übermacht aus Tradition und Sport erfolglos.

Die Grünen sind hingegen bei ihrer Suche nach einem sportlichen Modell in Freiburg fündig geworden. Hier wurde 1994 unter dem ehemaligen Lehrer Volker Finke ein Erfolgsmodell der kleinen Schritte praktiziert, das allerdings inzwischen ins Stolpern gekommen ist. Freiburg, die deutsche Stadt mit dem höchsten grünen Stimmenanteil und wie die junge Partei ein traditionsloses Produkt der letzten Jahre, widerlegte in der Fußballbundesliga mit kleinem Stadion, winzigem Werbeetat und halbprofessioneller Vereinsführung den zwangsläufigen Erfolg des rein kommerziell ausgerichteten Spiels. Statt dessen predigte der unorthodoxe, wenig autoritäre Finke die Überlegenheit des kreativen Kollektivs über den Starkult. Was an wirtschaftlicher Potenz und Manpower fehlte, wurde mit überlegener Technik und Taktik wieder gutgemacht. Kein Wunder, daß Joschka Fischer den cleveren SC Freiburg und seine ressourcensparende Ökonomie des *small is beautiful* pries. Als persönliches Vorbild für die erfolgsorientierte, wenig obrigkeitshörige Generation des modernen Grünen taugt Fischer kein anderer Spieler als der ewig ehrgeizige, ewig aufsässige Stefan Effenberg – auch wenn diese Wahl einiges darüber verrät, was die Gesellschaft von den Grünen zu erwarten haben wird.

Wo Sport und Politik immer mehr im Zeichen des

Showgeschäfts stehen, wird zwangsläufig zusammenwachsen, was zusammengehört. Man kann diese Entwicklung zum sportpolitischen Showgeschäft als Dekadenzphänomen beklagen – rückgängig machen läßt sie sich nicht. Schon der Grieche Polybios – er starb um 120 v. Chr. – stellte fest, daß in einer träge gewordenen Demokratie die ehrgeizigen Menschen nicht mehr durch Leistungen und charakterliche Tüchtigkeit die Macht erringen wollen, sondern dem Volk immer ausgefallenere Spektakel präsentieren, um sich bekannt und beliebt zu machen. Der große Theodor Mommsen sah die Verbreitung von »Fechtspielen« als Gradmesser für die Dekadenz eines Volkes.

Eine politische Kultur, die so weit ist, kommt ohne den Fußballzirkus nicht mehr aus. Der Ethnologe Joseph Maguire sieht im internationalen Marktgeschehen des Sportes den gesellschaftlichen Probelauf für künftige transnationale Identitäten im Zeichen von Profitmaximierung und Weltkultur. In Europa exerziert der Fußball diese Kultur vor und liefert damit das Pendant zur amerikanischen Film- und Popmusik-Industrie. Fußball verlangt vom einzelnen hohe Mobilität auf einem deregulierten Markt und bietet dafür Vergnügungsindustrie mit Weltniveau. Die politische Ökonomie konzentriert die Großereignisse dieser Kultur an künstlichen Orten, die Maguire »Technoscapes« nennt: Diese Sportparks in den großen Agglomerationen sind in ihrer Anlage schon ein Beweis, daß sich die Welt gestalten und konsumieren läßt, daß unsere Kultur ihre besten Kräfte zu ballen weiß, wo sie es für nötig hält, und dabei ein Maximum an Zirkusvergnügen herauskommt. So zelebriert der Fußball bei den Spielern wie bei den Zuschauern die Transnationalität: Alle Kräfte gehorchen nur mehr einem gesellschaftlichen Ziel, doch wird diese Harmonie als scheinbare Differenz organisiert: in der Gestalt andauernden Wettbewerbs.

Die Selbstfeier des Wettbewerbs erweist die gewaltige politische Potenz des Fußballs, denn längst werden auch die Wahlen nach dem binären System – dem Prinzip eines Endspiels zweier Gegner – durchgeführt. Wenn die Menschen dem reinen Wettkampf verfallen sind, obwohl doch die Gegner zuvor bis zur Unterschiedslosigkeit vom Markt aneinander angepaßt wurden, ist das System stabil. Im Fußball, der den Unterschied im Identischen simuliert, klappt das bereits prächtig. Fußball, dieser lärmige Dauerwahlkampf, ist die fröhliche Kommunikation des Systems mit sich selbst. Die Politik, soweit sie das noch nicht getan hat, wird folgen.

Poesie
Texte aus der Tiefe des Raunens

Es fehlt nichts, was eine gute Story braucht: Wir haben eine übersichtliche Anzahl von Protagonisten, leidenschaftliche Auseinandersetzungen, beherrscht von Strategie und Gewalt. Es geht um Geld und Ruhm und Macht. Die Handlung ist von großer sozialer Relevanz. Gefühle sind im Spiel. Menschliche Tragödien nehmen ihren Lauf. Ungemeine Spannung knistert; keine Frage, die Sache hat »Thrill«, hat »Drive«. Fußball – welch eine Vorlage für die Literatur!

Allein, die Literatur und die Kunst überhaupt haben sich schwer getan, vom Fußball zu erzählen. Nicht, daß die Literatur den Fußball ignoriert hätte. Seit dieser Sport in den zwanziger Jahren das Bewußtsein der Massen zu prägen begann, geriet er auch ins Blickfeld der Dichter und Schriftsteller.

Vor allem die Wiener und Prager Modernen wurden bald zu Fans. Franz Kafkas Herz schlug für den jüdischen Verein Hakoah Wien. Eine Instanz wie der Schiedsrichter mit seiner Allmacht, seinem schwarzen Dreß und seiner Trillerpfeife muß Kafka ungemein inspiriert haben. Friedrich Torberg und Alfred Polgar wurden mit den Jahren zu echten Fußballkennern und ließen sich durch ihre Sportleidenschaft ganz selbstverständlich zu Texten und Gedichten inspirieren, die nichts von der belustigten Bemühtheit haben, wie sie gleichzeitige Hervorbringungen von Klabund und Ringelnatz kennzeich-

net. Berühmt ist Ringelnatzens abfälliger fauler Reim: »Der Fußballwahn ist eine Krank-/ Heit, aber selten, Gott sei Dank.« Dagegen erkannte Polgar schon früh die Qualitäten des Spiels für die Entwicklung eines gedeihlichen Aggressionsniveaus; er sah im Fußball gar den »Erzieher« des Volkes: »In der darauffolgenden Phase des Spiels gab es viele Fouls und zuwenig Tragbahren. Schließlich endete das Spiel mit einem klaren Sieg des Polizeiteams.« Dem antifaschistischen Stürmer des jüdischen Clubs Hakoah Wien, Mathias Sindelar, attestierte Polgar »Geist in den Beinen«.

Fußball gespielt wurde in Texten von Ödön von Horvath und Hermann Broch. Doch von Horvath nimmt den Fußball zum Anlaß für ein pessimistisches Märchen, in dem der liebe Gott einen fußballverrückten Knaben vom Spielfeld in den Himmel entführt. Ein Erzengel macht den Schiedsrichter, und der Ball fliegt bis zur Milchstraße – ein fürchterlicher Schmäh ohne jeden Fußballverstand. Und Broch erzählt von den Irrungen und Wirrungen der zweiten Mannschaft der Marathons, die gegen eine höchst fiktive Auswahl namens »Sturmfittiche« die Oberhand behält. Das abschätzige Urteil des Autors über dergleichen »Roheiten« ist aber zwischen den Zeilen deutlich zu spüren. Auch Broch fühlte sich unter Fußballern nicht wohl und schloß gewiß aus, eine nennswerte Anzahl von ihnen als Leser gewinnen zu können.

In Cambridge wählte etwa zur selben Vorkriegszeit der verspielte Traditionalist Nabokov die Rolle, die demjenigen zusteht, der skeptisch den anderen zuschaut und sich begnügt, das Schlimmste zu verhindern: Nabokov, der noch in seiner Autobiographie von der »exzentrischen Kunst des Torwarts« schwärmte, stand im Tor – wie der größte seines Fachs, Nabokovs Landsmann, der unvergessene russische Keeper Lew Jaschin. Nabokov indes war im englischen Exil keine triumphale Torhüterkarriere beschieden; dazu war er – das Problem vieler Torhüter – zu eigensinnig: »Ich war weniger Hüter eines Fußballtores als Hüter eines Geheimnisses. Während ich mich mit verschränkten Armen an den linken Torpfosten lehnte, genoß ich den Luxus, meine Augen zu schließen.« Nein, so geht es beim besten Willen nicht. Als Schriftsteller war dieser Mann unvergleichlich besser.

Auch Deutschlands literarisches Zentrum, Berlin, schaffte es nie zur echten Fußballstadt, das ist bis heute so geblieben. Hier gingen die Dichter, wenn überhaupt, zum Sechstagerennen oder zum Boxen. Nicht ohne Grund hat man für diese Epoche von »Asphaltliteratur« gesprochen und nicht von einer Poesie des grünen Rasens. Unvorstellbar auch der Gedanke, Thomas Mann habe in München eine Tribünenkarte gelöst und neunzig Minuten das Gekicke und Gejohle bei einem Match von »1860« ertragen, wenngleich er da gewiß manchen durchtrainierten Jüngling zu Gesicht bekommen hätte. Mann war nur typisch für seine Berufskollegen, wenn er die ätherischen Strandvergnügungen des Badeurlaubers oder die entsagungsvolle Gymnastik dem plebejischen Fußball und dem Bad in der Masse vorzog. Da wundert es nicht, daß er Adrian Leverkühn, den Helden des »Doktor Faustus«, in Kaisersaschern aufwachsen läßt. In Kaiserslautern wäre kein syphilitischer Komponist aus ihm geworden, sondern ein schußgewaltiger Fußballspieler, und der Schlüsselroman des deutschen Künstlers in der

Moderne hätte einen ganz anderen Verlauf genommen.

Warum wurde nichts aus dem Doppelpaß zwischen Literatur und Fußball, der doch so elegant hätte wirken und zu so manchem Treffer hätte führen können? Die allgemeine Beliebtheit und die hemdsärmelige Lockerheit dieses Spiels boten sich für die Asphaltmoderne doch geradezu an. Fußball war das Ritual, das den gesichtslosen Siedlungen der Arbeiterschaft rund um die Hauptstädte und in den Stahl- und Kohleregionen ein Gesicht gab. Fußball hatte, was die junge Literatur erst erwerben wollte: Profil. Und war bei jedermann bekannt und beliebt.

Doch ach, das semantische System des Fußballs mit seinen Tabellen, seinen Maskeraden, seinen Quälereien für Spieler und Zuschauer, seiner ereignislosen Tristesse und vor allem seiner spezifischen Sprache wurde von den Intellektuellen nicht ernst genommen – und wird es nicht bis heute.

Fußball drängte sich förmlich auf als referenzloses, historisch unbelastetes Experimentierfeld der Literatur. Fußball war schon vor dem Krieg Lebenswelt und Sprachspiel zugleich. Aber die großen Autoren suchten sich andere Refugien, um ihre Obsessionen reifen zu lassen. Thomas Mann und Robert Musil wählten den bildungsbürgerlichen Kosmos der historischen Ironie – sie zogen also das Spiel vor, das sie bereits verloren wußten.

Franz Kafka und Sigmund Freud, die dem Wahn des Fußballfans und der Unterordnung des Spielers unter das Über-Ich des Schiedsrichters gewiß viel abgewinnen konnten, polsterten sich ihre neurotischen Traumwelten aus. Fußball war ihnen, weil sie ihn nicht verstanden, nicht verhängnisvoll genug. Sonst hätte Kafka geschrieben: »Einmal dem Pfeifen des Schiedsrichters gefolgt …«, und aus seinem Josef K. wäre später ein Franz B. geworden, der sich auf dem Spielfeld in ein schwarzes Insekt verwandelt fühlt. Und Freud hätte den Analytiker nach dem gesellschaftlichen Vorbild des Fußballtrainers geformt. Statt auf der Couch fänden sich heute Millionen von Therapierten auf der Ersatzbank wieder.

Die Liste der Mesalliancen mit dem Ball ließe sich beliebig verlängern. James Joyce, der seine Sprache zur verlorenen Heimat erklärte und in der Fremde nach Herzenslust mit ihr herumspielte, hätte sich besser einen Ball genommen und die Irrfahrt des Ulysses mit dem Umherirren eines überforderten Manndeckers verglichen, anstatt Dubliner Kneipengänger kryptische Dialoge austauschen zu lassen. Hätten sie über Fußball geredet, man hätte sie auch jenseits der Stadtgrenzen sogleich verstanden. Selbst Marcel Prousts feinsinniger Rückzug in die Kindheitserinnerungen hätte an Überzeugungskraft gewonnen, hätte er sich ab und an eines derben Fußballspiels auf schlammigem Grund entsonnen und nicht nur der Geruchs- und Geschmackswerte von Teegebäck und Orchideen. Hätte die Amerikanerin Gertrude Stein eine Fußballreportage zu Ohren bekommen, sie allein wäre vielleicht imstande gewesen, die Lakonik und die Dezision des Spiels in Sprache zu fassen: klare Aussagesätze und unablässige Wiederholungen. Doch auch dieses Buch wurde nie geschrieben.

Was beim Fußball für die Massen von Vorteil war – seine Einfachheit, seine Internationalität, seine Entschiedenheit, seine unspektakuläre Härte –, verbaute den spät-

bürgerlichen Literaten den Zugang zu ihm. Daß es keinen Fußballroman von Rang gibt, keine »Suche nach dem verlorenen Ball«, kein »Match ohne Eigenschaften«, zeugt von der Entfremdung der Literatur vom Volk.

In Deutschland wurde Fußball nur im kulturellen Abseits gespielt. Das Ruhrgebiet von Schalke bis Dortmund, von Sodingen bis Erkenschwick, die Kaiserlauterer Pfalz, die von Helmut Schön trainierte Saar, das Frankenland der Nürnberger Clubberer lagen in der Provinz und fanden keine Sänger der fußballerischen Großtaten, die in diesen Gäuen vollbracht wurden. Diese Mißachtung des Fußballs hat dem Sport, der sich selbst trägt, naturgemäß weit weniger geschadet als der Literatur, die von der Welt zehrt. Während der deutsche Fußball zwischen 1954 und 1990 Weltniveau hatte, läßt sich das von der Literatur der Nachkriegszeit gewiß nicht behaupten.

Dabei hat einer der größten Autoren dieser Generation einen Roman verfaßt, der vorderhand im Milieu des Sports angesiedelt ist. Uwe Johnsons *Das dritte Buch über Achim* wurde 1961 geschrieben. Der Autor wählte das bewährt proletarische Umfeld des Radrennens. Nur zehn Jahre später, und der Literaturgeschichte wäre ein deutsch-deutscher Schicksalsroman über die unmögliche Beziehung zwischen Sepp Mayer und Jürgen Sparwasser beschert worden.

In der Zeit der Achtundsechziger wurde es im Westen schick, sich als Intellektueller zum Proletenvergnügen herabzulassen. Die bürgerliche Trennung von Hoch- und Volkskultur war ja vorbei. Doch welche sachlichen Schnitzer erlaubten sich die Literaturrebellen und verrieten damit, daß sie sich den Fußball nur ausgesucht hatten (und nicht umgekehrt), daß die Schriftsteller also niemals den Fußball begreifen würden. Peter Handkes *Die Angst des Tormanns beim Elfmeter* zeugt bereits von ungemeiner Schludrigkeit und Ahnungslosigkeit des Autors angesichts eines gesellschaftlichen Milieus, über das er sich dennoch freiweg zu urteilen anmaßt. Denn natürlich ist es nicht der Torwart, sondern der Schütze, der beim Elfmeter Angst verspürt. Der Torwart kann beim Strafstoß nur gewinnen, das weiß ein jeder Fan.

Die arttypische Weinerlichkeit, die dem oberflächlichen und darum vergeblichen Anbiedern der Intellektuellen ans Arbeitermilieu nach 1968 unweigerlich folgte, drückt am besten Günter Grassens Vierzeiler »Nächtliches Stadion« aus. Er endet: »Einsam stand der Dichter im Tor, doch der Schiedsrichter pfiff: Abseits.« Auch das ist fußballerisch unmöglich, doch sollte damit die Tragödie gemeint sein, daß die deutschen Schriftsteller über ihre Gesellschaft nichts Wesentliches mehr aussagen konnten, weil sie vom Fußball keine Ahnung hatten, dann sind diese Haiku-haften Zeilen ein genialer Abgesang.

Karl-Heinz Bohrer gelang in dieser abgehobenen Atmosphäre nur ein scheinbarer Befreiuungsschlag, indem er seine gesellschaftlichen Utopien in den proletarischen Fußball Englands projizierte – die blaue Blume wächst immer im fernen Land. Fußball läßt sich nicht zur

Heilung der eigenen Neurosen dosieren und beiläufig in einen literarischen Kosmos vorgefaßter Meinungen einbauen. Es war wohl schon zu spät, die dem Spiel eigene Semantik mit der Sprache aufzunehmen, um seine Logik von innen zu beschreiben.

Die beleidigte Literatur beackerte in der Folge ein Gebiet, das beim Fußball zuallerletzt gepflegt wird: die Innerlichkeit. Es sagt wenig über unsere Gesellschaft vor und nach der Wiedervereinigung und viel über die Isolation unserer Intellektuellen, daß immer neue Romane und Theaterstücke über die gescheiterte Selbstfindung von Sozialarbeiterinnen oder über die weihevollen Schaffensstunden verkannter Jungdichter in südeuropäischen Bauernhäusern entstanden, während die Bundesrepublik allenfalls in Ror Wolf und Eckhard Henscheid Fußballkenner hervorbrachte, die mit den Stilmitteln des Spiels große Literatur schufen – und gerade wegen dieses anarchischen Witzes von den literarischen Schiedsrichtern geächtet wurden.

So sammelte und redigierte Henscheid aufopferungsvoll Fußballanekdoten, um der Nachwelt große Persönlichkeiten der deutschen Fußballhistorie wie »Charlie« Dörfel, »Spezi« Schaffer, »Luffe« Wolter, »Stan« Libuda, »Hoppi« Kurrat und »Ertl« Erhard mit allen ihren spielerischen und sprachlichen Finessen zu überliefern. Henscheids *Standardsituationen* bieten das einzige Beispiel für Rollenprosa aus der Welt des Profifußballers. Dieser Autor scheut sich nicht, die Profis beim Hymnen-Üben, beim obligatorisch mühseligen Italienisch-Unterricht vor dem Wechsel zum AC Mailand, im Videocenter, beim Studieren von Bauherrenmodellen, gar beim Duschen nach dem Gewinn der Deutschen Meisterschaft zu belauschen. Selbst zu den Bayreuther Festspielen begleitet er Lothar Matthäus, der hier »Manni Matthias« heißt und beim Interview im Sportstudio zur sprachlichen Glanzform aufläuft: » Also, an sich waren wir von Anfang an durch unseren Trainer (gesprochen: Drähna), also praktisch durch unseren Tabellenstand motiviert … Wir waren, wie g'sacht, motiviert, praktisch hoch motiviert – aber dann ist aus der Standardsituation heraus, wie g'sacht, schon nach dreizehn Minuten das 0:1 gefallen, wo eigentlich bei einer voll eingespielten Deckungsreihe nichts passieren darf, wenn man auf Meister programmiert ist. Also: Einwurf, Flanke, Tor. Frage: Wo blieb die Deckungsarbeit?«

Solche Passagen machen deutlich, welche menschlichen Dramen von den hochmütigen Literaten ignoriert werden, wenn der Fußball fehlt. Henscheid, der es besser machte, wurde dieses Engagement mitnichten von der Kritik gedankt. Wie meinte Manni Matthias? »Praktisch meine größte und ich möchte sagen menschliche Enttäuschung seit 1982«. Dabei hatte der Kritiker Marcel Reich-Ranicki noch gerühmt: »Kein Drama der Welt kann so übersichtlich sein wie ein Fußballspiel.« Oder war das etwa abschätzig gemeint?

Rar und meistens erfolglos sind die Versuche, den Fußball ins Kulturgeschehen zu integrieren. Aus einer solchen Perspektive gönnerhafter Herablassung kann das auch gar nicht gelingen. Wer den Spaß am Fußball nicht ernst nimmt, hat die Macht des Spiels nicht verstanden, die längst weit über die Wirkungskraft bürgerlicher Kultureinrichtungen wie Theater und Oper hinausgeht. Im

Gegenteil – je weniger Anspruch irgendeine herkömmliche Kunstgattung darauf erheben kann, die Rede zu dominieren und die Welt zu deuten, um so stärker übernimmt der Fußball diese Rolle. Mit dem deutschen Film, der Literatur und dem Theater ist nicht mehr viel los, da kann man ja nur noch die Bundesliga verfolgen – mit einem Versagen der herkömmlichen Kultur wird gerne der deutsche Fußballboom der späten achtziger Jahre erklärt.

Da ist es ein Zeichen der Gnade, wenn das ums Überleben kämpfende Bremer Theater einen Kooperationsvertrag mit dem SV Werder schließen darf, in dem »wechselseitige Besuchervergünstigungen« sowie die »Begegnung von Fußball- und Schauspielern« vereinbart wurden. Auch die erste Fußballoper entstand, weil die Hochkultur gegen die Attraktivität des Stadionbesuchs nicht mehr ankam. Die Oper von Leeds brachte in resignierter Konkurrenz zum Traditionsclub Leeds United 1994 »Playing away« heraus, geschrieben von Benedict Mason und Howard Brenton. In dieser so rührseligen wie überdrehten Geschichte vom Niedergang des Stürmerstars Terry Bond bekommt der Ball (Sopran), der mal erbarmungslos getreten, mal in elegantem Walzer gedribbelt wird, eine tragende Rolle zugewiesen. Der längste Ton des Stückes besteht im Abseitspfiff des Schiedsrichters. Die Hooligans bilden einen lautstarken Chor und überschreien die Angst des Tenors beim Elfmeter.

Solche Adaptionen müssen spaßige Ausnahmen bleiben. Sie scheitern allesamt daran, daß Fußball viel komplexer ist, als es Außenstehenden erscheint. Sie malen die Fassade ab, nutzen das distinkte Milieu, die drastischen Gebräuche und meinen, damit alles über Fußball ausgesagt zu haben. Solches Schmarotzen ist verlockend in einer amorphen Gesellschaft, die immer weniger abgrenzbare Soziotope im Sortiment hat. So kommt dann Abstauberkultur zustande.

Es scheint, als ließe sich über den Fußball mit den Stilmitteln herkömmlicher Genres wenig Erhellendes sagen. Umgekehrt paßt sich die Hochkultur immer mehr dem Massenspektakel im Fußballstadion an. Die besten Tenöre, denen es zu anstrengend geworden ist, sich vor kritischem Fachpublikum in kleinen Opernhäusern beweisen zu müssen, füllen lieber Fußballstadien, wo sie im Flutlicht und mit großem technischem Equipment loslegen – »O sole mio«. Ein Potpourriauftritt dreier alternder Tenöre als Zugabe zur Fußballweltmeisterschaft 1990 in Italien brachte den Herren gigantische Erlöse. So ähnlich stellte sich wohl ein Fußballmanager die schmalzige Verschmelzung der Kulturen vor, als er das »Stadionerlebnis« beschrieb, das ihm für die Zukunft vorschwebt: »Erst das Spiel, dann Pavarotti.«

Nur vereinzelt und nur in Kulturen, in denen der Fußball als Ausdrucksform selbstverständlich geworden ist, kann diese Kluft manchmal überbrückt werden. In Deutschland ist eine Literaturzeitschrift, in der es ausschließlich um Fußball geht, undenkbar. Man fände nicht einmal für ein einziges Heft genügend Autoren. In den Niederlanden hingegen existiert seit geraumer Zeit »Hard Gras« – eine, wie sie sich selbst nennt, »Fußballzeitschrift für Leser«. Unter allen Periodika ist »Hard Gras« bei den niederländischen Schreibern das beliebteste, denn das große Interesse am Fußball erlaubt den Herausgebern, die höchsten Honorare zu zahlen. In

Deutschland, wo Volkskultur und Elitekultur einander ferner sind denn je, konnte zwischen Literatur und Fußball kein dauerhaftes Zusammenspiel erwachsen.

Seine Literatur muß sich der Fußball selber schreiben. Und wenn das geschieht, dann nicht bei Werder Bremen oder Eintracht Frankfurt, sondern im armen Neapel, das während der achtziger Jahre zur Bühne für den besten Fußballspieler der Welt wurde. Die Geschichte könnte von einem der beiden großen argentinischen Schriftsteller stammen, von Jorge Luis Borges oder von Julio Cortázar: Der kleine Diego Maradona aus einem heruntergekommenen Vorort von Buenos Aires wird als genialer Fußballspieler entdeckt. Er zieht in die große Welt, zuerst zum CF Barcelona. Doch bei den Berühmten und Finanzstarken zu reüssieren, wo jeder Spieler Erfolg hat, reicht ihm nicht aus. Maradona bringt den bis dahin wenig erfolgreichen SSC Neapel in den erlauchten Kreis europäischer Spitzenclubs, wird zweimal italienischer Meister, Pokalsieger, stemmt strahlend den UEFA-Cup in die Höhe. Der kleine Diego wird zum vergötterten Volkshelden. Nebenbei vergißt er seine Wurzeln nicht und kehrt regelmäßig in die argentinische Heimat zurück. 1986 macht er sein Nationalteam zum Weltmeister.

Die Geschichte wird immer märchenhafter: Da kommt ein einzelner und triumphiert mit seinem Können über die Millionen anderer, die sich gleichfalls bemühen. Sie versuchen, ihn zusammenzutreten und durch athletische Gegenspieler auszuschalten. Aber immer wieder blitzt für Sekunden sein Genie auf und führt seine Mannschaft zum Sieg.

Doch dann – wie bei Borges oder Cortázar – schleicht

sich unmerklich das Unheimliche in das Leben dieses Göttersohnes ein. Mit Cortison muß er die Knochen und Gelenke stärken, die von den vielen Tritten lädiert sind. Der Abgekapselte genießt die kurzlebigen Freuden des Lebens, die seinen stämmigen Körper aufschwemmen. Der Einsame schafft sich falsche Freunde an, zwielichtige Camorra-Bosse und Damen der Halbwelt. Sein Manager Czyterspiler verschwindet, vermutlich mit einem guten Teil des vielen Geldes, das der naive Diego ohnehin nie überblicken konnte.

Seine Funktion als Unicef-Botschafter für die Kinder in der Welt muß er niederlegen, als eine junge Frau eine Vaterschaftsklage gegen den Sinnenfreudigen einreicht. Maradona meidet, mißtrauisch gemacht, seine Kollegen, trainiert nicht mehr wie die anderen, die normalen Sportler. Von Drogenpartys ist die Rede. Telefone werden abgehört. Sensationsberichte fördern intimste Details aus dem turbulenten Sexualleben Maradonas zutage. Er wehrt sich anfangs, doch die Entscheidung ist gefallen: Ein Götterbild soll bei lebendigem Leibe demontiert werden.

Schließlich gibt ihm ausgerechnet ein unbestechlicher deutscher Chemiker namens Donike den Rest und weist nach, daß der Heros Kokain nahm. Das ist der Bannfluch der exakten Wissenschaft gegen einen, der zu seinen besten Zeiten die Naturgesetze außer Kraft zu setzen schien. Nun hat er Spielverbot und flüchtet mit dem letzten erteilten Privileg, einem Diplomatenpaß, bei Nacht und Nebel vor seinen vergrätzten Arbeitgebern, die noch Geld von ihm bekommen; vor der Justiz, die ihn belangen will; vor der feixenden Presse, die ihn weiter demütigen möchte; und vor seinen Fans, die ihr früheres Idol jetzt von ganzem Herzen hassen. Italien sieht ihn niemals wieder.

Die Geschichte Maradonas ist eine mediterrane Heiligenlegende im Fußballtrikot. Auch dem phantasielosesten Sportreporter mußte die Nähe dieses impulsiven Putto zum wundertätigen Katholizismus Neapels auffallen. Maradona bekreuzigte sich, wenn er siegte und wenn er vom Feld gestellt wurde. Er konnte vor Glück weinen und fluchte, ausgepfiffen, wie ein obszöner Kutscher. Die pralle Großkotzigkeit von Maradonas neureicher Sippschaft, der Massentaumel der verzückten Neapolitaner, die endlich einmal über die reichen, arroganten, erfolgsverwöhnten Lombarden und Piemontesen triumphieren durften, und die anarchistische, launische Genialität Maradonas – diese Mischung konnte nur in der Stadt gedeihen, wo sich das Blut des heiligen Gennaro einmal jährlich im Weihrauchnebel und unter dem Gemurmel der Gläubigen verflüssigt, wo die Hoffnung auf ein kleines Wunder im Alltag oft die einzige Ausflucht aus Armut, Hunger und Verbrechen bedeutet.

»Diego« – wie sie ihn brüderlich riefen – konnte Wunder auf dem Fußballplatz geschehen lassen, wenn er auf engstem Raum seine Gegner ausspielte, wenn er aus unmöglicher Position spielentscheidende Pässe schlug, wenn er mit Vollstreckerinstinkt zum Torschuß zur Stelle war, wenn er Freistöße ins Eck zirkelte, als wären sie von San Gennaro ferngesteuert. Mit dem Instinkt der Straße sprach Maradona das legendäre Wort, sein irreguläres Tor bei der Weltmeisterschaft 1986 gegen England sei von der »Hand Gottes« erzielt worden. Und wenn man sich seiner spielerischen Kreativität entsinnt, muß man seinen pathetischen Worten Glauben schenken, er träume seine Spielzüge in der Nacht davor. Der Ball, sagte er einmal, sei ihm Frau und Mutter zugleich. Maradona war – wie vor ihm nur noch Pelé – ein großer Inspirierter. Selbst ein spöttischer Chronist wie Ror Wolf wurde da hymnisch: »Er schwingt und dreht sich, und er fließt gelassen ins Überirdische hinein – nicht mehr zu fassen.«

Später, da Maradona sich jahrelang wie ein Delinquent in Buenos Aires verschanzt hatte, begriff die Welt, daß die Heiligenlegende nur das italienische, das märchenhafte Kapitel in Maradonas Geschichte war. Erst als argentinischer Held konnte er für die Nachtseite, für das Trügerische allen Glanzes, einstehen, konnte den Preis vor Augen führen, den ein Gassenjunge für die Erhebung zu den Göttern zu entrichten hat. Borges und Cortázar beschrieben in ihren Geschichten, wie tief man fällt, wenn einem der Boden des Vertrauten unter den Füßen weggezogen wird. Diego kehrte heim, und erst jetzt liebten ihn die melancholischen Argentinier wirklich. Das war schon nach der Weltmeisterschaft 1990 so, als sie die Niederlage im Endspiel gegen Deutschland wie einen Sieg feierten – wie auch im argentinischen Tango die gescheiterte, verhaltene Leidenschaft größeren Genuß bereitet als das schale Glück der Erfüllung.

Später erst begriff man, daß der getretene, ausgepfiffene, aufgeschwemmte Maradona inmitten seines Häufleins von fußballerischen Stümpern bei der letzten Weltmeisterschaft ein gescheiterter Held war, neben dem fehlerlose deutsche Kraftsportler wie Matthäus, Reuter oder Brehme wenig weltmeisterliches Charisma besaßen.

Der Fußball der Welt hatte allen Grund, seine eigenen Gebräuche zu betrauern: Man treibt nicht ungestraft das Göttliche aus dieser Welt. Man wacht dann auf in der nüchternen Wirklichkeit und sehnt sich nach dem Heros, den nur mehr der Fußball gebiert, zurück.

Was hat die rosige Legende vom heiligen Diego in die tragische Geschichte eines gestürzten Idols verkehrt? Er hatte nach den Sternen gegriffen; er hatte begonnen, an die eigene Unsterblichkeit zu glauben, und am Sockel der wahren Götter gekratzt. Zu seiner pompösen Hochzeit hatte er im Flugzeug noch Sessel für die Konzernchefs und Clubpräsidenten aus Mailand und Turin, für die Agnelli, Berlusconi, Pellegrini freigehalten, die freilich nie erschienen. Da mögen sie noch gelächelt haben. Doch als Maradona ihnen mit einem genialen Paß und einem verwandelten Elfmeter ihren größten, minutiös geplanten Coup vermasselte, Italiens Weltmeistertitel 1990 nämlich, da wurde er fallengelassen. Seine dionysischen Eskapaden, von denen man schon längst gewußt hatte, durften hervorgezerrt werden. Seine Herren, die sich wie einst römische Senatoren ihre Clubs als Zeichen ihrer Macht halten, wiesen ihren hochbezahlten Gladiator in seine Schranken. Diego Maradona wurde wieder zum Argentinier.

Und Maradona, der pummelige, schmutzige Halbgott, ging nicht heldenhaft unter; er verteidigte sich nicht einmal vor den Thronen der Unsterblichen. Er stahl sich heimlich davon, als wollte er uns die trügerische Hoffnung bewahren, von der der Fußball lebt: Das unvorhersehbare Schöne könnte irgendwann in die entzauberte Welt zurückkehren.

Julio Cortázar nannte seinen größten Roman *Rayuela*. So heißt in Argentinien das Hüpfspiel für Kinder, bei dem man mit einem Fehltritt statt im Himmel wieder in der Hölle landet. Dort heißt es: »Das Leben ist wie ein Kommentar zu etwas anderem, das wir nicht erreichen, und es liegt da in Reichweite des Sprungs, den wir nicht machen.« Maradona konnte diesen Sprung machen. Er ist dafür belohnt worden. Und er hat dafür bezahlt.

Und wie die Gattungsgesetze es vorschreiben, kehrte Maradona zur nächsten Weltmeisterschaft, 1994, noch einmal zurück: untrainiert, isoliert, beargwöhnt in einer argentinischen Nationalmannschaft, die dann zusammen mit ihm unterging. Auf die Tragödie hatte die Farce zu folgen: Maradona wurde wegen der angeblichen Einnahme von Schnupfentropfen abermals des Dopings überführt und mußte abermals bei Nacht und Nebel nach Buenos Aires fliehen. Welch harter Schlag für einen, der Kokain geschnupft hatte, nach erfolgreichem Entzug und Resozialisierung für die Einnahme von Schnupfentropfen bestraft zu werden. Maradona verstand die Welt nicht mehr. Da war er nach seinem allerletzten Weltmeisterschaftstor gegen Griechenland brüllend und mit weitaufgerissenem Mund auf eine Kamera zugelaufen, daß sogar die Techniker die Flucht ergriffen. Maradona hatte der ganzen Welt ein letztes Mal zeigen wollen: Mein Hals- und Nasentrakt ist wieder frei.

So vieles hatte man diesem großen Künstler verziehen: Er konnte sich mit Mafiabossen in Neapel zeigen, er konnte uneheliche Kinder in die Welt setzen, er konnte sogar mit dem Luftgewehr auf neugierige Journalisten schießen – alles harmlose Fouls. Für diesen Außergewöhnlichen galten eben andere Gesetze. Denn er hatte beim Fußball das Organ, das niemand trainieren kann und das Millionen anderer Spieler nie haben werden: Maradona hatte die Nase. Die Nase für das geniale Zuspiel im richtigen Moment, die Nase für die Körpertäuschung, wenn es galt, eine Abseitsfalle zu überlaufen, die Nase, in der richtigen Hundertstelsekunde am richtigen Ort zu stehen.

Früher, als für dergleichen Einzigartigkeit noch Mozart oder Picasso zuständig waren, traute man sich, so jemanden »Genie« zu nennen. Maradona war ein Genie, das die Welt an der Nase herumführte. Er stach um so mehr heraus, als seine Mit- und vor allem seine Gegenspieler so himmelweit von ihm abfielen: große, kantige Nutzenbolzer, die in ihrer Jugend hunderttausendmal den Ball vor die Garagenwand gedroschen und trotzdem außer Grätschen und Weghauen nichts gelernt hatten.

César Luis Menotti, der argentinische Trainer, verglich Maradona einmal mit dem umschwärmten Beau auf einer Party, der mit den schönsten Mädchen tanzt. Gegen ihn seien alle Verteidiger dieser Welt nichts als Wadenbeißer, die dem Günstling des Glücks hinterhältig die Frauen abspenstig zu machen versuchen. Wer wollte nicht wie Maradona sein? Doch ihm, der die Welt der Partys schätzenlernte, wurde seine Nase außerhalb des Spielfelds immer mehr zum Verhängnis. Das Kokain, das er schnupfte, tat sein Zerstörungswerk. Spötter prophezeiten ihm eine sportliche Zukunft nur noch bei den Winterspielen: Nur wenige Argentinier fänden sich besser mit Schnee zurecht als er. Doch in Wahrheit war diese Geschichte alles andere als lächerlich. Sie wurde zur Bestätigung dafür, daß dem genialen Fußball, dieser ewigen Utopie, im Spielbetrieb keine Dauer beschieden ist. Es ist nur konsequent, daß ein Schnupfenspray eine traumhafte Karriere endgültig beendete, die schon länger zur Farce geworden war. Und so klingt die größte Fußballerkarriere der jungen kommerziellen Epoche dieses Sports aus, indem der Heros bei südamerikanischen Vereinen für ein geringes Entgelt den Tanzbären macht, der in die Krise geratenen Clubs ein wenig Medienaufmerksamkeit beschert.

Solche Geschichten schreibt der Fußball selbst, keine Literatur könnte sie erfinden. Gustav Seibt hat die italienische Sportpresse als Fortschreibung der mittelalterlichen Ritter- und Heldenepen gedeutet. In einer Kultur wie der italienischen, deren Faden zu dieser Tradition noch nicht gänzlich abgerissen sei, vermöchten sich die Fans dem suggestiven »Wallungswert« des Fußballs ohne falsche Scham hinzugeben. Wenn die Wallungswerte stimmen – und das ist in seltenen Momenten sogar im nüchternen Deutschland der Fall –, dann wird Fußball zum modernen Epos, das vom Triumph und Untergang des Helden singt, von schuldhafter Verstrickung, vom Opfergang der Niederlage oder dem irdischen Paradies.

Darin dürfte denn auch der entscheidende Grund liegen, warum Fußball nicht zum Gegenstand für große Literatur werden konnte: Die Dramaturgie eines Spiels skandiert ihre eigene Sprache. Wir können ein Fußballspiel, dieses selbstorganisierte Zeichensystem auf grünem Grund, laut mitlesen wie ein Gedicht. Wir können dabei mitleiden wie bei einem spannenden Roman, Furcht und Schrecken erleben, als sähen wir eines von

Shakespeares Dramen. Für einen Autor, der mit der linken Hand die vermeintliche »Stimmung« auf Platz und Tribüne einfängt, um daran dann seine Theorien über die Gesellschaft zu explizieren, ist der Fußball schlicht zu umfassend.

Sperrige Texte aus unsinnlichen Buchstaben sind zu schwach, dieses Gesamtkunstwerk zu fassen. Über Fußball kann man nicht schreiben. Fußball ist selbst Literatur. Alle, die sich mit Fußball befassen – Spieler, Funktionäre, Schiedsrichter, Trainer, Fans, Journalisten –, schreiben gemeinsam an einem großen Text und versuchen immer aufs neue vergeblich, ihn zu entziffern.

Religion
Fußball ist Fußball ist Fußball

Nicht nur der Fußball, auch das Denken ist längst in die post-metaphysische Phase eingetreten. Seit Trainingswissenschaft und Sportmedizin den Lauf des Balles kontrollieren wollen, seit sich herausgestellt hat, daß man ein Spiel effizienter zerstören als aufbauen kann, ist die dämmerige Stunde ideenloser Gurkentruppen, auch am Katheder, angebrochen: viel athletische Effizienz, keine Einfälle.

Der vorhersehbare Kick strukturalistischer Trainingswissenschaft verkommt im Leerlauf. Der raumgreifende, spontane Steil- und Doppelpaß als Metapher philosophischen Fortschrittsglaubens ist tot. Doch die Eigentlichkeit des Fußballs ist immer noch zu finden. Wir müssen nur genau genug hinsehen. Sepp Herberger, der frühere »Chef« und Alt-Bundestrainer, führte mit ein paar zenmeisterlichen Sätzen zum Wesen der Sache, jenseits von Glanz und Kult: »Das Spiel dauert neunzig Minuten.« – »Der nächste Gegner ist immer der schwerste.« – »Tore schießen und Tore verhindern – das ist die Aufgabe.« In der Reduktion auf das Wesentliche wird man dem Fußball gerecht, und alle Dialektik beißt sich an ihm die Zähne aus. Besserwisserei über Gründe von Niederlagen, über mentale Hemmungen, über die Kondition der Spieler machen den Fußball nicht aus.

Bei seinen kryptischen Schelmereien wird Herbergers Nähe zur Philosophie Martin Heideggers offenbar. Beide sind beinahe ein Jahrgang und von auffallend ähnlich knorriger Statur. Beide machten in den dreißiger Jahren Karriere, der eine zum Propagandisten der faschistischen Universität, der andere zum Reichstrainer. Und beide schwangen sich in den fünfziger Jahren nach der tiefsten Niederlage zur Weltspitze auf: Heidegger als verfemter Meisterdenker aus dem Schwarzwald, der Pfälzer Herberger als volkstümlicher Vater des »Wunders von Bern«.

Heidegger war in seiner Jugend linker Läufer beim FC Meßkirch. Später verehrte er Beckenbauer als Genie und quartierte sich, weil er als Feind der Technik keinen eigenen Fernseher haben durfte, zu Fußballübertragungen regelmäßig bei Freiburger Bekannten ein. Seine Anteilnahme war innig. 1964 beim Match Hamburger SV gegen CF Barcelona ging Heidegger so leidenschaftlich mit, daß er den Teetisch umtrat. Wie gern hätte der Hüter des unbehausten Seins den sprechenden Namen Herberger getragen! Und ist es nicht eine antiintellektuelle Eulenspiegelei Herbergers, daß er seine Pläne in ein sprichwörtliches »Notizbuch« eintrug, vor dem die Spieler einen Heidenrespekt hatten und in das niemand einen Blick werfen durfte? In allerjüngster Zeit erst wurde das Geheimnis dieses Notizbuches gelüftet, als der Deutsche Fußball-Bund erstmals einen Einblick in den Nachlaß gewährte. Tatsächlich hat Herberger ein Leben lang über

Mannschaftsaufstellungen gebrütet. Immer neue Spieler fanden den Weg in sein Notizbuch, die meisten wurden schließlich kategorisch verworfen. Noch lange nach seiner Pensionierung bastelte Herberger, unermüdlich an der Schreibmaschine in seiner Dachkammer, an der idealen Mannschaft – ein Lebenswerk von dreihundert Aktenordnern voller Notizen. Eine der letzten Eintragungen des fast Achtzigjährigen, sein Vermächtnis an die Nachwelt, datiert von 1974. Auf einem Zeitungsausschnitt spekuliert er: »Halblinks Netzer – oder?«, um den Mönchengladbacher dann doch zu verwerfen und dem schnellen Wolfgang Overath den Vorzug zu geben, mit dem Helmut Schön schließlich auch Weltmeister wurde.

Bei allem wissenschaftlichen Ansehen Heideggers und seiner kargen Kunst des Denkens – der schlüssigere Kopf bleibt Sepp Herberger, dieser biedere Handwerksmann des Fußballsports. Heideggers verwickeltes Diktum »Das Ereignis ereignet. Damit sagen wir vom Selben her auf das Selbe zu das Selbe« kann mit der in sich geschlossenen Evidenz und Gedankentiefe von Herbergers »Der Ball ist rund« nicht mithalten.

Nur noch die Tautologie ist imstande, eine Kultur zu entlarven, die mit ihrem Nichts dialektische Pirouetten dreht. Alle, die den sportlichen Betrieb medial aufpolieren, stellt Herberger bloß, indem er Fußball als banales Mysterium begreift: »Wir waren so erfolgreich, weil wir halt immer ein Tor mehr geschossen haben als die anderen.« Herberger nimmt der Scheinwelt ihren aufgeblasenen diskursiven Sinn und stößt als echter Phänomenologe zu den Sachen selbst vor. Und diese Sachen haben eine Gestalt, die man schon gar nicht mehr wahrnahm.

Ein Ball ist aus Leder und rund. Läßt man ihn rollen, ist vieles möglich. Aber nichts ist sicher.

Berühmt ist Herbergers Orakel vor dem Endspiel in Bern, der Regen komme seinem Kapitän Fritz Walter entgegen: »Des is' dem Fritz sei' Wedder«. Hier vermeinte

Berti Vogts anzuknüpfen, als er nach einem Regenspiel gegen Wales trocken die braune Schlammfläche im Stadion in den Blick nahm und sagte: »Der Rasen ist grün«. Solche Lakonik liefert den Sportler den Elementen aus, dem Wasser, dem Matsch und dem Körper. Das Sein des ganzen Spiels trägt sein Geheimnis in der Zeit, denn ein jedes dauert neunzig Minuten. Und wo Heidegger in ein abgetragenes Paar Schuhe, das er noch nicht einmal in Wirklichkeit, sondern bei Van Gogh abgebildet sieht, umständlich die Härten und Freuden des Bauernlebens interpretiert, kommentiert Herberger trocken seinen Triumph von 1954: »Wir hatten eben die leichteren Schuhe.«

Mit Herberger, dem Philosophen im zerbeulten Trainingsanzug, können wir wenigstens das schlichte So-Sein des Fußballs genießen, obwohl das Goldene Zeitalter vergangen ist. Wir können über die Dinglichkeit der Schuhe, der Beine und des Balles meditieren. Wir können uns wundern, wie es wohl ausgehen wird, und dann an den nächsten Gegner, den schwersten, denken. Denn Herberger lehrt uns, was die Welt ist: ein unendliches Kombinieren einer begrenzten Zahl von Elementen. Die Regeln sind willkürlich; die Ergebnisse sind unvorhersehbar – beim sprachlichen, beim gesellschaftlichen Spiel. Und vor allem beim Fußball.

Angesichts dieser Übermacht deutscher Theorie wollte Jean-Paul Sartre nicht klein beigeben, obwohl das

Theorieland Frankreich im Fußball nicht im entferntesten mit den deutschen Erfolgen mithalten kann. Sartre versuchte es aus einer sicheren Deckung heraus mit dem Torwart. Der einsame letzte Mann wurde ihm – vergleichbar dem Sisyphos des Rivalen Camus – zur Verkörperung des modernen Menschen und seiner prekären Freiheit: »Der gute Tormann wird als gemeinsames Individuum spezifiziert, insofern er sich in der Zukunft durch seine vergangenen Aktionen als fähig erwiesen hat, mehr zu tun, als auf dem normalen Niveau der Organisation von jedem verlangt wird. Er wird Fähigkeit. Diese Fähigkeit nun als Bestimmung der möglichen Zukunft ist nichts anderes als die praktische und konstituierende Freiheit des organischen Individuums.«

Seien wir ehrlich: Läßt sich mit dieser Theorie eine Weltmeisterschaft gewinnen? Gerade der Torwart, der immer in seinem Kasten verharrt und zur Passivität verdammt ist, soll das Prinzip der Freiheit verkörpern? Eher noch ließe sich Freiheit beim Mittelfeldregisseur dingfest machen, der das Spiel aus eigener Eingebung gestaltet und den tödlichen Paß spielt, beim Schützen des Freistoßes oder beim Stürmer, der sich freigespielt hat. Sartre hatte vom Fußball keine Ahnung und führte damit die Existenzphilosophie in eine Sackgasse. Frankreich holte nach dem Krieg keine Weltmeisterschaft.

Erst die Systemtheorie hat sich aus dieser Umklammerung durch eine falsche, allzu verkopfte Spielauffassung wieder befreien können. Die Theorie des Sozialen erkannte nämlich ihre Wesensgleichheit mit den kreisschlüssigen Spielzügen des Fußballs, in denen Sinn nicht transzendiert, sondern immer wieder zum Ausgangspunkt zurückkehrt. So feierte die Gesellschaftstheorie den Doppelpaß und den Schalker Kreisel. Die Theorie liefert nur den zugehörigen Zirkelschluß nach – das Sprachspiel zum Ballspiel. Fußball ist aus solcher Sicht eine »besondere Form von systematisierter Wirklichkeitsdeutung« – er deutet die Wirklichkeit, indem er sie aus eigenen Regeln selbst erschafft.

Einzig noch der Fußball, rasant und tückisch, entwickelt aus den stupidesten Standardsituationen Unvorhersehbarkeit genug, um die Theoretiker von der Reservebank zu locken. So sieht Niklas Luhmann im Fußball das Symbol für das Schwanken unserer Gesellschaft zwischen Leichtigkeit und Schwere. Während die neue Ökonomie mit fiktivem Computergeld und flottierenden Märkten immer mehr alle Bedeutung verflüssige und die Menschen vom Boden der Tradition abhebe, klammerten sich diese um so inniger an regionale oder nationale Zugehörigkeiten. Beides – ungehemmter Markt und atavistisches Beharren – komme im Fußball zum Ausdruck. Und was das beste ist für eine bescheiden gewordene Theorie: Der Fußball macht in diesem Dilemma keine falschen Heilsversprechungen, sondern begnügt sich mit dem Widerspiegeln der Verhältnisse. Fußball ist Fußball. Er löst nichts auf und verspricht seinen Anhängern nichts. So symbolisiert er auf ideale Weise die selbstreflexive Gesellschaft. Luhmann folgert: »Niemand wird erwarten, daß Probleme der skizzierten Art auf der Ebene ihrer Symbolisierung gelöst werden können. Eher wird man vermuten dürfen, daß die Unlösbarkeit des Problems die Faszination durch das Symbol erklärt.«

Fußball ist schön. Wer sich neunzig Minuten lang ein

Spiel anschaut, der tut das nicht, um sich an einem langweiligen Gemurkel von Körpern zu weiden, die ihrer Aufgabe nicht gewachsen sind, und hinterher ein Resultat bestaunen zu können. Trainer und Spieler, die nach einem unansehnlichen Match, selbst wenn es ein Sieg war, empfehlen, die Zuschauer sollten das Spiel »abhaken«, »möglichst schnell vergessen«, weil »nur die Punkte zählen«, lenken mit solchem Gerede nur von ihrem Versagen ab: Das Spiel hat nicht gehalten, was es versprach. Ginge es nur um das Ergebnis, wie uns manch schrecklicher Vereinfacher weismachen will, dann genügte es, die Tabelle zu bestaunen. Das zählbare Ergebnis bedeutet nur eine Erschwernis auf dem Weg zu einem wirklich gelungenen Spiel. Ins Zweckfreie des Spiels wird mit dem quantitativen Element eine scheinhafte Vorgabe der Nützlichkeit eingebaut. Nun müssen die Mittel sich nicht mehr nur aus sich selbst, sondern zudem anhand des Erfolges beurteilen lassen. Fußball gehorcht somit denselben ästhetischen Gesetzen wie ein gelungenes Bauwerk oder stilvolle Kleidung: Funktionalität und Schönheit müssen zusammenfallen.

Deshalb haftet Siegen, die auf dubiose Weise unter Ausnutzung von irregulären Tricks oder nur unter äußerster Ausschöpfung des Regelwerks zustande gekommen sind, immer ein fader Beigeschmack an. Noch nach Jahrzehnten wird über das irreguläre »England-Tor« im Finale der Weltmeisterschaft 1966 gerechtet. Ein Titel, der wie der brasilianische 1994 nur im Elfmeterschießen errungen wurde, weil während des Spiels kein Ball den Weg ins Netz fand, oder der nur mit einem zweifelhaften Strafstoß wie der deutsche Titelgewinn von 1990 zustande kam, erscheint nicht ganz legitim, ja beinahe unschön. Das Spiel wird gespielt, damit in einer genügend langen Zeit alle spielerischen Mittel ausprobiert werden können, den Gegner durch überlegene Spielkultur und äußerste Anspannung der Körperkräfte zu besiegen. Die Regeln dienen nur dazu, Bedingungen aufrechtzuerhalten, die das freie Spiel der Kräfte gewährleisten. Muß das Regelwerk eine Entscheidung herbeiführen, weil die Unentschiedenheit der Verhältnisse nicht länger zu ertragen ist, erscheint der Sieg dubios. Er wurde nicht herausgespielt.

Wie jedes Kunstwerk entfaltet sich der Fußball in den Dimensionen. Auf dem Platz ist die Raumaufteilung und schließliche Raumbeherrschung das oberste Gebot. Wie es einer Mannschaft in organischem Zusammenklang gelingt, eine Fläche zu dominieren, die dafür eigentlich viel zu groß ist, entscheidet über den Spielerfolg und zugleich über die Ästhetik ihres Auftrittes. Entscheidend ist dabei die Balance zwischen Makro- und Mikrokosmos. Auf einem unbegrenzten Feld wären nur planlos chaotische Spielzüge möglich; ein Tor käme dann so mitleidlos zufällig zustande wie der Einschlag eines Meteoriten. Das Spielfeld muß aber auch groß genug sein. Wäre es so bemessen, daß sich mit den zweiundzwanzig Akteuren bequem die totale Kontrolle herstellen ließe, könnten die Zuschauer nur Entropie betrachten: das ergebnislose Hin- und Herschieben des Balles nach dem Gesetz der Brownschen Bewegung.

Dasselbe gilt für die Zeit. Auch sie beruht auf dem spannungsvollen Ausschnitt zwischen totalem Chaos und totaler Entropie: Ein zu kurzes Spiel brächte ein regelloses Rennen und Schießen hervor, bei dem sich keinerlei Strategie und individuelle Eigenheiten im Kollektiv ausmachen ließen. So wird ein Hundertmeterlauf, der bei ausgesprochen eintönigen Bewegungen in zehn Sekunden vorbei ist, niemals die ästhetische Qualität eines Fußballspiels erreichen. Das Fußballspiel muß sich entfalten, muß im Kennenlernen der Mannschaften und im Erproben der gegenseitigen Schwächen reifen. Auch die Pausen und Durststrecken gehören dazu. Es lebt von der Beherrschung des Raumes in einem geregelten, ununterbrochenen Ablauf von Zeit. Es ist nur in Form von Geschichte begreifbar. So erklärt sich die oft schon simultane Übersetzung des Spiels in Sprache. Wer ein Spiel miterlebt hat, braucht die diskursive Aufbereitung – etwa in der Sportpresse oder in Gesprächen-, um sich das Geschehen in der Zeit überhaupt erst genüßlich klarzumachen. Auch sorgt die ausgiebige Berichterstattung in der Sportpresse dafür, daß der Spannungstonus zwischen den Spielen nicht abreißt. Man geht, wenn man fleißig mitliest, gemeinsam mit den Spielern und ihren Herausforderungen durchs Leben.

Andererseits darf das Spiel auch nicht zu lange dauern. Die körperlichen Fähigkeiten der Spieler würden dann in einer Weise ermatten, daß – ähnlich einer Verknappung des Raumes – Entropie entstünde. Manche Verlängerungen, in denen die kraftlosen Spieler sich kaum mehr bewegen können oder die meiste Zeit mit Wadenkrämpfen am Boden liegen, zeigen, wie klug es ist, daß das Spiel neunzig Minuten dauert und nicht länger.

Innerhalb dieser Marge und innerhalb der Grenzen des Spielfeldes rhythmisiert der Ball Raum und Zeit. Je nachdem, wo er ist, fällt zu einem bestimmten Zeitpunkt die Entscheidung. Im Verhalten der Spieler zum Ball liegt das Geheimnis des Erfolges. Jedem Zuschauer wird die Dramaturgie, die Verdichtung von Zeit und Raum, augenfällig; der Ball – in Strafraumnähe, im Mittelfeld, im Aus – zeigt dies an. Gute Spielzüge, Konter vor allem, überbrücken in Sekundenschnelle den Raum, den ein einzelner in diesem Tempo und mit dieser Präzision niemals durchmessen könnte. »Die Linienführung solcher Attacken«, schreibt Horst Bredekamp, »ist in ihrer abstrakten Geometrie ästhetisch schön – der rasende Lauf, mit dem solche Angriffe vorgetragen werden müssen, um Raum für die Entfaltung solcher Muster zu gewinnen, vereinigt abstraktes Vorstellungsvermögen mit einem Höchstmaß an Körpereinsatz.«

Gerade weil das so schwer unter einen Hut zu bringen und den Spielern zu vermitteln ist, gehen auch die genialsten Spielzüge meist schief. Der Ball trudelt zur Ruhe in der Tiefe des Raumes. Alles beginnt wieder von vorn.

Und während unerbittlich die Uhr läuft, weiß der Mensch genau, was er sonst nicht weiß: Wieviel Zeit ihm noch bleibt, das ihm gestellte Ziel zu erreichen. Dann ist Schluß und aus, und die einmal verronnene Zeit kehrt niemals wieder. Beim Miterleben einer verknappten Zeit angesichts einer schweren Aufgabe entsteht Spannung.

Ein schönes Spiel weist eine gewisse Dichte von Spannungsmomenten auf, die freilich auch nicht zu groß sein darf. Es ist dasselbe wie mit der Kirschblüte oder der körperlichen Liebe: Nur Kurzlebigkeit erregt den Reiz. Ein Spiel aus lauter Höhepunkten ließe sich gar nicht verkraften, entspräche übrigens auch nicht der Lebenserfahrung und würde daher als weltfremde Inszenierung abgelehnt. Ein Spiel ohne alle Höhepunkte hingegen macht die ganze Versuchsanordnung überflüssig: Nichts passiert auch ohne ein Fußballspiel; da kann man sich die Mühe der Inszenierung, des Regelwerks und der Zeiteinteilung auch sparen. Aus dem Amorphen, das ungeordneter Raum und grenzenlose Zeit für uns darstellen, soll ja gerade vor unseren Augen Schönes, Besonderes, Entscheidendes Gestalt annehmen.

Läßt sich Fußball also auf organische, allen Menschen gemeinsame Erfahrungen von Raum und Zeit zurückführen, so dürfen wir seine Ästhetik dennoch nicht mit dem Kunstschönen verwechseln, wie es Kant definiert hat. Vor einem schönen Kunstwerk stehen wir in interesselosem Wohlgefallen; es hat die Beschränkungen der Materie in Raum und Zeit scheinhaft überwunden und führt uns gelungenes Sein vor. In der Anschauung der Kunst steht für uns die Zeit still, und wir verharren vor ihr wie ein Segelboot an einem windstillen Sonnentag. Kunst ist ein Stück Aus-der-Welt in der Welt.

Für den Fußball trifft das alles nicht zu. Hier steht der gelungene Moment, der Kairòs, im Verhältnis zu unzähligen Momenten des Nicht-Gelingens. Der Fußball läßt uns diese Momente gleichberechtigt miterleben, als müßten wir die Proben eines Orchesters oder die mißlungenen Entwürfe eines Malers zum schließlichen Kunstwerk mit erdulden. Martin Seel hat sehr erhellend darauf hingewiesen, daß der ästhetische Genuß am Sport in der erlebten Differenz zwischen Gelingen und Mißlingen liegt: »Der Sportler ist jemand, der in aller Öffentlichkeit und auf virtuose Weise etwas zu tun versucht, das er nicht kann.«

Das macht den Fußball zu einem Ereignis der Demut. Uns wird vorgeführt, daß nicht das Gelingen die Regel ist, wie es uns die Kunst im schönen Schein suggeriert. Statt dessen erspart der Fußball seinen Anhängern nicht die Exerzitien des Scheiterns und der Niederlage. Unvorstellbar, daß Freunde der Musik teure Festspielkarten kauften, um nach einer guten Stunde eine Kakophonie zu erleben, die auf das Eingeständnis hinausläuft, daß Orchester und Dirigent »einen schlechten Tag erwischt« haben, daß sie der Partitur nicht gewachsen sind und die Herausforderung von Beethovens Fünfter leider mit einer Niederlage auf der ganzen Linie endete. Ein Fußballanhänger jedoch weiß vorab, daß ihn beim Spiel die völlige ästhetische Pleite, die vernichtende Niederlage, der Abstieg gar erwarten können.

Die Qualität des Unvorhersehbaren eignet dem Fußballspiel wesenhaft. Ein Künstler, der diese Erfahrung generieren will, muß mit bemühten Tricks Zufallsgeneratoren in sein Kunstwerk einbauen, Ausführungsbestimmungen offenlassen, das Publikum einbeziehen, improvisieren. Doch gerade diese Mühe bei der Produktion dessen, was es doch sowieso schon gibt, Zufall nämlich, macht ein »offenes Kunstwerk« so unglaubwürdig. Fußball hingegen besteht in der Inszenierung von Zufall innerhalb eines nicht zufälligen Rahmens. Noch so große Investitionen in noch so berühmte Mitspieler und einen noch so genialen Trainer garantieren nicht den Sieg gegen eine Truppe von Namenlosen, ja nicht einmal die Vorherrschaft einer Mannschaft auf Dauer.

Fußball ist die organisierte Überraschung. Wäre das nicht so, dann hätte sich längst Franz Kafkas Befürchtung bewahrheitet, die er 1923 in einem Brief an seine Schwester äußerte: »Vielleicht hört der Fußball jetzt überhaupt auf.«

Noch ist es nicht soweit. Geduldig und immer wieder hoffnungsvoll schaut der Fan hin, wie der Mittelstürmer seiner Mannschaft ein ums andere Mal freistehend vor dem leeren Tor den Ball versiebt. Kein noch so genialer Spielzug führt unweigerlich zum Tor. Dafür muß bei den eigenen Spielern, deren Aufgaben und Loyalitäten doch eigentlich eindeutig sind, selbst ein Eigentor hingenommen werden. Und ist die Katastrophe auch komplett – beim nächsten Spiel geht der Anhänger wieder hin und hofft von neuem, das Schöne und den Erfolg mitzuerleben, wie er ja auch jeden Morgen wieder aufsteht und sich dem Leben stellt. Um so beglückender werden für die Heroen des Scheiterns die kargen Momente des Gelingens. »So ist das ekstatische Nicht-Können des Sportlers eine Auszeichnung seines Könnens« (Seel). Der Fußball spiegelt seinen Anhängern also keine Zelebration des Harmonischen vor, sondern lebt von dem Kitzel, die Differenz zwischen dem zu erwartenden Scheitern und dem unwahrscheinlichen Gelingen immer wieder auszuhalten.

Kein anderer Sport – höchstens Golf – lebt in diesem Maße vom Scheitern, weil seine Versuchsanordnung von den Mängeln des Menschen lebt. Ausgerechnet die Zivilisation, die durch Maschinen die Naturbeherrschung auf die Spitze getrieben hat und im Alltag nichts unorganisiert läßt, führt sich selbst ein Spektakel vor, bei dem die körperliche Grobmechanik immer wieder an der Materie zu scheitern hat.

Fußball spielt man – anders als Football – tatsächlich mit dem Fuß, mit dem es schon schwer ist, sachte eine Tür zu schließen. Die muskulösen Beine, von der Evolution auf die Fortbewegung eingerichtet, und die nur zu Stoßbewegungen fähigen Füße entscheiden das Spiel. So verzichtet der Mensch auf die feinnervige Motorik der Hand, die ihn sogar einen Ball relativ sicher kontrollieren läßt. Im Handball, wo nicht die gelungenen, sondern die Fehlversuche gezählt werden und das Haupthindernis darin besteht, die Spieler vom Ball zu trennen, zeigt sich die Härte und die Langeweile, welche bei allzu großer Kontrolle über die Versuchsanordnung aufkommt. Auch bedient sich der Fußballspieler keiner Geräte, wie sie aus dem Tennis eine Materialschlacht und dem Eishockey ein Präzisionsschießen machen.

Der Fußballsportler, Idol des technischen Zeitalters, ist wieder zurückgeworfen auf die vorzivilisatorischen Gaben der Körpermotorik. Das sind nun gerade diejenigen, die der Mensch nicht den anderen Wesen der Schöpfung voraus hat. Beinahe jedes Tier läuft schneller, springt geschmeidiger, schätzt Bewegungsabläufe intuitiver ab als der Mensch. Beim Fußball, wo alle diese Tugenden – und nicht das logische Denken – gefordert werden, verzichtet der Mensch auf seine Stärken, als wolle er selbst vor aller zivilisatorischen Erbsünde herumtollen und balgen wie ein Fohlen auf der Weide. Fußball ist ein Kokettieren mit der eigenen Schwäche, als würden sich die Schnecken im Schnellauf messen oder die Elefanten im Hochsprung.

Angesichts der unerfüllbaren Aufgabe führt lebenslanges Training und eingespielte Routine dazu, daß ein

Profi im entscheidenden Moment den Ball nicht unter Kontrolle bekommt und meterweit am Mitspieler oder am Tor vorbeischießt. Unter Druck ist dieses Scheitern sogar die Regel. Würden Flugzeuge, Autos oder auch nur Fahrräder mit einem ähnlichen Fehlerquotienten betrieben – die Menschheit würde längst wieder zu Fuß gehen oder wäre ausgestorben. Fehler und Aussetzer unserer Natur, die wir sonst überall behoben und mit Hilfsmitteln unter Kontrolle gebracht haben, machen im höchstentwickelten Spiel gerade den Reiz aus: Der Fehler bedeutet nicht Ausnahme, sondern Regel. Das Spiel ist Risiko. Eigentlich kann ein Fußballspiel nicht gelingen, aber oft gelingt es eben doch. Das ist schön und tröstlich zugleich.

Fußball beruht auf dem Prinzip Hoffnung. Gerade darin liegt seine Anziehungskraft für viele, die vom Leben sonst nicht viel zu hoffen haben. Dieses Erleben der unwahrscheinlichen, aber dennoch niemals ganz unmöglichen Rettung, beispielhaft verkörpert durch den genialen Torschuß in der letzten Minute, verbindet den Fußball mit der Religion. Es gibt eine Regel, und es gibt die Chance, unter Einhaltung dieser Regel zum Heil zu gelangen. Die tägliche Lebenserfahrung zwischen Hoffnung und Scheitern und einigen rauschhaften Momenten des Glücks spiegelt sich im Spielverlauf und wird immer von neuem nacherlebt. Darin liegt eine kathartische Wirkung, die sich nach einem grandiosen Sieg oder einer tragischen Niederlage noch Tage später körperlich spürbar macht. Der Fußballzuschauer hat Anteil am Schicksal.

Diese einzigartige Fähigkeit zur Mitteilung ist auch der Grund, warum Fußball gerade in sogenannten

Freizeitgesellschaften populär ist. Wo der einzelne die Schicksalhaftigkeit des Lebens mit Momenten des Glücks und des Leids und dem Wissen um den Tod im gepolsterten Alltag nicht mehr mitbekommt, wo alles geregelt erscheint, da lockt der Fußball mit seiner unspektakulären Aufmachung, die eher Langeweile verheißt, hinaus ins Offene.

Wäre das alles, was der Fußball uns vorführte, dann wäre es schon viel. Es kommt aber bei diesem Spiel etwas Entscheidendes hinzu, das uns aus dem eigenen Leben sehr vertraut ist: Während der unberechenbaren Materie mühsam ein wenig Komplexität abgerungen wird und während doch immer wieder die Kontingenz herrscht, entsteht Kommunikation. Damit ist nicht nur die unabdingbare Verständigung über das Spiel nach dem Spiel gemeint. Vielmehr ist das Spiel selbst Kommunikation. Im Rahmen vorgegebener Regeln verständigen sich die Spieler mit Worten, Gesten, meist aber intuitiv, und weben gemeinsam an einer Textur, die aus dem Nichts Schönheit schafft und Sinn fortzeugt. Wie bedroht diese Schönheit ist, illustrieren in jedem Moment die jeweiligen Gegenspieler. Sie haben keine andere Aufgabe, als die Kommunikation zu stören.

Das Versprechen bei diesem heiklen Sprechakt lautet, daß überhaupt irgend etwas geschieht. Beim Fußball machen wir die Erfahrung, daß das stimmt. Diese Erfahrung läßt uns die Existenz einigermaßen erträglich werden.

Damit rührt der Fußball an die tiefsten Geheimnisse des Lebens, das schließlich auch nichts anderes ist als die jeweils unvorhersehbare Ausführung eines genetischen Regelwerks durch Kommunikation von Akteuren, die letztlich gar nicht anders können als mitzuspielen, wo das Schicksal sie hingestellt hat. Insofern ist Fußball, so kommerziell und verlogen, so reich an Enttäuschungen und Leerlauf er sein mag, doch schön.

»Wie verändert sich plötzlich jene so düstere Wildnis unserer ermüdeten Kultur, wenn sie der dionysische Zauber berührt! Ein Sturmwind packt alles Abgelebte, Morsche, Verbrochne, Verkümmerte, hüllt es wirbelnd in eine rote Staubwolke und trägt es wie ein Geier in die Lüfte.« Das Glück des Fußballs erscheint allzu profan und kurzlebig, um es mit Friedrich Nietzsches euphorischen Worten angemessen zu beschreiben. Und doch ist es dieses schlichte Spiel, das einer ganzen Kultur das freudige Bewußtsein ihrer selbst verleiht. Verschüttete Fähigkeiten, sich einfach freuen zu können, kommen zum Tragen. Von den Autocorsi der Italiener, von den Gesängen der Briten, von den Trommeln der Afrikaner und von den wilden Tänzen der Südamerikaner können alle lernen, daß Glück ein soziales Ereignis sein kann und daß es ganz natürlich ist, dieses Glück auch zu zeigen.

An sich ist es vollkommen unsinnig, einem Kunststoffball hinterherzuschauen, den zweiundzwanzig Spieler in zwei Tore treten möchten. An sich ist es auch völlig unsinnig, mit einer ganz bestimmten Gruppe von jungen Männern zu fiebern, weil die zufällig aus Herzogenaurach und Hamburg und nicht aus Amsterdam und Buenos Aires stammen. Sie verdienen ihr gutes Geld oft im Ausland; sie spielen in erster Linie für sich und nicht für ihr Land. Die Begeisterung über den Sieg ist also vor allem ein Willensakt, eine bewußte Entscheidung, dazuzugehören.

»Letztlich ist es immer die Gesellschaft, die sich selbst mit dem Falschgeld ihres Traums bezahlt.« So definiert der Anthropologe Marcel Mauss die Magie: »Die Synthesis von Ursache und Wirkung vollzieht sich nur in der öffentlichen Meinung. Unabhängig von dieser Weise des Verständnisses der Magie kann man sie sich nur als eine Kette von Absurditäten und allseits verbreiteten Irrtümern vorstellen.« Der affektive soziale Zustand, den ausgerechnet ein Fußballspiel schafft, entsteht a priori, einfach weil eine Gruppe und jeder einzelne in ihr sich dafür entschieden hat, sich als Gemeinschaft zu empfinden.

Fußball funktioniert nicht nur beim Sieg. Er führt vor, daß man in Gemeinschaft nach einer Niederlage besser trauern kann, daß man seiner Gefühle nur durch ihren Ausdruck Herr wird und so mit ihnen leben kann. So kann, jedenfalls solange unsere Kultur nichts Besseres hervorbringt, selbst der gekaufte und vermarktete Fußball zum Kraftwerk guter Gefühle werden.

Wer immer nur auf die Übersprungshandlungen des Affektes schaut, auf die wenigen Gewalttätigkeiten, die bei so viel Emotionalisierung schwerlich ausbleiben, der sollte sich fragen, welches Ereignis denn imstande wäre, derartige Affekte, ja Ekstasen überhaupt noch auszulösen. Welcher Showstar könnte Millionen von Menschen hupend, lachend, singend auf Straßen und Plätze treiben? Welches Ereignis kann ganze Nationen an den Fernsehschirm fesseln und schließlich zum Jubel bringen?

In unserer entzauberten Welt sind solche Momente der Überschreitung allzu rar geworden. Womit könnte man das verrechnen? Gerade die Spieler selbst, die als Transmissionsriemen dieser sozialen Erwartungen einem ungeheuren Druck ausgeliefert sind, haben das begriffen. Sie suchen häufig Halt im Transzendenten. Oft sieht man sie sich bekreuzigen und demütig auf die Knie fallen. Bei der Weltmeisterschaft 1990 ging selbst Franz Beckenbauer sicherheitshalber vor dem Spiel gegen die Niederlande mit seiner hartgesottenen Profitruppe zur Messe. Als der Papst das Olympiastadion von Rom feierlich weihte oder als altgedienter Balltreter mit den frommen Iren bei einer Audienz fachsimpelte, waren das keine Kuriositäten. In der Nacht des Sieges gegen Italien druckte damals ein argentinisches Massenblatt die Mannschaftsaufstellung der neuen Nationalhelden ab: zwischen Maradona und Caniggia prunkte ein Bild von Jesus Christus.

Es ist, als finde die Entfesselung sonst so domestizierter moderner Menschen durch den Fußball nur mehr noch Anleihen im religiösen Sprechen. Wo alles verplant und vorhersehbar ist, wird die Offenheit und Zufälligkeit des Fußballspiels zu einer völlig ungewohnten Erfahrung. Der unvorhersehbare Sprung des Balles: Egon Erwin Kisch geht sogar so weit, ihn anhand des kultischen Spiels der alten Maya mit dem Sonnenball gleichzusetzen, den die Menschen in eine genehme Richtung zwingen wollen. Reste dieser Beschwörung des Glücks und des Zufalls sind gewiß nirgendwo mehr zu erahnen als beim Fußball.

»Die moderne Kultur wird kaum noch gespielt, und wo sie zu spielen scheint, ist das Spiel falsch.« Johan Huizinga beklagte in seinem *Homo ludens* die Entritualisierung unseres Lebens. Wo wäre denn noch der Ort, an dem sich eine Gruppe als Ganzes empfinden könnte?

Je anonymer und vermittelter alle Instanzen sind, die in das Leben des einzelnen eingreifen, desto mehr übernimmt der Sport als Massenritual die Funktion, Gemeinschaft zu stiften. So wird der Fußball zum Gradmesser eines Verlustes, den die zweckrationale Welt erlitten hat. Im Fußball suchen wir Anteil an der Überschreitung, die Pindar, der erste Lyriker des Abendlandes, in seinen Olympischen Oden besingt: »Nur der Sieger schaut die Säulen des Herakles.« Er erahnt, daß die Welt endlich ist, daß sie aber ohne ein Dahinter ärmer wäre.

Der Fußball erscheint als eine innerweltliche Religion – und solange wir es nicht besser wissen, ist jede Religion innerweltlich. Selbst die Grundkonstellation des Spiels läßt sich theologisch deuten: Elf Jünger spielen mit, und Judas ist der Ball. Nennenswerte Bestandteile religiöser Begeisterung sind in diesem säkularen Jahrhundert in den Fußball eingegangen, der als harmloses Wettspiel zur Ertüchtigung von Oberschichtensöhnen und als Spektakel der Fürstenmacht begonnen hatte: Prozessionen, Choräle, Ritualtrachten, kollektive Beschwörungen, nationale Verzückungen.

Wenn wir uns erinnern, welcher Art von unseligen Ideologien vergleichbare Rituale dienen und für welchen kriegerischen Wahn die Emotionen der Massen nutzbar gemacht werden können, dann kanalisiert der Fußball ein existentielles Bedürfnis nach Gemeinschaft und erfüllt für Momente die Sehnsucht nach Schönheit und Gelingen. All das könnte auf verderblichere Art bedient werden. Wir, die wir uns als Anhänger des Fußballs erkennen und oft nicht begreifen, was uns denn an diesem Spiel so fasziniert, sollten uns selbst nicht unterschätzen.

Fußball ist ein Spiel ums Ganze, aber immer noch ein Spiel. Tief wohnt ihm die Ironie inne, denn niemals können wir unterscheiden, ob die Spieler nun eigentlich oder uneigentlich handeln, ob wir es mit Taten zu tun haben oder mit Symbolen, mit Geschäft oder mit Herzenssache, mit ruppiger Gewalt oder mit zweckfreier Schönheit, mit Jux oder Lebenstragödie.

Jedes Spiel lehrt uns, daß alles auch anders sein, daß es sich jederzeit umwenden könnte, daß es keine Gewißheit gibt. Vielleicht wollte Parmenides darauf hinweisen, als er sagte: Das Sein ist eine Kugel. Das Aufeinandertreffen der dinglichen und der diskursiven Welt geht im Fußball immer unentschieden aus. Die zwei Gegner Spiel und Ernst treffen immer aufs neue aufeinander. So ist Fußball das Refugium der Differenz in einer Welt, die immer mehr mit sich selbst identisch wird.

Nachwort

Als im fünften Schuljahr unsere erste Klassenmannschaft zusammengestellt wurde, war ich nicht dabei. Ich kam nicht einmal in die zweite Mannschaft. Und das, obwohl nur fünfundzwanzig Jungen zur Verfügung standen. Ich gehörte zu den dreien, die nicht mitspielen durften. So kommt man zur Theorie.

Es begann eine Zeit, in der ich jeden Samstagnachmittag vor dem Radio saß und Buch führte über die Bundesliga. Wieviel Zuschauer in welchem Stadion, welcher Torschütze in welcher Spielminute, welcher Schiedsrichter, welches Halbzeit- und welches Endergebnis. So ließ sich die Welt in den Griff bekommen.

Ich hatte damals auch einen Lieblingsverein. Ganz genau erinnere ich mich an den Augenblick, da ein Mitschüler mich in der Pause fragte, zu wem ich halte. Eigentlich sind solche Bindungen in unserer Gegend erblich, und ich hatte meine Familie oft genug erlebt, wie sie am späten Abend innige Gesänge auf Borussia Dortmund anstimmte. Nichts hätte nähergelegen, als sich für Borussia Dortmund zu entscheiden. Ich sagte spontan: Eintracht Frankfurt. Bis heute weiß ich nicht, warum. Es muß ein Gefühl dagewesen sein, anders sein zu wollen als alle anderen. Ich kannte niemanden, der zu Eintracht Frankfurt hielt. Ich wußte nichts von Eintracht Frankfurt. In unserer Gegend waren höchstens Spinner für Eintracht Frankfurt. Das war mein Verein.

So bekam mein theoretisches Interesse für Fußball endlich einen Sinn. Ich konnte bei meinen samstagnachmittäglichen Notizen beim Radiohören immer vom fernen Frankfurt träumen. Ich konnte mit dieser launischen, eleganten Mannschaft um Grabowski, Hölzenbein und Nickel zittern, wenn sie wieder einmal früh in Rückstand geraten war und erst in letzter Minute das Spiel umbog. Ich konnte mir die Namen der Spieler und Trainer einprägen und woher sie gekommen waren.

Schließlich war mein Zimmer geschmückt mit Wimpeln, Fahnen, Mützen von meiner Mannschaft. Ich schlief in Bettwäsche mit dem Adlerwappen der Eintracht. Das alles, ohne je auf einem Rasenplatz gestanden und hinter einen Fußball getreten zu haben. Auch heute würde ich es wohl nicht in die erste Klassenmannschaft schaffen.

Aber auch ein Fan hat seine Laufbahn. Mit zwölf durfte ich zum erstenmal in ein Stadion. Zum Geburtstag bekam ich eine Fahrt zum Pokalfinale in Hannover gegen den MSV Duisburg geschenkt, das die Eintracht dann auch gewann. Ich war sehr aufgeregt, als ich meine Idole von weitem auflaufen sah. Es gab sie nicht nur im Fernsehen; es gab sie wirklich.

Der angestrebte Effekt, als Sonderling zu gelten, hatte übrigens nicht auf sich warten lassen. All die vielen Dortmunder und Schalker um mich herum hielten mich für blöd. Ich hielt mich für etwas Besonderes. So generiert der Fußball Lebensläufe.

Früher hätte ich viel darum gegeben, einmal nur im Waldstadion ein Spiel sehen zu dürfen. Heute käme ich nicht im Traum auf die Idee, mir ein Spiel von Eintracht Frankfurt anzuschauen. Aus ebenso dunklen Gründen, wie meine Leidenschaft für den Fußball begonnen hatte, hatte sie wieder aufgehört. Ich lernte, die Samstagnachmittage ohne Fußball zu verbringen und überhaupt ohne den Fußball zu leben. Fußball interessierte mich jahrelang nicht im geringsten.

Als ich später in Hamburg lebte, verschlug mich eine Schnapsidee zu einem Spiel des FC St. Pauli. In einem maroden Stadion am Millerntor trat hier eine seltsame Truppe auf. Wie sie spielte, war ziemlich egal. Sie spielte auf jeden Fall mit ungeheurem Einsatz, und das Publikum feuerte sie mit noch größerem Einsatz an. Hier wurde einem etwas geboten, hier schmeckte das Bier. Ich kam wieder. Schließlich stand ich bei jedem Heimspiel irgendwo hinter dem Tor, allein und vergnügt über den Rummel.

St. Pauli stieg in die erste Liga auf, und die Gewohnheit hatte mich aufs neue zum Fan gemacht. Das Leben ist voller Überraschungen und verhängnisvoller Entwicklungen, die man vorher nicht ahnt. Der Effekt war übrigens derselbe wie in meiner Kindheit. Wieder – diesmal in der Universität – hielten mich die Leute für übergeschnappt, wenn ich erzählte, daß ich an einem frostigen Freitagabend zu St. Pauli gegangen war. Wieder durfte ich mich als Sonderling fühlen. Als ich nicht mehr in Hamburg, sondern im Ausland wohnte, versuchte ich an manchen Tagen panisch, einen Mittelwellensender so einzustellen, daß ich wenigstens für Sekunden unter ungeheurem Knacken die Geräuschkulisse vom Millerntor zu hören bekam. Bis heute gönne ich St. Pauli jeden Sieg und freue mich, wenn sie gewinnen.

Damit wäre auch schon alles über meine fußballerische Kompetenz erzählt. Es ergeht mir wie jedem Fan: Ich habe keine Ahnung, aber ich rede einfach mit. Wahrscheinlich ist das auch bei den sogenannten Experten nicht anders.

In diesem Buch finden sich diverse Gedanken aus Artikeln, die ich im Feuilleton der Frankfurter Allgemeinen Zeitung über Fußball veröffentlicht habe. Der Text ist aber völlig umgearbeitet und neu verfaßt. Ohne die Hilfe von Birgit Pauls, Henning Ritter, Stefanie Peter, Siggi Weidemann, Roland Zorn und vor allem von Burkhard Schröder hätte ich dieses Buch nicht schreiben können. Auch danke ich den Benediktinern von Neresheim, in deren vertrauensvoller Gastfreundschaft es entstand.

Literatur: Eine Auswahl

Helmut Böttiger:
Kein Mann, kein Schuß, kein Tor – Das Drama des deutschen Fußballs, München 1993

Pierre Bourdieu (Hg.):
»Les enjeux du football«, in: *Actes de la recherche en sciences sociales*, No. 103 (Juni 1994)

Horst Bredekamp:
Florentiner Fußball: Die Renaissance der Spiele, Frankfurt 1993

Ders.:
Fußball als letztes Gesamtkunstwerk, in: *konkret Sport*, 1982

Bill Buford:
Geil auf Gewalt/Unter Hooligans, München 1991

Hartmut Esser:
»Der Doppelpaß als soziales System«, in: *Zeitschrift für Soziologie*, Jahrgang 20, Heft 2, April 1991

Allessandro Dal Lago:
Descrizione di una bataglia – I rituali del calcio, Bologna 1990

Christiane Eisenberg:
»Fußball in Deutschland 1890-1914 – ein Gesellschaftsspiel für bürgerliche Mittelschichten«, in: *Geschichte und Gesellschaft*, 20. Jg., Heft 2, Göttingen 1994

Richard Giulianotti:
»Scotland's Tartan Army in Italy. The Case for the Carnivalesque«, in: *The Sociological Review* (Vol. 39, No. 3), August 1991
Thomas Gsella/Heribert Lenz/Jürgen Roth:
So werde ich Heribert Faßbender – Grund - und Aufbauwortschatz der Fußballreportage, Essen 1995

Klaus Hansen (Hg.):
Verkaufte Faszination – 30 Jahre Fußball-Bundesliga, Essen 1993
Arthur Heinrich:
Tooor! Toor! Tor! – Vierzig Jahre 3:2, Berlin 1994
Eckhardt Henscheid:
Standardsituationen, Fußballdramen, Zürich 1988
Ders.:
Da lacht das runde Leder – Fußball-Anekdoten, Zürich 1990
Gerhard Henschel/Günther Willen:
Supersache – Lexikon des Fußballs, Greiz 1994
Ronald Hitzler:
»Ist Sport Kultur?«, in: *Zeitschrift für Soziologie*, Jahrgang 20, Heft 6, Dezember 1991
Nick Hornby:
Fever Pitch, London 1992
Johan Huizinga:
Homo Ludens – Vom Ursprung der Kultur im Spiel, Hamburg 1981
Regine Igel:
Berlusconi – eine italienische Karriere, Rastatt 1990
Simon Kuper:
Football against the enemy, London 1994
Rolf Lindner (Hg.):
Der Satz »Der Ball ist rund« hat eine gewisse sportliche Tiefe – Sport, Kultur, Zivilisation, Berlin 1983
Niklas Luhmann:
»Der Fußball«, in: *Frankfurter Allgemeine Zeitung*, 4.7.1990

Joseph Maguire:
»Preliminary Observations on Globalisation and the Migration of Sport Labour«, in: *The Sociological Review*, (Vol. 42), 1994
Beate Matthesius:
Anti-Sozial-Front – Vom Fußballfan zum Hooligan, Opladen 1992
Rainer Moritz (Hg.):
Doppelpaß und Abseitsfalle – ein Fußball-Lesebuch, Stuttgart 1995
Hans-Joachim Noack:
»Helmut Rahn… Lichterloh!!!«, in: *Der Spiegel*, Nr. 30, 1995
Helmuth Plessner:
»Die Funktion des Sports in der industriellen Gesellschaft«, in: *Gesammelte Schriften* X, Frankfurt 1985
Martin Seel:
»Die Zelebration des Unvermögens – Zur Ästhetik des Sports«, in: *Merkur* 2, Februar 1993
Gustav Seibt:
»Erhebende Episoden, schreckliche Augenblicke, unsagbares Glück«, in: *Frankfurter Allgemeine Zeitung*, 2. 7. 1990
Heinrich Väth:
Profifußball – Zur Soziologie der Bundesliga, Frankfurt 1994
Franz Joachim Verspohl:
Stadionbauten von der Antike zur Gegenwart, Gießen 1978
Paul Veyne:
Brot und Spiele – gesellschaftliche Macht und politische Herrschaft in der Antike, Frankfurt a. M. 1988
Gerhard Vinnai:
Fußballsport als Ideologie, Frankfurt a. M. 1970
August Willemsen: *De Goddelijke Kanarie – Over het Braziliaanse voetbal*, Amsterdam 1994
Ror Wolf:
Das nächste Spiel ist immer das schwerste – Alte und neue Fußballspiele, Zürich 1990